期货投资者教育系列丛书

纤维板、胶合板期货

中国期货业协会　编

中国财政经济出版社

图书在版编目（CIP）数据

纤维板、胶合板期货/中国期货业协会编．—北京：中国财政经济出版社，2014.11

（期货投资者教育系列丛书）

ISBN 978－7－5095－5810－2

Ⅰ.①纤…　Ⅱ.①中…　Ⅲ.①纤维板－期货交易－基本知识②胶合板－期货交易－基本知识　Ⅳ.①F830.9

中国版本图书馆CIP数据核字（2014）第267147号

责任编辑：郁东敏　　　　责任校对：刘　靖

封面设计：徐广山　　　　版式设计：董生萍

中国财政经济出版社出版

URL：http：//www.cfeph.cn

E－mail：cfeph@cfeph.cn

社址：北京市海淀区阜成路甲28号　邮政编码：100142

发行处电话：88190406　财经书店电话：64033436

北京中兴印刷有限公司印刷　各地新华书店经销

787×1092毫米　16开　19.75印张　304 000字

2014年11月第1版　2014年11月北京第1次印刷

定价：43.00元

ISBN 978－7－5095－5810－2/F·4697

（图书出现印装问题，本社负责调换）

本社质量投诉电话：010－88190744

期货投资者教育系列丛书编委会

本书编写人员

黄　浩　　黄　婷

总 序 言

近年来，在党中央国务院的正确领导下，随着《国务院关于推进资本市场改革开放和稳定发展的若干意见》的深入贯彻落实，我国期货市场取得了稳步较快发展的良好局面。但是由于当前我国期货市场“新兴加转轨”的特征依然突出，市场制度和结构仍存在缺陷，风险防范和化解的自我调节机制尚未完全形成，市场主体发育不成熟，我国期货市场的整体波动和投机性仍较强，这些都对期货市场的改革发展提出了新的挑战。

与此同时，在新的市场环境和对外开放的条件下，随着我国期货市场规模的不断发展壮大，国内市场与国际市场的联系日趋紧密，影响期货市场运行的外部因素也更为多样化和复杂化，由美国次级债危机引发的国际金融市场动荡不安，国内外商品市场价格频繁而剧烈的波动，都增加了期货市场风险控制和日常监管的难度，给我国期货市场的稳定、健康的运行带来了新的挑战。

在这样一个新的形势下，期货市场的持续活跃和规范运作吸引了许多新的市场参与者，期货市场的开户数快速增长，特别是新入市的个人投资者比重较大且呈持续上升趋势。大宗商品和资产价格的频繁剧烈波动也使越来越多的企业开始意识到利用期货市场进行风险管理的重要性。但是由于对期货市场的交易特点和运行机制缺乏详细了解，同时风险意识淡薄，受期货高杠杆、高回报的诱惑，而忽视了期货的高风险特征，导致了非理性投资行为上升，产生了不必要的损失。投资者是期货市场的重要主体，期货市场的发展离不开投资者的积极参与，特别是成熟投资者的参与。因此，在当前我国期货市场的快速发展时期，做好投资者教育工作更加意义深远。

做好投资者教育工作，既是保护投资者合法权益，促进期货市场稳步发展的客观需要，也是加强我国期货市场建设、促进市场稳定运行的关键环节。持续不断地开展行之有效的投资者教育活动，使投资者了解期货高杠杆、高风险的特点，了解期货市场的产品及交易规则，减少投资者的盲目性，特别是牢固树立“买者自负”的风险意识，从而理性地参与期货交易，增强投资者的自我保护能力，才是对投资者最好、最有效的保护。同时，通过投资者教育，有助于投资者客观、正确地认识和参与期货市场，可以进一步促进培育诚实守信、理性健康的市场文化，促进期货市场功能的有效发挥和市场的平稳有序运行。期货市场的投资者教育工作任重而道远，是一项长期的、系统性的工程，需要持之以恒地开展下去。

近年来，围绕投资者教育工作，期货市场的监管部门、自律组织与中介机构都深入进行了形式多样、内容丰富和卓有成效的大量工作。由中国期货业协会组织编写的这一套《期货投资者教育系列丛书》就是协会按照中国证监会的统一部署，贯彻落实期货投资者教育工作的重要措施之一。该丛书作为期货市场第一套系统介绍我国上市期货品种的投资者教育普及读物和中国期货业协会期货投资者远程教育学院课程的基础性教材，以广大普通投资者为服务对象，兼顾了现货企业等专业机构的需求。本套丛书在体例上采取简单明了的问答体例，在语言上深入浅出，通俗易懂，可读性强。在内容上，丛书以“风险教育”为主线，不仅对国内上市的期货品种基本知识和交易规则进行了详细的介绍，更从期货品种相关的现货生产、加工、贸易和消费等产业链的各个环节对该产品的特性进行了系统的介绍，从而使得投资者能够得到更加全面、深刻的理解。同时，丛书还选取了大量包括套期保值、套利交易等典型实务操作案例，作为投资者了解和学习该产品的辅助材料，充分体现了丛书的实用性和可操作性特点。衷心地希望本丛书的出版能够为期货投资者了解期货市场，树立风险意识，理性参与交易提供有益的帮助。

姜 洋

目 录

第一章

带你走进人造板的世界

本章要点

本章介绍人造板的基础概念、产品分类和发展及现状，简要说明人造板的运用以及参与人造板期货的准备工作，帮助投资者形成对人造板的初步印象，分清人造板种类及期货标的产品。

一、本书对参与胶合板和纤维板期货交易有什么帮助？

胶合板与纤维板是家庭装修、家具制造的重要材料。随着人民生活水平的提高，大家对于装修及家具档次和品质的要求越来越高，而推出的期货标的——细木工板和中密度纤维板质量要求较高，在市场中受到广泛认可。本书以广大普通投资者为服务对象，对胶合板与纤维板商品本身及其期货品种的相关基础知识、利用方法和常用分析方法进行系统介绍。

本书将详细介绍胶合板与纤维板产业链，包括从原材料到生产加工，再到下游消费等各个环节的基本情况以及行业发展趋势、国家政策等。同时，本书还对胶合板与纤维板产品价格影响因素及价格波动的特点进行分析，有助于投资者进一步加强对于该期货品种的了解。此外，我们还加强了期货投机套利基本知识、风险控制及注意事项的介绍，希望能帮助初学者掌握胶合板和纤维板期货交易的基本方法。

对生产胶合板和纤维板的企业来说，本书针对不同类型企业着重介绍胶合板与纤维板的套期保值作用，分析企业利用胶合板与纤维板期货规避价格风险的原理，并通过实际案例介绍各种套期保值方案的操作方法和效果。

二、人造板家族有哪些成员?

人造板（Wood Based Panel），以木材或其他非木材植物为原料，经一定机械加工分离成各种单元材料后，施加或不施加胶粘剂和其他添加剂胶合而成的板材或模压制品。

人造板从结构来分主要分为三大类，即胶合板、纤维板和刨花板。其中，胶合板和纤维板是我国人造板中最主要的两个大类。随着人造板生产技术不断提升、市场需求不断增大，胶合板与纤维板的细分种类日益增多。近几年，市场上不断涌现出不同用途和不同材质的产品，尤其是家庭装修用胶合板与纤维板出现了许多更加环保易用的类型。目前，市场上各种胶合板与纤维板类型繁多，名称叫法不统一，所属类型容易混淆。

（一）胶合板

胶合板是人造板中最主要的品种，其细分产品最多，分类标准也较复杂。根据胶合板的结构和加工方法通常分为普通胶合板和特种胶合板两大类。普通胶合板是按树种、胶种等区分为不同名称的胶合板。我国国家标准规定，普通胶合板按树种分针叶材胶合板和阔叶材胶合板。按胶层耐水性及耐久性可分为Ⅰ类胶合板－耐气候、耐沸水胶合板，Ⅱ类胶合板－耐水胶合板，Ⅲ类胶合板－耐潮胶合板，Ⅳ类胶合板－不耐潮胶合板。

特种胶合板是结构、加工方法、用途与普通胶合板都有明显差异的胶合板产品，可分为以下几种：木芯板、空芯板、装饰胶合板、塑化胶合板、木材层积塑料胶合板、异形胶合板、防火胶合板（耐火、阻燃胶合板）、防虫胶合板。

根据现行国家标准 GB/T 9846－2004，胶合板按照构成可分为单板胶合板、木芯胶合板和复合胶合板（见图 1－1）。

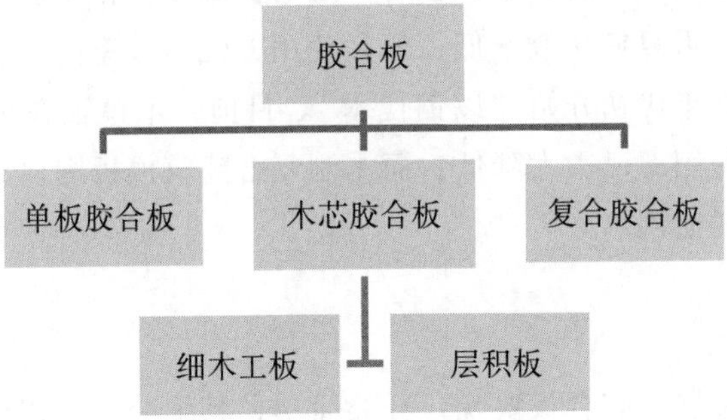

图 1－1　胶合板的分类

1. 单板胶合板。单板胶合板厚薄可调，大部分为建筑模板，属于低端产品，少部分为室内用和其他用途。

2. 木芯胶合板。木芯胶合板包括细木工板与层积板，更具实木特性，同等强度下用胶少，质地轻，吸声，绝热。

木芯胶合板中的细木工板，是由优质天然的木板经热处理（即烘干室烘干）后加工成一定规格的木条，再由拼板机拼接成木板，两面各覆盖两层优质单板，经冷、热压机胶压后制成。由于芯层是以木条为材料，且占整块板厚度的 60% ~80%，所以也称“大芯板”。

细木工板最外层的单板叫“表板”，内层单板称“中板”，板芯层称“木芯板”，组成木芯板的小木条称为“芯条”，规定芯条的木纹方向为板材的纵向。

层积板包含的类型很广，是以原木为原料旋切或者刨切制成单板，经干燥、涂胶后，再经热压胶合而成的板材。

3. 复合胶合板。复合胶合板是使用刨花板、纤维板为芯板，正反贴面而成；复合胶合板的板芯（或某些层）由除实体木材或单板之外的材料组成，板芯的两侧通常至少应有两层木纹互为垂直排列的单板。

目前，胶合板产量最大的品种是木质建筑模板，其属于层积板类型。模板的用途是使新浇筑混凝土成形并养护，使之达到一定强度以承受自重的临时性结构并能拆除的模型板。木质建筑模板的主要优点是制作拼装随意，尤适用于浇筑外形复杂、数量不多的混凝土结构或构件。此外，因木材导热系数低，混凝土冬期施工时，木模板有一定的保温养护作用。木质建筑模板的木材消耗量大、重复使用效率低，但是使用方便，效率高。为节约木材，我国从20世纪70年代初开始“以钢代木”。目前，木模板在现浇钢筋混凝土结构施工中的使用率已大大降低，而木制复合建筑模板则以其优良的性能受到越来越广泛的使用。

（二）纤维板

纤维板的发展较胶合板要晚，分类简单，其细分产品相对较少，但生产企业规模较大，生产自动化程度高。其中，产量最大的是中密度纤维板（见图1－2）；其次是硬质纤维板，又称高密度纤维板；含量最小的是轻质纤维板，又称低密度纤维板。

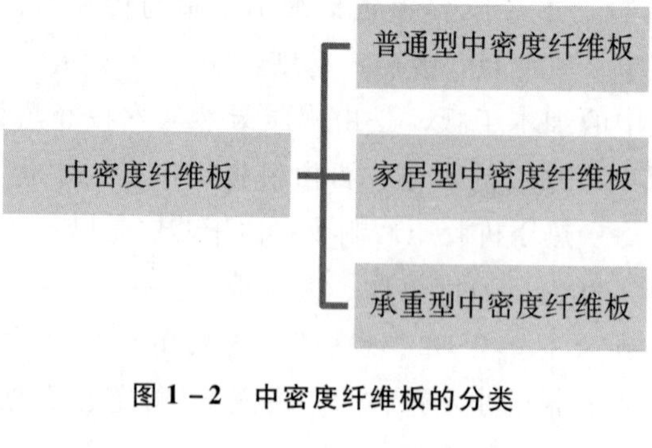

图1－2　中密度纤维板的分类

1. 产品密度。根据纤维板密度可以分为低密度纤维板、中密度纤维板、高密度纤维板和特硬质纤维板。其中，中密度纤维板是目前使用十分广泛的材料，其密度为 $450kg/m^3$ ~ $800kg/m^3$，由于其强度和性能与天然木材近似，成为近几年发展最快的一个板种。密度小于或等于 $450kg/m^3$ 的纤维板为轻质纤维板；密度大于 $800kg/m^3$ 的纤维板为硬质纤维板。硬质纤维板主要应用于强化木地板、门板、隔墙、家具、音响，还可用作计算机房抗静电地板、护墙板、防盗门、墙板、隔板等的制作材料。轻质纤维板的使用较少，其优点是对于木材资源的消耗更少；缺点是物理学性能指标不高，还处于不断研究发展之中。

2. 生产工艺。根据生产工艺的不同，分为湿法纤维板和干法纤维板。早期的纤维板生产都采用湿法，目前基本使用干法工艺。

3. 原料。根据原料不同，可以分为木质纤维板和非木质纤维板。

4. 胶粘剂。根据胶粘剂的不同，可以分为无机纤维板和以合成树脂为胶粘剂生产的纤维板。

5. 使用条件。对于干法中密度纤维板，国家标准将其分为三类，即室内型板、防潮型板和室外型板。

（三）刨花板

由木材碎料（木刨花、锯末或类似材料）或非木材植物碎料（亚麻屑、甘蔗渣、麦秸、稻草或类似材料）与胶粘剂一起热压而成的板材。刨花板有良好的吸音和隔音性能，在生产过程中，用胶量较小，环保系数相对较高，横向承重力好。主要用于家具制造和建筑工业及火车、汽车车厢制造。

三、如何分辨胶合板与纤维板？

胶合板与纤维板是人造板中最主要的产品，其细分品种很多。家庭中的橱柜、地板、家具、隔墙，甚至是木质收纳盒、木质礼品盒等都可能由胶合板或纤维板制成。但是胶合板与纤维板究竟长什么样呢？一般情况，制成产品的胶合板与纤维板都会在板子两面贴上贴面，侧面也以贴面密封，所以我们从外观上很难看出它们的真面目。

胶合板是由一定长度的木段旋切成具有一定幅面尺寸的片状薄板（单板），通过在其表面涂胶粘剂，按相邻层单板纹理方向相互垂直排列堆积后，在一定温度和压力之下制造成三层以上的板材，通常是奇数层，俗称三合板、五合板或七合板等。从结构来看，胶合板最外层的单板是表板，又称面板，再往里的一层是中板，最中间是板芯（见图 1－3）。

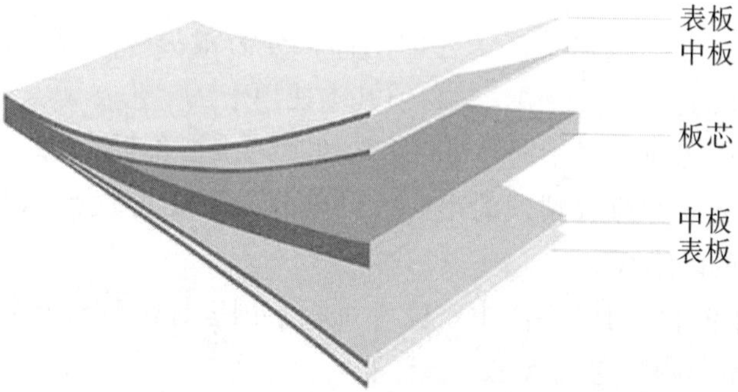

图 1－3　胶合板简要结构

纤维板又名密度板，是以木质纤维或其他植物纤维为主要原料，施加脲醛树脂或其他适用的胶粘剂，经过特定的加工工序制作而成的板材。它具有材质均匀、纵横强度差小、不易开裂等优点，用途广泛。

区分胶合板和纤维板的关键就是观察板芯。胶合板的板芯由实木制成；而纤维板的板芯则是由无数植物纤维制成。此外，纤维板的板芯较普通的胶合板板芯颜色更深，也没有木质纹理。

四、期货交割中的细木工板和中密度纤维板是什么样的？

在了解胶合板和纤维板后，让我们来看看期货交易中接触的细木工板和中密度纤维板。

细木工板与中密度纤维板都属于人造板产品，其中细木工板属于胶合板大类，中密度纤维板属于纤维板大类。细木工板属于胶合板大类中产量第二大的产品，与其他胶合板产品最大的区别就是其板芯为一条条厚度一致、宽度相近的木条，芯条占细木工板体积60%以上，是细木工板最关键部分（见图1－4和图1－5）。细木工板按板芯结构可以分为实心细木工板和空心细木工板；按板芯拼接状况分为胶拼板芯细木工板和不胶拼板芯细木工板；按细木工板表面加工情况可以分为单面砂光细木工板、双面砂光细木工板和不砂光细木工板；按使用环境分为室内用细木工板和室外用细木工板；按层数分为三层细木工板、五层细木工板和多层细木工板；按用途分为普通用细木工板和建筑用细木工板。

图1－4　细木工板实物

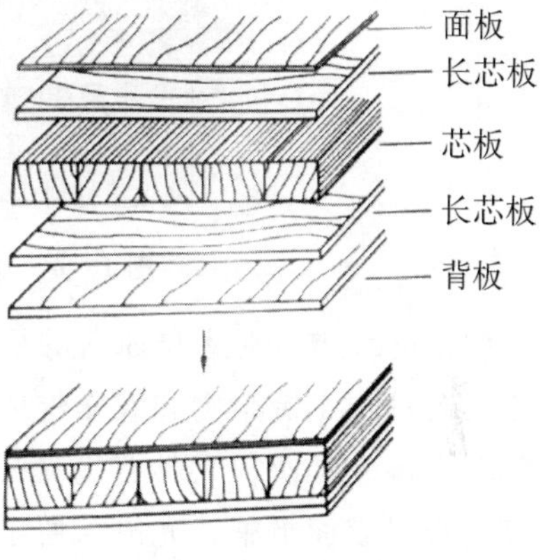

图1－5　细木工板结构

细木工板握螺钉力好，强度高，具有质坚、吸声、绝热等特点，而且含水率不高，加工简便，用途最为广泛。细木工板比实木板材稳定性强，但怕潮湿，较少用在厨卫。由于细木工板的板芯是用已处理过的木条拼成，其结构稳定，不易翘曲变形，上下面覆盖单板或胶合板，强度高。与厚度相同的胶合板相比，其耗胶量少、重量轻、成本低，提高了木材利用率。细木工板用途广泛，如家具、缝纫机台板、车厢、船舶、建筑室内装饰，或是用于装配房屋、临时建筑的面板、墙板、门等。

中密度纤维板属于纤维板大类中产量最大的产品，是制作家具较为理想的人造板材（见图1-6）。从名称中我们就可以发现，与其他纤维板产品最大的区别就是板芯的密度。一般家庭里的家具若是由纤维板制成的话，那么材料很可能是中密度纤维板；而若是由胶合板制成的话，材料则比较多样，比较流行的是细木工板。目前，中密度纤维板分类较为简单，按照国家标准GB/T 11718-2009的使用用途分为普通型、家具型和承重型。

图1-6 中密度纤维板实物

中密度纤维板对木材原料的要求低，小径级的间伐材、枝桠材都可以使用，各种加工剩余物和农作物废料也可以作为原料，充分、高效地利用了林业资源。其次，它具有优良的性能，纤维组织均匀，纤维间的胶合强度高，板材表面平整、光滑，便于胶粘刨制薄木和薄页纸等饰面材料，便于涂饰和节约涂料。中密度纤维板可以生产从几毫米到几十毫米厚板材，可以代替任意厚度的木板、方材，且具有良好的机械加工性能，其边缘可按任何形状加工，加工后表面光滑。由于它性能优良，且是木材综合利用、合理利用的有效途径，因此，中密度纤维板是目前最有发展前途的产品之一。

区分细木工板和中密度纤维板最简单的方法就是观察板材的侧面：细木工板板芯是由许多条厚度一致、宽度相同的窄木条制成；而中密度纤维板的板芯则为植物纤维黏合而成。

五、在日常生活中能找到哪些由胶合板与纤维板制造的产品？

胶合板最早起源于公元前 3000 年的古埃及，用于制造国王贵族的高级家具。在 19 世纪中叶，第一个单板制造工厂在德国诞生，标志着胶合板工业化生产大力发展。目前，胶合板鉴于本身变形小、施工方便、横纹抗拉性好等优势，广泛应用于家具制造、室内装修、工程建筑、车船制造以及包装等行业。

胶合板中产销量最大的品种是建筑模板，主要应用于建筑工程，而在日常生活中，大多家具都是由胶合板的第二大品种——细木工板制造。一般来说，细木工板主要用来制作家具的外框，其强度及握钉力要优于纤维板和刨花板。此外，家里的一些木门、隔墙、地板也都可能用到细木工板。现在，市场上还出现了生态板这类环保概念板材，其很多属于装饰胶合板，即在普通胶合板表面贴上刨切薄木、三聚氰胺装饰板及浸胶装饰纸贴面，还有的三聚氰胺板则就是细木工板贴上三聚氰胺贴面，这样省去了制作家具后上漆的污染。

纤维板脱胎于造纸工业中的纸板生产技术，最早作为造纸工业的副产品出现，主要是为了利用纸浆中粗大纤维而生产的板材。20 世纪初在欧美国家，纤维板生产成为一种工业，之后中密度纤维板在全世界范围内迅猛发展，是纤维板中发展最快的板种。

纤维板同样也广泛应用于家具制造和室内装修。近些年新添置的板式家具，如果除去装饰的表面材料，可以发现有很多都是使用纤维板。如果购买的家具是由密度板加工而成的，那么这个密度板基本上就是中密度纤维板。还有市场最近兴起的强化木地板，其铺设简单、不易开裂、免漆免刨，很多是由高密度纤维板制成。此外，厨房内使用的以防火板为饰面的厨房家具和客厅里的音响，也都可以由纤维板制成。

随着生产技术的提高，胶合板与纤维板的使用范围越来越广，产品质量不断提高，其细分种类也越来越多，已经成为家具及装修的主要原材料。

延伸阅读

板式家具

板式家具即人造板家具，即指以人造板为主要基材、以板件为基本结构的拆装组合式家具。相对于实木、红木家具而言，由于板材打破了木材原有的物理结构，所以在湿度变化较大的时候，人造板的变形要比实木小得多，更适合快节奏的现代社会。同时，人造板材基本用的都是木材的边角余料，无形中保护了有限的自然资源。板式家具以款式新颖、色彩鲜艳、木纹清晰以及不变形、不开裂、防蛀、价格适中等优点成为家具类别中的新宠。

板式家具推向市场后标志着家具从传统的作坊式个体生产跨入现代工业化生产的新阶段。这种家具业生产方式的转变，使家具业跻身为现代产业。板式家具迅速发展，并且采用了越来越多的高科技手段，家具的科技含量加大，式样不断翻新。新材料、新工艺、新技术的不断推陈出新更促使了这一转变。

板式家具是以各种人造板材为基材做成的标准零部件加上接口组装而成。板式家具的板在家具上既是受力构件，又起分割空间和维护作用，打破了框式家具框架受力、板件维护的传统结构，其成品是板式部件。这些板件是经过严格设计的标准板件。在木材的综合利用上，板式家具为人造板在家具的应用提供了广阔的天地。如刨花板、中密度纤维板等都可以用来制造家具，有效提高了木材的利用率。板式家具可以分拆成各种规格尺寸的零部件批量生产，有利于专业化、标准化、自动化生产，可以极大地提高劳动生产率，从而降低成本，减少原材料的消耗。而且它还具有多次拆装组合的特点，便于家具自装配，尤其适合高层住宅的用户使用，方便搬运。板式家具成品是各种规格的板，所以储存运输都很方便。板式家具有利于实现产品机械化、连续化、自动化生产。因为它的部件简化、工艺规范，而且还具有性能稳定、质量改善、节约木材资源、产品搬运和装配方便等优点。因此，板式家具成为世界各国发展家具产品的主旋律。而板式家具在其风格上自成一气，集简约和现代美于一身。

一般人总觉得实木家具一定很环保，因为是木头做的；而板式家具一定不环保，因为是板材，里面含胶质多。其实这种看法不够客观。首先，实木家具的确是由木头制作，但是木材的制作也有许多讲究。如果家具全身是用整块的木板制作，丝毫没有采用齿接木，那么价值不用怀疑。目前，市场上至少有50%号称实木家具的品牌会采用齿接、杂木做家具的辅材，那么木板衔接中也会用到合成胶。其次，如果是涂刷油漆的实木家具，油漆也会增加家具的甲醛负担。很多小品牌会采用一些不知名的木器漆。

现在板式家具市场产品比较混乱，很多产品在造型、功能、档次上未能及时跟上市场变化的要求。但是随着人们物质、精神文明水平的提高，人们的消费观念和消费水平有了较大的差异和变化，对家具的需求呈现个性化，而家具款式的市场反应远赶不上消费者对款式需求的变化。板式家具相对于实木家具和其他木皮贴面的家具来说，制造成本偏低。所以，消费者，特别是年轻的消费者或者在处于过渡房时期的消费者就会偏好板式家具，式样和功能的多样成为他们选择的一个依据。

现代板式家具正以造型简洁、结构明快、价格适中等特点，吸引着越来越多的消费者。同时，市场的拓展、需求的刺激，也使得生产者不甘心作单纯生产的机器。因此，在发扬板式家具本身特点的同时，也应该将设计、工艺密切联系起来，开发出更多符合流行趋势、使消费者和企业双赢的优秀产品。

六、参与胶合板和纤维板期货应做好哪些准备？

高风险、高收益是期货交易的一个特点，而胶合板与纤维板期货相对于其他大宗商品期货来说，其价格波动幅度更大，价格影响因素更加复杂。“工欲善其事，必先利其器。”无论是普通投资者还是实体企业，在参与胶合板与纤维板期货之前，都应当做好各方面的准备，从而有效控制风险。

（一）充分了解品种

“举网以纲，千目皆张。”在参与期货交易之前，投资者需要对胶合板与纤维板这两个品种有一个清晰了解。除了要具备一定的基本知识及期货知识外，还需要对胶合板与纤维板产业链状况有一定的认识，了解其上游、中游及下游的情况及价格影响因素。只有在对产业及产品有基本了解之后，投资者在实际期货参与过程中才能更好地把握品种特点，发现获利机会，减少交易损失。

（二）明确自身交易目的

胶合板与纤维板期货可以为实体企业带来诸多帮助。作为企业自身，应根据生产经营的实际情况和需要，明确参与期货交易的目的，并严格制定和实施相应的交易策略。实际情况中，一些企业在期货交易上获得一定盈利之后，忽视了潜在风险，将套期保值变为投机交易，违背了套期保值的原则和事先制定的交易策略，从而遭受损失。

（三）心理准备

期货的杠杆交易使得其收益和风险较大，在参与胶合板与纤维板期货交易之前，投资者要做好承受损失的心理准备。保持良好的心态对于期货交易至关重要，特别是在期货头寸出现亏损时，需要克服恐惧，冷静思考，以正常心态对待期货交易，以足够的准备来面对失败。

（四）风险认识

机会和风险总是并存的，人性存在着贪婪与恐惧的弱点。期货交易中，这一点体现得特别充分。期货交易的风险来源于杠杆效应、价格方向的不确定性以及投资者自身。作为期货市场的投资者，在进行期货交易时应时刻注意对风险的防范，严格遵守期货交易所和期货经纪公司的一切风险管理制度，投资的资金、规模必须正当、适度，要有良好的投资战略，关注信息、分析形势，关注期货市场风险的每一个环节。

自测题

一、填空题

1. 普通的胶合板与细木工板从结构上可以分为（　　）。

2. 中密度纤维板分类还较为简单，国家标准 GB/T 11718－2009 中按照使用用途可以分为（　　）。

3. 胶合板中最大的品种是（　　），其使用于建筑工程之中，产量和消耗量最大，但是其甲醛释放量、加工性能及保存等方面难以满足装潢及家具制造的要求。

4. 人造板是以（　　）为原料，经一定机械加工分离成各种单元材料后施加或不施加胶粘剂和其他添加剂胶合而成的板材或模压制品。人造板主要包括（　　）三大类产品。

5. 1996 年 6 月 13 日，上海商品交易所为控制胶合板 9607 合约的风险，决定对该合约实施强制性协议平仓，并提前摘牌，且不实施实物交割。这就是国内商品期货史上有名的（　　）事件。

二、判断题

1. 无论是普通投资者还是实体企业，在参与胶合板与纤维板期货之前，

都应当做好各方面的准备，从而有效控制风险。（　）

2. 胶合板是人造板中最主要品种，其细分产品最多，分类标准也较为复杂。根据现行国家标准 GB/T 9846 - 2004，胶合板按照构成可分为单板胶合板、木芯胶合板和复合胶合板，其中木芯胶合板包括细木工板和层积板。（　）

3. 造纸工业中的纸板生产技术脱胎于纤维板生产，纤维板后来是从作为造纸工业的副产品中提取粗大纤维而生产的板材。（　）

4. 市场上“生态板”这类环保概念板材，其很多属于装饰胶合板。这种板材从结构上就与目前的胶合板具有非常大差异，不需要使用胶粘剂。（　）

5. 中密度纤维板属于纤维板大类中产量最大的产品，是制作家具较为理想的人造板材。（　）

三、选择题

1. 纤维板又名密度板，是以（　）为主要原料。

A. 木质纤维或其他植物纤维　B. 实木条及木片

C. 木质粗大颗粒　D. 造纸副产品纤维

2. 根据现行国家标准 GB/T 9846 - 2004，胶合板按照构成可分为（　）。

A. 单板胶合板　B. 木芯胶合板

C. 复合胶合板　D. 三聚氰胺板

3. 细木工板用途广泛，下面（　）可以使用细木工板进行制造。

A. 家具、缝纫机台板　B. 车厢、船舶、建筑室内装饰

C. 装配房屋、临时建筑的面板　D. 墙板、门

4. 在胶合板中，区分细木工板与普通胶合板最主要的特点是（　）。

A. 表板　B. 中板

C. 板芯　D. 胶粘剂

5. 参与胶合板和纤维板期货应做好（　）。

A. 充分了解品种　B. 明确自身交易目的

C. 心理准备　D. 风险认识

参考答案

一、填空题

1. 表面、中板及板芯
2. 普通型、家具型和承重型
3. 建筑模板
4. 木材或其他非木材植物；胶合板、刨花板和纤维板
5. 上海胶合板 9607

二、判断题

1. √　　2. √　　3. ×　　4. ×　　5. √

三、选择题

1. A　　2. ABC　　3. ABCD　　4. C　　5. ABCD

第二章

胶合板与纤维板期货合约

本章要点

本章介绍人造板期货合约和交易中的重要知识点，解释升贴水、甲醛释放量和持仓等概念，分析胶合板期货与纤维板期货在我国期货市场上市的意义，最后介绍胶合板期货与纤维板期货上市以来运行情况。

一、国外木材期货的历史和现状如何？

木材是世界主要的大宗商品之一。20 世纪 50 年代以来，国外一些期货交易所陆续推出了原木、木浆、板材和人造板指数等期货合约。

1967～1968 年，美国人造板现货价格以 30%～50% 的幅度大幅震荡，对现货企业造成很大冲击。受现货需求推动，美国芝加哥期货交易所（CBOT）上市人造板合约。1969 年上市当年成交 394 手，1970 年成交量达到 47 426 手，并实现交割 1 000 手，交割仓库从最早的 6 家增加到 1972 年的 11 家。到 1972 年第 3 季度时，该期货合约日均交易量达到了 1 281 手。与 CBOT 在木材类期货市场取得的成功相比，同期纽约商品交易所（NY-MEX）的胶合板期货在 1969 年成交 5 299 手后，1970 年下降为 792 手，到 1972 年 1 月 31 日该合约就再也没有交易。

1994 年，CBOT 又推出人造板指数期货。该指数由 50% 的软木胶合板价格和 50% 的定向刨花板价格组合而成，交易单位是 $100m^3$。该指数合约并不活跃，在上市的第二年因交易量不到 900 手而摘牌。

1996 年，芝加哥商品交易所（CME）上市了软木胶合板期货合约，采用实物交割。与 CBOT 的人造板指数期货一样，软木胶合板期货合约上市交易的时间并不长，由于没有吸引足够的流动性，交易清淡，几年后也退出了市场。

目前，国际商品期货中，芝加哥商品交易所的木材期货是最具代表性的林业品种之一，其合约经多次修改，发展成现在的任意长度（Random Length Lumber）合约木材期货，概况见表 2－1。

表 2－1　　芝加哥商品交易所木材期货合约

交易品种	任意长度木材
合约大小	110 000 板尺（约等于 $260m^3$）
品种说明	2×4 英寸木方，8～20 英尺长
报价单位	美元/1 000 板尺
最小变动价位	0.1 美元/1 000 板尺（相当于 11 美元/手）
涨跌停板幅度	10 美元/1 000 板尺，交割月份合约除外
合约月份	1 月、3 月、5 月、7 月、9 月、11 月
交易时间	美国中部时间周一～周五上午 9:05～下午 1:55
交易地点	场内、电子盘
最后交易日	交割月第 16 个自然日后首个交易日下午 12:05

续表

交易品种	任意长度木材
限仓	非交割月份 1 000 手，交割月份 435 手
交割等级	符合 CME Rulebook 20104 章规定
交割方式	实物交割
交易代码	LM

CME 的木材期货采取车船板交割，基准交割地由北向南贯穿美国中部地区密西西比河沿岸各州，买卖双方也可自行协商确定交割地点。质量方面，CME 对参与交割木材的长度范围、包装、木质、水分和标记都进行了规定。长度方面，CME 要求每个交割单位中，各长度的木材所占比例见表 2－2。

表 2－2　芝加哥商品交易所的木材期货交割各长度木材所占比例

木材长度（英尺）	比例（%）
8	3 ~ 10
10	5 ~ 12
12	10 ~ 20
14	10 ~ 24
16	35 ~ 60
18	0 ~ 15
20	0 ~ 15
16 + 18 + 20	45 ~ 60

包装方面，CME 要求所有木材按长度分类后，相同长度的绑在一起，18 英尺和 20 英尺的木材可以绑在一起，每捆绑在一起的木材需要用纸或塑料等包装。

水分方面，CME 规定每根木材的水分不能超过 19%。

木质和标记方面，CME 要求交割木材必须通过美国或加拿大木材标准委员会 PS20 标准中的 1 或 2 级，并由美国或加拿大木材标准委员会认可的机构在每根交割木材上进行标记。

除以上质量要求外，木材交割时允许不超过 5 000 板尺的重量溢短，但买方必须按照实际到货量结算货款。

芝加哥商品交易所 2011 年 9 月 13 日 ~2014 年 5 月 27 日价格走势见图 2－1。

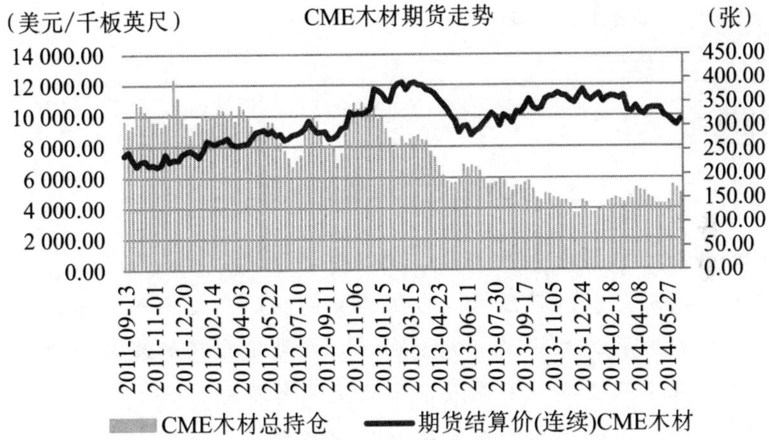

图 2－1 芝加哥商品交易所木材期货价格走势

目前，CME 的任意长度木材期货合约日成交量约 1 000 手左右。

延伸阅读

期 权

期权（Option），是一种选择权，是指一种能在未来某特定时间以特定价格买入或卖出一定数量的某种特定商品的权利。它是在期货基础上产生的一种金融工具，给予买方（或持有者）购买或出售标的资产的权利。期权的持有者可以在该项期权规定的时间内选择买或不买、卖或不卖的权利，可以实施该权利，也可以放弃该权利；而期权的出卖者则只负有期权合约规定的义务。

按期权的交割时间划分，有美式期权、欧式期权和百慕大期权三种类型。美式期权，是指在期权合约规定的有效期内任何时候都可以行使权利。欧式期权，是指在期权合约规定的到期日方可行使权利，期权的买方在合约到期日之前不能行使权利，过了期限，合约则自动作废。百慕大期权，是一种可以在到期日前所规定的一系列时间行权的期权，介于美式期权与欧式期权之间。

延伸阅读

CME 的木材期货合约

1998 年联合国贸易发展委员会的木材类期货合约调查认为，木材类期货品种，特别是以热带硬木胶合板为标的物的期货合约上市，有助于解决国际木材贸易过程中的一系列问题。在期货市场的发展历史中，美国、日本、马来西亚及一些北欧国家的交易所都进行了木材类商品期货的尝试。目前，国际商品期货中林业品种很少，其中芝加哥商品交易所的木材期货是为数不多的林业品种之一。

虽然大部分木材类期货合约最终摘牌退市，但它们对我们设计相关制度具有借鉴意义。

一是合约设计和维护结合现货市场。1969 年，CBOT 和 NYMEX 都上市了人造板期货合约，但 NYMEX 的人造板期货合约在上市次年(1970 年) 成交仅 792 手，因此退市。与此相比，CBOT 早期的成功是因为在合约设计和维护工作中能够更好地结合现货市场习惯，并以此为目标不断改进期货合约。例如，CBOT 采用船运凭证作为交割凭证，而 NYMEX 采用的是铁路运输票据。当时，很多多头投机者在期货市场上采购商品并快速变现，而商品在铁路运输线路上的变现能力远小于船运，致使投机者更偏向于在使用船运凭证的 CBOT 进行交易。CBOT 不但在合约设计中注重结合现货实际情况，合约上市后，CBOT 还多次根据现货市场情况修改合约，使合约始终具备服务现货市场客户的目的。

二是合约设计注重产业客户需求。CME的木材期货上市至今已44年，是目前世界上上市时间最长的木材类期货合约，从CME木材期货合约的相关制度中可以看出，合约设计非常注重产业客户的需求。首先，CME的木材期货名称已从最初的木材期货改为目前的任意长度木材期货，对交割木材只规定材积，不规定长度，便于产业客户组织货源；其次，CME规定了交割溢短，且规定当卖方交割量在溢短范围内时，买方按实际交割量结算货款，保证交割顺畅的同时也保护了买卖双方的利益。

二、我国胶合板期货有着怎样的历史？

在我国，胶合板期货并不是一个新生品种。其在20世纪90年代曾被推出，其交易一度十分活跃，但随着交易的异常活跃，其风险迅速放大。1996年6月13日，上海商品交易所为控制胶合板期货9607合约的风险，决定对该合约实施强制性协议平仓，并提前摘牌，且不实施实物交割。这就是国内商品期货史上有名的“上海胶合板9607事件”。

虽然目前上市的胶合板期货与90年代的期货在各方面都存在巨大差异，但为了能更好地了解胶合板期货的历史，可以回顾“上海胶合板9607事件”。

1994~1995年，胶合板期市成为国内期货市场最大的热点，大量热钱逐利其中，期货价格水涨船高，但是由于胶合板市场供应过剩，加上国外进口产品的冲击，现货市场销售低迷，最终多头以远高于市场价格接货。1995年12月10日，上海商品交易所推出胶合板期货9607、9609合约，期价由推出时的45元/张的价格逐步回落，加上市场利空传言，其价格在1996年3月7日出现跌停，成交量与持仓量远低于主力合约。

1996 年 3 月 8 日，中国证监会发出通知，停止滨海国际（苏州）股权交易所红小豆期货合约交易，撤离的大量资金急于寻找投资方向，胶合板自然而然地成为首选对象。由于当时苏板几个主要合约持仓量均接近当时的持仓限制量，新主力介入困难较大，于是沪板便成为苏红撤出资金争夺的焦点，尤其是 9607 合约因其时间适中、盘口较轻成为这些游资介入的首选对象。在随后三周时间里，多空主力展开了占仓大战，迅速将 9607 合约持仓量扩大至 60 万手的边缘，但合约价格仍然保持稳定，多空双方僵持不下。

5 月 31 日，市场出现空头借套期保值进行高杠杆打压传言，沪板 9607 合约价格一路下滑，在散户多头的平仓抛压之下很快滑至跌停板，维持两个月之久的平衡终于被打破，但主力多头并未恐慌，持仓量仍维持在 60 万手以上；次日开盘，空头主力乘胜追击，以 55% 的保证金继续大量放空，9607 合约再封跌停板，持仓量扩大至 62.5 万手；直至 6 月 7 日，期货价格在 40 元/张心理关口得到有力支撑，空头主力意欲逼多头割肉斩仓，但收效甚微，相反期价突破 40 元/张关口，几乎无人再敢跟空，空头主力已是骑虎难下，越陷越深，同时资金开始吃紧。当期价运行至 39 元/张的低价区时，入市接现货的买方套期保值者骤然增加，多方新生力量的加入使得空方主力措手不及。

与此同时，上海商品交易所于 6 月 6 日宣布取消持仓限制，发布了《对交易保证金按持仓量实施分段管理办法的通知》。市场对此反应极为强烈，一致解释为利多因素，多头主力借机发力，当仁不让，面对买方套保者及多头投机势力双重夹击，空头趋于崩溃，忙于斩仓，随后持续无量涨停，空头连砍仓的机会都没有，市场风险顿增。

面对天天无量涨停的 9607 合约及命倾在即的空头，交易所为了控制风险，不得不出面干涉。6 月 13 日，交易所果断停止了 9607 合约的交易，实施协议平仓，并将 9607 合约提前摘牌，且不实施实物交割。最终 9607 合约按照空头 44.20 元/张、多头 45.00 元/张的价格实施强制性协议平仓，其中的价差由交易所以交易风险金补足。

三、胶合板与纤维板期货上市有什么重大意义?

胶合板与纤维板期货合约上市，填补了我国林木类期货品种的空白，有利于进一步完善人造板市场机制，有利于培育我国人造板企业的市场化意识，有利于促进我国人造板市场产品整体质量的提高，也有利于增强人造板企业的市场竞争力。胶合板与纤维板期货上市对我国人造板市场的发展具有重要的意义，主要表现在以下几个方面：

（一）促进胶合板与纤维板行业发展，提高市场产品质量

我国是世界最大的胶合板与纤维板生产国，但不是生产强国，没有形成真正意义上的中国胶合板与纤维板定价权，在出口中受多种因素制约。胶合板与纤维板生产加工销售等产业链企业众多，市场规模大且现货贸易活跃，具备形成国际胶合板与纤维板市场中国价格的现货基础。但我国人造板市场较为混乱，产品良莠不齐，而消费者对产品知之甚少，市场存在大量低质产品。期货品种的品质标准化对行业发展能起到规范引导作用，有助于提升整个行业的环保意识，提高市场产品质量水平。上市两板期货有利于建立全国统一的木材产品大市场，利用期货市场高效的信息传递功能，打破区域封闭，提高市场透明度。

（二）提供价格风险规避工具，有助于企业稳定经营

近年来，我国胶合板与纤维板价格波动较为明显，特别是受原材料成本和需求波动等因素影响，纤维板和胶合板价格波动较大，对上下游相关企业生产经营产生较大影响。上市的胶合板与纤维板期货首先能为企业提供风险管理工具。当产品供给相对过剩时，企业预测价格将出现长期下跌，企业可以利用期货提前卖出，事先锁定产品利润。对于下游家具制造厂家，生产订单通常会提前2~3个月，可以事先通过期货市场买入人造板套期保值率先

锁定利润，以应对之后原材料价格可能出现的较大波动，对于家具厂的产量和自身规模的壮大有积极作用。

（三）有利于企业品牌优势的培养，增强企业竞争力

我国胶合板与纤维板生产厂家众多，产品利润率较低，缺乏国际知名度。随着上游原材料价格不断上涨，以及我国胶合板与纤维板企业在国内外市场影响力缺乏，行业竞争非常激烈。由于缺乏产品定价权，大量企业亏损。对于国内产品质量参差不齐的人造板市场来说，期货对于产品质量要求非常严格，能够生产符合期货交割要求的产品并质检入库，对于企业品牌影响力的提升具有积极意义。

（四）提高现货市场价格透明度，增进消费者对于人造板的了解

人造板贸易链是一个长渠道的销售模式，产品市场价格不透明。比如细木工板，可能高的区域能达到 150 元/张，低的区域大概在 90 元/张左右，价格差距非常大。胶合板与纤维板期货的上市有助于提升价格透明度，增强市场流动性，促进下游市场健康发展。此外，家庭装修及家具制作中，消费者往往对于人造板的了解知之甚少，无法区分不同类型、不同质量和不同规格的板材，导致有些消费者高价钱买来了低质量产品。胶合板与纤维板期货的上市，对于质量标准具有明确规定，有助于消费者进一步了解人造板。

（五）增强我国胶合板与纤维板的国际市场竞争力

我国是两板出口大国，但在国际上缺乏话语权，出口产品利润较低。目前，欧美国家加大了对我国林产品的贸易壁垒，使得我国大量人造板企业出口受到严重影响，国际市场占有率下滑。期货上市对于我国掌握产品定价权具有重要意义，有利于提高我国企业出口的议价能力，提升国内产品国际影响力，也为我国对抗国外贸易壁垒提供了帮助。

延伸阅读

由于我国人造板生产行业门槛较低，属于完全竞争型行业，且随着前期投资建设的产能逐渐释放，人造板行业市场竞争越发激烈，并出现高端市场供应略显不足、低端市场竞争激烈以及部分企业库存积压选择停产的局面。业内人士指出，人造板公司普遍存在三大问题：一是人造板行业集中度较低，竞争激烈；二是原料价格浮动较大，且资源不足；三是资金压力大。2012 年以来，人造板行业发展低迷，至今未见好转。据了解，我国南方地区人造板企业停产严重，主要是由于人造板走货不畅，库存堆积严重，为了缓减库存压力，20%的企业选择停产。南方地区特别是广东地区下游家具厂数量较多，纤维板利用率一直处于全国领先地位，原材料价格的大幅波动，给下游板材加工企业带来巨大压力，加之之前产能过剩引发的库存压力，不少企业被迫停产。

2014 年 4 月 2 日大连某知名品牌细木工板顺利通过期货质量检验，已获得胶合板期货市场首笔仓单。期货交割的商品检验是严格按照国际标准进行严格检验，被业内称之为“史上最严格的胶合板检验”。

随后胶合板期货市场立刻开始关注这家企业，新闻媒体进行报道，企业知名度大幅提升。企业副总经理在接受媒体采访时表示，作为大连细木工板生产企业，自胶合板期货上市以来企业就一直给予高度关注。此次积极参与胶合板期货首次交割主要是为了真实感受和了解期货交割的整个流程，为日后企业充分利用期货市场进行套期保值操作、保障稳健经营做好准备。

2014 年 4 月 4 日，湖州某知名品牌在奔牛港库区成功注册仓单 3 手，成为第二家胶合板期货注册仓单品牌。此后，大量注册仓单均使用以上品牌胶合板作为产品。截至 2014 年 6 月 9 日，大连商品交易所共有 137 手胶合板注册仓单，合计 68 500 张细木工板。

期货交割过程中进行的质检流程，把控严格而精细，派专门的质检人员检测，且每个人负责检测的不同方面，过程的透明与严格保证了结果的公正性。相对于产品质量良莠不齐的现货市场，期货交割品的质量严格把控。对一个品牌来说，通过了期货的检验是对其质量的肯定，宣传收益远大于检测和仓单注册费用。

随着消费者对家庭环境和装修材料质量要求的不断提高，以及我国家庭装修环保要求及材料质量标准更加严格，胶合板与纤维板市场更加规范，市场流通的产品质量进一步提高。如果企业可以通过胶合板与纤维板期货质检并生成注册仓单，对于企业宣传和品牌知名度都有积极作用。

四、新上市的期货合约如何设定？

胶合板期货与纤维板期货合约是由大连商品交易所统一制定，并规定在未来某个特定时间及地点交割一定数量和质量标的物的标准化合约。2013年12月6日，胶合板期货与纤维板期货在大连商品交易所上市。

胶合板期货所选取的交易标的是细木工板，纤维板期货所选取的交易标的是中密度纤维板。合约具体内容见表2－3和表2－4。

表2－3　　　　大连商品交易所胶合板期货合约

交易品种	细木工板
交易单位	500张/手
报价单位	元（人民币）/张
最小变动单位	0.05元/张
涨跌停板幅度	上一交易日结算价的4%
合约月份	1月、2月、3月、4月、5月、6月、7月、8月、9月、10月、11月、12月
交易时间	每周一至周五上午9:00～11:30、下午13:30～15:00

续表

交易品种	细木工板
最后交易日	合约月份第10个交易日
最后交割日	最后交易日后第3个交易日
交割等级	大连商品交易所胶合板交割质量标准
交割地点	大连商品交易所胶合板指定交割仓库
最低交易保证金	合约价值的5%
交割方式	实物交割
交易代码	BB
上市交易所	大连商品交易所

注：上述合约为胶合板期货上市时制定，实际情况以大连商品交易所最新公布为准。

表2-4　大连商品交易所纤维板期货合约

交易品种	中密度纤维板
交易单位	500张/手
报价单位	元（人民币）/张
最小变动单位	0.05元/张
涨跌停板幅度	上一交易日结算价的4%
合约月份	1月、2月、3月、4月、5月、6月、7月、8月、9月、10月、11月、12月
交易时间	每周一至周五上午9:00~11:30、下午13:30~15:00
最后交易日	合约月份第10个交易日
最后交割日	最后交易日后第3个交易日
交割等级	大连商品交易所纤维板交割质量标准
交割地点	大连商品交易所纤维板指定交割仓库
最低交易保证金	合约价值的5%
交割方式	实物交割
交易代码	FB
上市交易所	大连商品交易所

注：上述合约为纤维板期货上市时制定，实际情况以大连商品交易所最新公布为准。

对于普通投资者来说，参与胶合板与纤维板期货交易的主要目的是投机获利，因此对于期货合约中交易品种、交易单位、价格波动幅度、交易时间、交易所保证金及手续费需要有明确了解。交易所在某些时候会调整交易所保证金及涨跌停板幅度，特别是节假日或合约价格波动幅度较大时投资者需要密切关注。

对于企业来说，参与胶合板与纤维板期货套期保值时应关注合约的交割时间、交割等级、交割仓库等具体交割制度及交割细则，应注意产品的升贴水设置、仓单注册要求及仓单注销时间等要素。

胶合板与纤维板期货是我国目前仅有的林木类期货品种，与20世纪90年代的胶合板期货完全不同，它们是大连商品交易所经过长期调研、论证之后，在国内市场条件已经成熟的情况下推出的，从目前运行情况来看已获得了市场投资者的广泛关注，成交量也在不断放大。

案例 2-1

大连商品交易所于2014年5月28日通知，2014年6月5日结算时起将胶合板品种最低交易保证金标准调整至10%。此前，大连商品交易所已将胶合板期货合约最低交易保证金调整为7%。

如果某投资者有20万元资金，持有20手BB1409合约，以5月27日结算价133元/张及最低交易保证金率7%来计算，其最低交易保证金为93 100元，而以6月5日结算价133.35元/张及最低交易保证金率10%来计算，其最低交易保证金为133 350元，最低交易保证金一天增加了40 250元，增幅达到43.2%。若再考虑期货公司需要的额外保证金率，那么保证需要占用更多资金。如果期货公司额外增加3%的保证金率，那么以调整之后13%的总保证金率来计算，总保证金高达173 355元，持仓比例高达86.68%，属于重仓持有胶合板期货，其风险很高。

若此投资者持仓方向与胶合板期货价格走势方向相反，则根据每日无负债结算制度，总资金将会减少。此时，如果不追加保证金，那么遇到价格大幅波动的情况，很有可能出现保证金不足而被强行平仓的后果。

所以，投资者应关注交易所对于保证金比例的调整情况，严格控制仓位，避免出现保证金不足的情况。

五、胶合板与纤维板期货交易单位为什么是500张/手？

人造板材的交易单位在国际上并没有统一。我国海关统计采用“吨”为单位；国家统计局采用“立方米”为单位；现货贸易中“张数”和“立方米”都使用，其中细木工板多采用“张数”，纤维板“张数”和“立方米”都使用。所以，大连商品交易所按照国标抽样要求，使用“张数”为单位，也接轨现货市场，符合现货交易习惯，方便期货交割及产品价格的确认。

在确定以张为基本报价单位之后，大连商品交易所规定以500张为一手进行交易和交割，其理由主要是考虑到每一手的交易保证金。如果按照5%保证金比率及市场价格进行计算，纤维板期货保证金将大致为1 875元/手，胶合板期货保证金将大致为3 000元/手，与大连商品交易所比较活跃的焦煤、豆粕品种保证金水平相当。

从运输角度来讲，我国胶合板与纤维板以平板卡车运输为主，运输量达到70%，而平板车在高速公路上有一个4米限高的规定，平板车的平板距离地面的高度是1.3～1.4米，大连商品交易所规定标准品15毫米厚的纤维板或细木工板是80张为一个包装。这样的好处是80张为一个包装板材总体厚度大概是1.2米，如果加上托盘，木制的方便叉车作业的踏板是10厘米高，总高度是1.3米，两包叠高总高度达到2.6米，加上平板车的1.3～1.4米高度，总高度不超过4米，可以最大限度释放运力，也可以一定程度降低运输成本。现货包装通常以50张为一个包装单位，一辆平板卡车可以运输1 500张板材；若是15毫米厚度标准品，以80张为一个包装单位，一辆平板卡车可以运输1 500张板材；若是18毫米厚度替代品，则以70张为一个包装单位的话，一辆平板卡车可以运输1 400张板材。以500张为一手的交易单位充分考虑到了运输因素。

从上市以来的运行情况来看，市场完全适应以张为基本报价单位，与现货市场相匹配，方便期货交易者对于价格的确定。以500张为一手所对应的保证金及合约规模兼顾了市场活跃度和风险控制。

六、胶合板与纤维板期货价格涨跌停板依据是什么？

涨跌停板制度是期货交易中必不可少的风险控制措施。涨跌停板范围的设定需要考虑商品自身价格波动情况，大连商品交易所主要根据现货市场胶合板与纤维板的价格波动统计结果，对1 000多个样本进行统计发现超过70%的价格波动都处于±2%的范围之内，而超过80%的价格波动处于±4%的范围之内。因此，大连商品交易所将胶合板期货合约与纤维板期货合约的涨跌停板设定为±4%（见表2－5）。

表2－5　大连商品交易所现货价格波动统计情况

品种	波动范围					样本数
	>4%	(3%，4%]	(2%，4%]	(1%，2%]	[0，1%]	
纤维板	8.2%	5%	12.9%	36.46%	37.2%	790
胶合板	3.2%	8.9%	7.1%	33.3%	47.5%	340

资料来源：大连商品交易所。

当市场出现大幅波动时，为了维持市场交易正常运行，降低风险，交易所会采取风险控制措施。但胶合板期货或纤维板期货价格连续同方向波动三个停板时，交易所会采取多种风险控制预案，其中提高涨跌停板幅度和增加交易保证金率是主要的风险控制手段。大连商品交易所在设计胶合板期货和纤维板期货合约时，针对此种情况作出了相应规定。

表 2-6　期货价格触及涨停板时涨跌停板幅度和交易保证金率设定情况　（单位：%）

交易状况	涨跌停板幅度	交易保证金率
第 1 个停板	4	5
第 2 个停板	6	8
第 3 个停板	8	10

注：上述规定为胶合板与纤维板上市时制定，实际情况以大连商品交易所最新公布为准。

七、胶合板与纤维板期货交易有哪些特点？

胶合板与纤维板期货作为国内目前仅有的林木类期货品种，其处于初期发展阶段，期货参与者、生产企业、下游消费对象不断磨合，为期货产品与现货市场构筑联系的桥梁。下面将简单介绍胶合板与纤维板期货交易的特点。

（一）期货品种较为稚嫩，市场不断摸索

国际上较为成熟的林木类期货是原木期货，而胶合板与纤维板期货则是新生事物。虽然我国曾推出胶合板期货，但是较目前的品种有天壤之别。我国目前人造板市场较为分散，无论是生产企业还是交易市场，都缺乏有力的定价模式和规范的产品标准。期货品种对于产品质量标准非常严格，这与现货市场存在一定差异，市场正不断完善期货与现货的对接，特别是期货产品在下游领域的使用还处于摸索阶段。

（二）价格波动频繁，多空因素交织

受上游原材料影响，胶合板与纤维板生产成本不断升高，但同时下游消费需求及出口情况不容乐观，使得其价格进退两难，反映到期货市场上表现为期货价格波动频繁，市场多空双方存在较大分歧。此外，胶合板与纤维板

上游原材料来源范围、种类较广，生产企业集中度较低，下游消费使用也非常分散，加上房地产、消费者偏好等因素众多，市场关注的题材非常丰富，这使得胶合板与纤维板期货具有更多的投资机会。

自上市以来，胶合板期货波动幅度明显高于纤维板期货，市场对于胶合板定价争论较大。此外，两个产品合约之间存在一定规模的套利资金。

（三）期货产品质量要求严格，企业关注热情较高

胶合板与纤维板期货产品质量要求严格，如果企业生产的产品可以通过质检入库，那么对其产品质量是一种肯定，对于企业宣传起到积极作用。人造板市场良莠不齐，下游消费者处于雾里看花的情况。通过质检入库的品牌将在市场上树立良好口碑，在消费者中提高知名度。目前，大量企业都密切关注期货，虽然初期注册仓单品牌较少，但随着时间的推移，期货对企业品牌的积极作用将逐渐显现。

（四）行业发展迅速，替代品较多

我国人造板行业发展迅速，人造板产品种类不断增多，市场上出现了各种不同工艺、不同构造的产品，其中部分产品同样用于家具制造、家庭装潢等方面，与细木工板和中密度纤维板形成了较强的替代关系。这些替代品的出现和发展对于胶合板与纤维板期货将产生越来越大的影响。

八、期货交割品种 E1 和 E2 是什么意思？

家庭装修时会有难闻的刺激性气味，这种气味主要是装修材料中散发出来的甲醛气体。甲醛的主要危害表现为对皮肤粘膜的刺激。甲醛在室内达到一定浓度时，人就有不适感。我国家庭装修标准对于室内甲醛排放量有严格要求。随着大家对环境要求的不断提高，家庭装修的人造板甲醛排放量也有严格规定。

甲醛释放量是市场备受关注的质量指标，是区分产品等级和影响产品价格的重要因素。国际市场对于甲醛释放量的要求非常严格，E1 和 E2 是我国人造板甲醛排放量的国家标准（见表 2 - 6）。我国 E1 级标准与国际接轨，是行业未来发展的趋势。因此，E1 级是期货品种的质量标准。考虑到国内市场仍存在大量较高甲醛释放量的流通产品，所以辅以 E2 级作为替代品等级，并加以大幅贴水。

表 2 - 6　　中密度纤维板和细木工板甲醛释放限量标准

甲醛释放限量标志	执行标准	试验方法	限量值	升贴水（元/张）
中密度纤维板				
E1	GB/T 11718	穿孔法	≤8 mg/100g	-
E2	GB 18580	穿孔萃取法	≤30 mg/100g	- 30
细木工板				
E1	GB 18580	干燥器法	≤1.5 mg/L	-
E2			≤5 mg/L	- 30

需要注意的是，期货品种细木工板使用 GB 18580 标准，而中密度纤维板使用 GB/T 11718 与 GB 18580 标准。

对于甲醛释放量的规定以及 E1 级作为交割标准的设定有助于期货帮助现货市场向高质量、高标准和国际化发展，符合国家对环境保护意识提升的要求，也有助于强化消费者对于家庭装修室内环境问题的认识。

表 2 - 7　　室内装饰装修材料人造板及其制品中甲醛释放限量

（GB 18580 - 2001）

产品名称	试验方法	限量值	使用范围	限量标志
饰面人造板（包括浸渍纸层压木质地板、实木复合地板、竹地板、浸渍胶膜纸饰面人造板等）	气候箱法	≤0.12mg/m³	可直接用于室内	E1
	干燥器法	≤1.5mg/L		

延伸阅读

市场上为什么还有"E0"级的人造板

随着人们生活水平的提高，绿色生态的消费理念日益得到认同，家居环境的环保健康越来越得到重视，板材产品的甲醛释放量已经成为广大消费者极为关注的问题。目前市场上有些品牌了提出了"E0"级概念。国家目前尚未正式发布关于"E0"级别的国家标准，目前所谓的E0标准多数为行业内的约定俗成。某些企业还以自己的板材通过欧标的"E0"级检测标准为宣传点吸引消费者，其实欧洲官方标准也并没有所谓的"E0"级。由于"E0"标识容易与E1、E2标准产生混淆，经常会被部分商家拿来误导消费者。

市场上标称"E0"级的人造板，其胶合板甲醛释放量为小于等于0.5mg/L，严格来说应属于E1级产品，但其相对于E1级1.5mg/L的上限标准更加严格；"E0"级纤维板甲醛释放量为小于等于5mg/100g，也大幅低于8mg/100g的E1级国家标准。如果这些"E0"级产品确实能够达到这样的标准，那么其环保性无疑更加优秀，是市场及企业对于产品高质量要求的体现。

目前，行业内出现的"E0"级产品对我国人造板行业发展、产品质量升级起到了推动作用。相信随着消费者绿色环保理念的加强及生产企业产品质量意识的不断提高，未来国家很有可能出台更加严格的甲醛释放标准，更加绿色环保的产品将成为主流。

下表是对某国际木材市场中密度纤维板的测试情况。

某国际木材市场中密度纤维板甲醛释放量等级

（QB/YZ001 QB/YZ003 QB/YZ004）

产品名称	试验方法	限量值	使用范围	限量标志
中密度纤维板	穿孔萃取法	≤5mg/100g	可直接用于室内	E0
		≤8mg/100g	可直接用于室内	E1

续表

产品名称	试验方法	限量值	使用范围	限量标志
中密度纤维板	穿孔萃取法	≤30mg/100g	必须饰面处理后可允许用于室内	E2
胶合板、细木工板	干燥器法	≤0.5mg/L	可直接用于室内	E0
		≤1.5mg/L	可直接用于室内	E1
		≤5mg/L	必须饰面处理后可允许用于室内	E2

九、为什么不同地方的交割结算要设置升贴水？

我国胶合板与纤维板生产较为分散，华东、华南、华北及华中都有大量生产企业，通常生产企业会使用区位内的树木进行生产。由于我国不同地区树种具有一定差异，不同树种的品种、特点和成本也不同，受原材料采购半径与运输成本的限制，使得我国不同地区的胶合板与纤维板原材料成本存在差异。

我国胶合板与纤维板贸易销售半径受运输费用影响较大，不同地区产品价格差长期以来相对固定，价格波动相关性较强。因此，考虑到产品成本及价格差异，各个地区均设置不同程度的升贴水。

华东是我国细木工板重要的产区与最大的销区。河北、山东、江苏和浙江是我国细木工板的四大产区，占全国总产量的51%。所以，胶合板期货以浙江和江苏为基准交割地，天津贴水10元/张，河北、山东和广东贴水20元/张。

纤维板产区跨度大，大城市是主要的销区。广东、广西、山东和江苏是我国纤维板的主要产区，产量约占全国总产量的50%，其中广东地区产量居首位，因此纤维板期货选择广东作为基准交割地，天津、浙江和江苏设置升水5元/张。

投资者在对比胶合板期货与纤维板期货期现价格时应特别注意所采用的现货生产地区，不同地区的升贴水对于期现价差影响较大。采用贴水地区现货价格时，应将期货价格减去贴水金额进行比较；采用升水地区现货价格时，应将期货价格加上升水金额进行比较。此外，投资者还应及时关注大连商品交易所可能出台的交割地升贴水调整公告，以免造成不必要的损失（见表2-9和表2-10）。

表2-9　2014年7月18日全国各地主要地区细木工板价格

地区	报价地	价格（元/张）	尺寸（mm）	材质	环保等级	板材等级	品牌
浙江	杭州	150	2440×1220×15	杉木	E1	一等品	兔宝宝
		170	2440×1220×18	杉木	E1	一等品	兔宝宝
江苏	南京	130	2440×1220×15	松木	E1	一等品	舜天利华
		148	2440×1220×18	松木	E1	一等品	舜天利华
江苏	常州	133	2440×1220×15	杨木	E1	一等品	祥福润
		145	2440×1220×18	杨木	E1	一等品	祥福润
广东	广州	142.5	2440×1220×15	马六甲	E1	一等品	凌利
		152.5	2440×1220×18	马六甲	E1	一等品	凌利
天津	天津	148	2440×1220×15	杨木	E1	一等品	鹏鸿
		158	2440×1220×18	杨木	E1	一等品	鹏鸿
广西	南宁	120.5	2440×1220×15	杉木	E1	一等品	元香
		145.5	2440×1220×18	杉木	E1	一等品	元香

资料来源：大连商品交易所。

表 2-10 2014 年 7 月 18 日全国各地主要地区中纤板价格

地区	报价地	价格（元/张）	尺寸（mm）	材质	环保等级	板材等级	品牌
浙江	杭州	83	2440×1220×15	杂木	E1	优等品	森鑫
		95	2440×1220×18	杂木	E1	优等品	森鑫
江苏	南京	83	2440×1220×15	杂木	E1	优等品	群怡
		93	2440×1220×18	杂木	E1	优等品	群怡
江苏	常州	81	2440×1220×15	松杂	E1	优等品	东盾
		96	2440×1220×18	松杂	E1	优等品	东盾
广东	广州	79	2440×1220×15	桉杂	E1	优等品	丰林
		100	2440×1220×18	桉杂	E1	优等品	丰林
天津	天津	70.5	2440×1220×15	杨木	E1	优等品	北方
		80.5	2440×1220×18	杨木	E1	优等品	北方
广西	南宁	76	2440×1220×15	桉杂	E1	优等品	丰林
		89.5	2440×1220×18	桉杂	E1	优等品	丰林

资料来源：大连商品交易所。

十、胶合板与纤维板有哪些风险控制措施？

为加强期货市场交易风险管理，保护期货交易当事人的合法权益，保障交易所期货交易的正常运行，大连商品交易所制订了各项具体风险控制措施。主要的风险控制措施有保证金制度、持仓限额制度、涨跌停板制度和其他风险控制制度。

（一）保证金制度

保证金制度是期货市场风险控制的重要手段，对于不同的合约月份、不同的持仓规模和交割合约的不同阶段，保证金设置水平都有所区别。

目前大连商品交易所设置合约时，各品种最低交易保证金标准均为其涨跌停板幅度的1.25倍，胶合板与纤维板期货合约设置时的最低交易保证金标准确定为5%，即如果为一手期货对应商品价值60 000元的话，则应给交易所缴纳3 000元保证金。此外，期货公司通常也会另外收取保证金，用以进一步控制风险。

根据市场实际风险及价格波动程度的不同，胶合板与纤维板期货的最低保证金收取比例会作出相应更改。特别是临近节假日或者市场可能面临较大风险时，交易所通常会提高最低保证金收取比例。比如在合约上市初期，价格波动非常剧烈，2014年1月29日临近春节时，胶合板和纤维板期货最低交易保证金标准调整至10%。2014年年中，胶合板期货风险加大，6月5日结算时起，交易所将胶合板期货最低交易保证金标准调整至10%。

投资者应在节假日、市场波动较大或风险提升的时候及时查询交易所网站，了解相关品种最低保证金调整情况，及时追加资金或调整仓位，避免因提高保证金而造成资金紧张。

（二）持仓限额制度

持仓限额是指交易所规定会员或者客户可以持有的、按单边计算的某一合约投机头寸的最大数额。胶合板与纤维板期货实行限仓制度：某一月份合约的持仓量超过某一规模前，期货公司会员持仓不受限制；超过某一规模后，按照合约总持仓量的一定比例确定限仓数额。非期货公司会员和客户的限仓数额以绝对量方式规定。同一客户在不同期货公司会员处开有多个交易编码，各交易编码上所有持仓头寸的合计数，不得超出一个客户的限仓数额。

持仓限额制度是指期货交易为了防范操纵市场价格的和防止期货市场风险过度集中于少数投资者，对会员及客户的持仓数量进行限制的制度。超过限额，交易所可以按规定强行平仓或提高保证金比例。为了防范系统性风险的发生，当持仓总量超过一定数额后，期货公司的持仓比例也需要有一定的限制。

非期货公司会员或客户的持仓数量不得超过交易所规定的持仓额度；超过持仓限额的，交易所按照有关规定执行强行平仓。一个客户在不同期货公司会员处开有多个交易编码，其持仓量合计超出持仓限额的，交易所可以指定有关期货公司会员对该客户超额持仓执行强行平仓。

表 2-11　不同时期胶合板与纤维板期货限仓比例持仓限额　（单位：手）

品种	时间段	非期货公司会员	客户
纤维板	一般月份，单边持仓≤160 000	16 000	16 000
	一般月份，单边持仓>160 000	单边持仓×10%	单边持仓×10%
	交割月前一个月第十个交易日起	400	400
	交割月份	100	100
胶合板	一般月份，单边持仓≤60 000	6 000	6 000
	一般月份，单边持仓>60 000	单边持仓×10%	单边持仓×10%
	交割月前一个月第十个交易日起	80	80
	交割月份	20	20

注：上述规定为胶合板与纤维板上市时制定，实际情况以大连商品交易所最新公布为准。

交易者在进行胶合板与纤维板期货交易时需要注意持仓限额规定，特别是在交割月前一个月第十个交易日前，需要注意自己的持仓是否符合交易所规定。如果交易者在持仓限额调整日期临近时发现自己持仓超出限额，那么应尽快调整自己持仓量，以免期货公司或交易所在规定时间后进行强行平仓，造成不必要的损失。

（三）涨跌停板制度

涨跌停板制度，是指期货合约在一个交易日中的成交价格不能高于或低于以该合约上一交易日结算价为基准的某一涨跌幅度，超过该范围的报价将视为无效，不能成交。在涨跌停板制度下，前一交易日结算价加上允许的最大涨幅构成当日价格上涨的上限，称为涨停板；前一交易日结算价减去允许的最大跌幅构成价格下跌的下限，称为跌停板。因此，涨跌停板又叫“每日价格最大波动幅度限制”。

需要投资者注意的是，与股票涨跌停板制度不同，期货合约涨跌停板的计算依据是上一交易日的结算价，而非收盘价。此外，胶合板与纤维板上市初期，其涨跌停板设置均为4%。而根据市场实际风险及价格波动程度的不同，交易所有时会更改涨跌停板幅度，如春节期间，2014 年 1 月 29 日（星期三）结算时起，胶合板和纤维板期货涨跌停板幅度调整至8%，春节过后又将其合约涨跌停板幅度调整至5%。而到了 2014 年劳动节期间，交易所则未对胶合板与纤维板涨跌停板幅度进行调整。投资者应在节假日、市场波动较大或风险提升的时候及时查询交易所网站，了解相关品种涨跌停板调整情况。

延伸阅读

涨跌停板单边无连续报价

涨（跌）停板单边无连续报价，是指某一期货合约在某一交易日收市前5分钟内出现只有停板价位的买入（卖出）申报、没有停板价位的卖出（买入）申报，或者一有卖出（买入）申报就成交、但未打开停板价位的情况。

当交易所上市的商品期货合约在某一交易日（该交易日记为第N个交易日）出现涨跌停板单边无连续报价的情况，则当日结算时起，该合约的交易保证金按合约价值的8%收取。第N+1个交易日该合约的涨跌停板幅度为6%。

若第N+1个交易日出现与第N个交易日同方向涨跌停板单边无连续报价的情况，则第N+1个交易日结算时起，该合约的交易保证金按合约价值的10%收取。第N+2个交易日该合约的涨跌停板幅度为8%。

当纤维板、胶合板合约第N+2个交易日出现与第N+1个交易日同方向涨跌停板单边无连续报价的情况时，若第N+2个交易日是该合约的最后交易日，则该合约直接进入交割；若第N+3个交易日是该合约的最后交易日，则第N+3个交易日该合约按第N+2个交易日的涨跌停板和保证金水平继续交易。除上述两种情况之外，交易所可在第N+2个交易日根据市场情况决定并公告，对该合约实施下列两种措施中的任意一种：

措施一：在第 N+3 个交易日，交易所采取单边或双边、同比例或不同比例、部分会员或全部会员提高交易保证金，暂停部分会员或全部会员开新仓，调整涨跌停板幅度，限制出金，限期平仓，强行平仓等措施中的一种或多种化解市场风险。

措施二：在第 N+2 个交易日收市后，交易所将进行强制减仓。

资料来源：大连商品交易所。

（四）其他风险控制制度

大连商品交易所胶合板与纤维板期货还有其他风险控制制度，如大户报告制度、强制减仓制度、异常情况处理制度和风险警示制度。这些风险控制制度将按照《大连商品交易所风险管理办法》的相关规定执行。

十一、胶合板与纤维板期货上市以来的运行情况如何？

胶合板与纤维板期货上市以来就备受市场关注，初期主力合约 BB1405 和 FB1405 日平均震幅分别达到 2.349% 和 2.486%（截至 2014 年 4 月 22 日）。上市以来胶合板期货与纤维板期货成交持仓情况如表 2－12。

表 2－12 上市以来胶合板期货与纤维板期货成交持仓情况

（截至 2014 年 6 月 10 日）

	日均成交量（万手）	日均成交额（亿元）	日均持仓量（万手）
胶合板期货	26.96	180.94	8.99
纤维板期货	26.33	86.58	11.70

胶合板期货上市以来成交量迅速放大，初期价格波动十分剧烈。主力合约 BB1405 价格从 2014 年 3 月中下旬开始大幅上涨。2014 年 4 月 17 日，胶合板期货 BB1405 合约成交量突破 60 万手，价格创出历史新高。随后主力

合约换月至9月合约，在2014年5月7日价格创出新高后开始回落。胶合板期货多空双方争夺激烈，市场对于价格判断分歧较大。由于此时胶合板期货和纤维板期货价格尚处于询价状态之中，期现价格之间尚未形成稳定、有规律的基差结构，套保效果较差，故此段时期参与两板期货交易的投资者以投机为主。

纤维板期货上市以来波动程度要低于胶合板期货，且合约价格持续下行。从2014年1月开始处于弱势震荡阶段，4月中旬开始继续大幅下挫。截至2014年6月10日，主力合约FB1409下跌5.18%。

胶合板期货与纤维板期货注册仓单数量迅速提升，从2014年4月均不到100手注册仓单到7月1日分别达到125手和316手，共计22万张。仓单注册地点集中于江苏与浙江的交割仓库，江浙一带企业与资金参与较为活跃。

总体来看，胶合板期货市场活跃度高于纤维板期货，价格波动更加剧烈，这主要由于胶合板行业集中度低于纤维板行业，市场对胶合板期货价格预期分歧更大，大规模资金参与其中。而随着时间推移，期货价格波动逐渐平缓，波动区间日趋明显，体现出了市场寻找价值中枢的过程。

自测题

一、填空题

1. 胶合板期货与纤维板期货交易单位是（　　　　）张/手。

2. 胶合板期货与纤维板期货在大连商品交易所上市时间是（　　　　）。

3. 胶合板期货的交易代码是（　　　　），纤维板期货的交易代码是（　　　　）。

4. 胶合板期货与纤维板期货交割品种根据加强释放量可以分为（　　　　）和（　　　　）。

5. 胶合板期货与纤维板期货交割要求是以（　　　　）张为一个包装单位，替代品以（　　　　）张为一个包装单位。

二、判断题

1. 胶合板期货所选取的交易标的是细木工板，纤维板期货所选取的交易标的是中密度纤维板。（　）

2. 胶合板期货与纤维板期货甲醛释放限量标准都是根据 GB 18580 来检验确定。（　）

3. 胶合板期货以浙江和江苏为基准交割地，天津贴水 10 元/张，河北、山东和广东贴水 20 元/张。（　）

4. 纤维板期货选择广东作为基准交割地，天津、浙江和江苏设置升水 5 元/张。（　）

5. 保证金制度是期货市场风险控制的重要手段，但是对于胶合板期货与纤维板期货，交易所一直未进行保证金的调整。（　）

三、单选题

1. 以下（　）是胶合板期货与纤维板期货最后交易日。
   A. 合约月份第 5 个交易日
   B. 合约月份第 7 个交易日
   C. 合约月份第 10 个交易日
   D. 合约月份第 15 个交易日

2. 以下（　）是胶合板期货与纤维板期货最后交割日。
   A. 最后交易日后第 2 个交易日
   B. 最后交易日后第 3 个交易日
   C. 最后交易日后第 4 个交易日
   D. 最后交易日后第 5 个交易日

3. 胶合板期货与纤维板期货交割基准品的厚度规定是（　）。
   A. 12mm　　B. 15mm
   C. 17mm　　D. 18mm

4. 目前，国际商品期货中，（　）期货交易所的木材期货是最具代表性的林业品种。
   A. 芝加哥商品交易所　　B. 芝加哥期货交易所

C. 纽约商业交易所　　D. 东京工业品交易所

5. 下面（　　）胶合板期货与纤维板期货基准交割品质量标准。

A. E0　　B. E1

C. E2　　D. 欧洲标准

6. 胶合板期货与纤维板期货交易最小变动单位是（　　）。

A. 0.01 元/张　　B. 0.05 元/张

C. 0.1 元/张　　D. 0.5 元/张

四、多选题

1. 胶合板与纤维板期货上市的重大意义包括（　　）。

A. 促进胶合板与纤维板行业发展，提高市场产品质量

B. 提供价格风险规避工具，有助于企业稳定经营

C. 有利于企业品牌优势的培养，增强企业竞争力

D. 提高现货市场价格透明度，增进消费者对于人造板的了解

E. 增强我国胶合板与纤维板的国际市场竞争力

2. 胶合板期货与纤维板期货风险控制措施包括（　　）。

A. 保证金制度　　B. 持仓限额制度

C. 涨跌停板制度　　D. 其他风险控制制度

3. 胶合板与纤维板期货交易特点有（　　）。

A. 期货品种较为稚嫩，市场不断摸索

B. 期货价格波动频繁，多空因素交织

C. 市场参与度高，成交较为活跃

D. 期货产品质量要求严格，企业关注热情较高

E. 行业发展迅速，替代品较多

4. 纤维板期货交割仓库设置地区有（　　）。

A. 浙江　　B. 江苏

C. 天津　　D. 广东

E. 山东

5. 除了天津外，对胶合板期货交割设置贴水的地区有（　　）。

A. 河北　　B. 山东

C. 广东　　　　　　　　D. 江苏

参考答案

一、填空题

1. 500
2. 2013 年 12 月 6 日
3. BB；FB
4. E1；E2
5. 80；70

二、判断题

1. √　　2. ×　　3. √　　4. √　　5. ×

三、单选题

1. C　　2. B　　3. B　　4. A　　5. B　　6. B

四、多选题

1. ABCDE　　2. ABCD　　3. ABCDE　　4. ABCD　　5. ABC

第三章

上游原材料情况

本章要点

本章介绍人造板上游产业，简要描述人造林和原木生产，包括人造林的发展、分布情况、主要区域以及产业政策，同时介绍人造板所需用木材种类、胶粘剂以及纤维板所用农林废物情况，最后对我国林业产业政策进行解读，使投资者对我国人造板产业链上游有进一步认识。

一、我国林业发展有哪些阶段？

我国拥有非常丰富的森林资源，但是经过长期战乱、自然灾害、过度垦伐后，森林资源大幅减少，导致新中国成立之初林业基础非常薄弱。政府出台了一系列政策措施，大力推动我国林业的发展。我国林业发展大致可以分为以下三个阶段：1949～1978 年为第一阶段，1979～1997 年为第二阶段，1998 年至今为第三阶段。

（一）林业建设的起步与徘徊阶段

建设起步时期（1949～1958 年）：我国处于百废待兴的状态，政府制订并完善了林业建设总方针，初步保护了森林资源，推动了我国林业的发展。徘徊停滞时期（1958～1978 年）：由于各方面原因，全国范围内毁林种粮的现象非常严重，森林资源遭到了严重破坏。我国开展了第一次全国森林资源清查工作，结果显示，1976 年的森林面积约 121.9 万公顷，森林覆盖率为 12.7%；而第二次全国森林资源清查，1981 年我国森林面积为 115.3 万公顷，森林覆盖率降至 12.0%，我国林业发展有所倒退。

（二）加强森林保护、强调可持续发展阶段

恢复发展时期（1978～1983 年）：我国认识到林植被遭到破坏、生态失去平衡会引发一系列严重恶果，政府对森林生态效益重要性的认识不断提升，开始着手保护并修复森林资源。加强对森林的保护时期（1984～1991 年）：为了保护森林，促进林业发展，我国农村广泛实行了林业"三定"政策。可持续发展转变时期（1992～1997 年）：从 20 世纪 70 年代末期到 90 年代后期，经过各方努力，林业建设中存在毁林开垦、乱砍滥伐等现象，得到了一定程度的遏制，植树造林、封山育林等工作初见成效。

林业发展进入以生态建设为主新阶段，从 1998 年至今是我国林业建设的第三个阶段。这一时期我国林业建设初步实现了以生态建设为主的转变（见图 3－1）。

目前，我国森林资源总量较为丰富，但人均森林资源较低，森林覆盖率远低于全球 31% 的平均水平，人均森林面积仅为世界人均水平的 1/4，人均森林蓄积只有世界人均水平的 1/7。

林业部门第八次全国森林资源清查显示，全国森林面积 2.08 亿公顷，森林覆盖率 21.63%。活立木总蓄积 164.33 亿立方米，森林蓄积 151.37 亿立方米。天然林面积 1.22 亿公顷，蓄积 122.96 亿立方米；人工林面积 0.69 亿公顷，蓄积 24.83 亿立方米。森林面积和森林蓄积分别位居世界第 5 位和

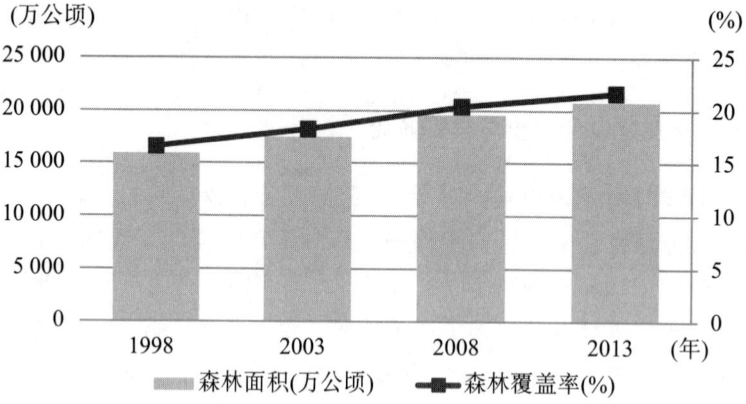

图 3-1 我国森林面积及森林覆盖率

第6位，人工林面积仍居世界首位。

2012年，我国造林绿化工作全面推进，社会造林和工程造林齐头并进。全年完成造林面积559.58万公顷，其中，人工造林382.07万公顷，飞播造林13.64万公顷，无林地和疏林地新封山育林163.87万公顷。

我国人工林快速发展。人工林面积从原来的6 169万公顷增加到6 933万公顷，增加了764万公顷；人工林蓄积从原来的19.61亿立方米增加到24.83亿立方米，增加了5.22亿立方米。人工造林对增加森林总量的贡献明显。

森林采伐中人工林比重继续上升。森林年均采伐量3.34亿立方米。其中，天然林年均采伐量1.79亿立方米，减少5%；人工林年均采伐量1.55亿立方米，增加26%。人工林采伐量占森林采伐量的46%，上升了7个百分点，森林采伐继续向人工林转移。

延伸阅读

全国森林资源清查

我国森林资源清查是从20世纪70年代开始的，采用国际上公认的森林资源连续清查方法。第七次全国森林资源清查于2008年底结束。第八次全国森林资源清查从2009年开始，到2013年结束，运用了卫星遥感和样地调查测量等现代科技手段，调查内容涉及森林资源数量、质量、结构、分布的现状和动态，以及森林生态状况和功能效益等方面。由于我国幅员辽阔，林业情况非常复杂，因此全国森林资源清查每五年进行一次。

各次全国森林资源清查成果都不同程度地客观反映了当时全国森林资源现状，尤其从第二次全国森林资源清查后，我国建立了国家森林资源连续清查体系，开展了全国森林资源监测。取得的数据为国家及时掌握森林资源现状、森林资源消长变化动态，预测森林资源发展趋势，进行林业科学决策提供了丰富的信息和可靠依据。全国森林资源清查是生态建设、林业发展和森林资源管理一项十分重要的基础性工作，其成果是总结发展成就、规划未来工作的科学支撑，是制定国民经济和社会发展规划、调整林业方针政策等的重要依据，对发展生态林业、民生林业，建设生态文明和美丽中国具有重要意义。

第九次全国森林资源清查从2014年开始，并确定吉林、浙江、安徽、湖北、湖南、陕西、上海以及吉林森工集团在2014年开展新一轮森林资源清查工作。

全国森林资源清查是国内最权威的森林资源及林业建设统计数据，对投资者了解我国胶合板与纤维板生产及上游原材料供应等情况有着巨大帮助。通过对统计数据进行处理并结合我国各项林业产业政策，投资者可以进一步分析我国人造板原材料和人造板行业未来的发展趋势，有助于对胶合板与纤维板期货基本面的掌握。

二、我国人造林培育的历史和现状是怎样的？

（一）人工林发展历史及趋势

木材是人类社会发展过程中必不可少的再生材料。随着社会的快速发展，木材资源短缺现象愈发严重，同时森林资源锐减导致人类自身生存环境的恶化。目前，人工林已经逐步取代自然林成为木材的主要供应。

人类培育森林已有300多年的历史。大规模的人工林培育则开始于20世纪50年代，当初大面积种植人工林是为了提供优良造纸材料，随后发展到木制产品的各个方面，以追求更高的利润。1980年后，我国提出人工速生丰产林的培育，1990年又提出工业用材林培育，现在已明确提出商品林经营方向与目标。

当前，各国人工林发展迅速。如意大利每年木树总消耗量的一半是杨树人工林木材，主要用于生产胶合板、纸浆及刨花板；澳大利亚1986年人工林原木产量就占全年原木产量40%，2020年可达62.8%。人工林原木中95%是针叶树林，其中辐射松占72%，加工利用以制浆造纸为主，同时发展人造板和其他林产品加工业。美国，尤其是南部几个州每年营造南方松人工林1 000多万公顷，主要用于建筑锯材和单板材的生产，南方松胶合板占美国胶合板总产量的40%。新西兰每年营造辐射松人工林约0.73万公顷，轮伐期25年左右，主要用于生产锯材。我国1960年以来营造了大面积人工林，到目前为止，人工林的面积居世界首位。我国人工林成规模经营的主要树种是杨树、泡桐、桉树、杉木、国外松及落叶松等。其中，杨树在我国人工林面积中比重较大，其木材多数用于造纸，生产胶合板、木芯板、纤维板和刨花板等。

延伸阅读

速生丰产用材林

速生丰产用材林，是以培育用材为目标，生长快、产量高、质量好、轮伐期短的集约经营人工林，主要是要培育大径材。一般要求人工速生丰产林年生长量达到每公顷$10m^3 \sim 12m^3$。国际上速生丰产用材林的发展历程并不悠久。国外人工林是近一百年发展壮大起来的，在20世纪50年代，国外营造速生丰产用材林才刚刚开始。

我国自20世纪50年代末开始提倡营造速生丰产用材林以来，速生丰产用材林建设经历了若干阶段。树种以南方的杉木和桉树、北方的杨树为主，目的是解决广大农村农用材短缺问题。

速生丰产用材林具有六大特性。(1) 定向，指按照特定工业部门的原料需求，为制浆、造纸、人造板等林产工业和建筑、家具、装修等行业提供原料或大径级用材的林分。(2) 速生，指林木生长速度快，所培育的速生丰产用材林能较快达到可利用的标准。(3) 丰产，指速生丰产用材林出材量大，单位面积的木材产量较高。(4) 优质，是指速生丰产用材林产出的木材质量较好。(5) 高效，指速生丰产用材林比一般用材林经济效益高，营林能达到最高经济效益。(6) 稳定，指速生丰产用材林要维护地力，有效防止病虫害，保持生态稳定性。

一般用材林与速生丰产用材林的区别主要有以下几点：一是树种的生长特性不同。相对于一般用材林而言，速生丰产用材林的树种生长快是其最明显的特点。二是营林管理方式不同。一般用材林采用的营林管理方式最为简单普通，是粗放型的；而速生丰产用材林则采用集约经营管理方式。三是投资收益不同。一般用材林的投资一般都比较低，但投资期漫长，投资风险；速生丰产用材林虽然营林成本很高，但是投资期短，收益高，投资回报率大。

我国速生丰产用材林主要根据培育目的分为：浆纸原料林、人造板原料林、大径级用材林、大径级珍稀树种用材林和其他原料林等。

广西、山东、湖北、江西、河南、云南、四川、河北、广东、湖南是造林面积排在全国前十位的省区。十省区的速生丰产用材林造林面积占全国速生丰产用材林造林总面积的78.6%，其中仅仅广西就占全国速生丰产用材林造林总面积的34%。

现阶段速生丰产用材林存在数量不足、质量不高、布局不合理、集约化经营程度不高等问题。发展速生丰产林，对于缓解中国木材供需矛盾、保护天然林资源和提高生态环境的质量具有重要意义。

(二) 森林分类

中国森林法规定将森林划分为五类。一是防护林：以防护为主要目的的森林、林木和灌木丛；二是用材林：以生产木材为主要目的的森林和林木；

三是经济林：以生产果品、食用油料、饮料、调料、工业原料和药材等为主要目的的林木；四是薪炭林：以生产燃料为主要目的的林木；五是特种用途林：以国防、环境保护、科学试验为主要目的的森林和林木。

按照人类对于森林的影响程度来分类，通常将森林分为原始林、次生林和人工林三类。原始林位于边远地区，基本上不受人为影响；次生林是原始林经过人为干扰破坏以后，通过林木的自然更新再度新生的森林；人工林是人为采用播种或植苗的方式营造的森林。

我国人工林面积及林业造林面积和用材林造林面积变动情况见图 3－2 和图 3－3。

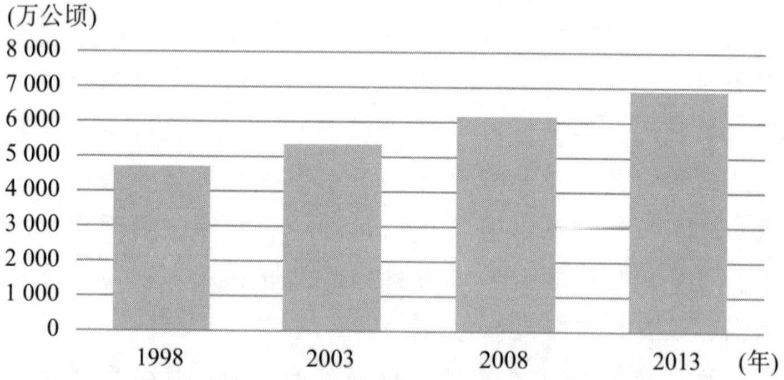

图 3－2　2012 年我国人工林面积

资料来源：国家林业局。

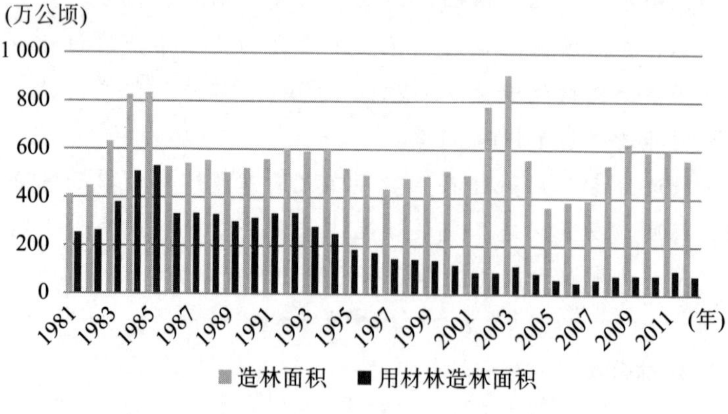

图 3－3　2012 年我国林业造林面积及用材林造林面积

资料来源：国家林业局。

（三）我国各区域林业状况

我国各区域自然资源和经济发展不均衡，林业发展呈现明显的区域特征（见图 3－4）。东部地区生态状况良好，林业经济实力最强，是我国重要的林业经济发展优势区域。东部地区包括北京、天津、河北、山东、上海、江苏、浙江、福建、广东、海南十个省（直辖市）。区内森林覆盖率为35.68%，但人均林地面积仅为 0.08 公顷，为各区最低，日益增长的生态需求与有限的生态供给的矛盾仍然存在。2012 年，区内林地面积 4 163.85 万公顷，占全国的 13.61%；森林面积 3 248.95 万公顷，占全国的 16.62%；森林蓄积量为 12.27 亿立方米，占全国的 8.94%；区内森林覆盖率为35.68%。2012 年，区内共完成造林面积 87.71 万公顷，占全国造林总面积的 15.67%，其中人工造林 73.61 万公顷。

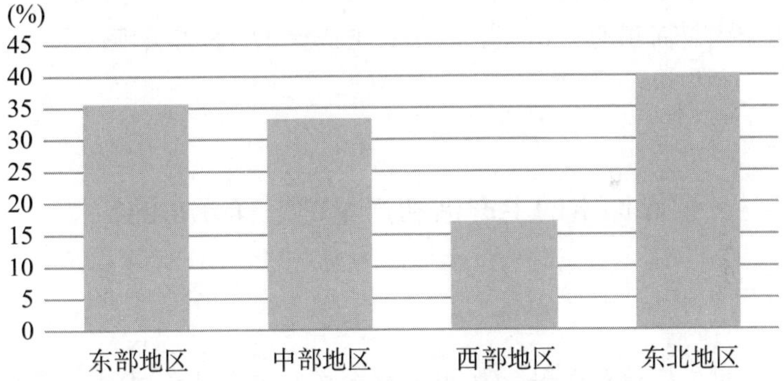

图 3－4　2012 年我国森林分地区覆盖率

资料来源：国家林业局。

中部地区包括山西、河南、湖北、湖南、江西、安徽六省。该区域是我国主要的集体林区省份，林业产业较为发达。作为东部与西部的过渡地带，此区域的林业表现出较强的发展潜力。2012 年，区内林地面积 4 807.14 万公顷，占全国的 15.71%；森林面积 3 418.39 万公顷，区内森林覆盖率为33.3%。区内共完成造林面积 131.64 万公顷，占全国造林总面积的23.52%，其中人工造林 96.71 万公顷。

西部地区包括内蒙古、广西、重庆、四川、贵州、云南、西藏、陕西、甘肃、青海、宁夏、新疆12个省（自治区、直辖市）。该区地域广阔，国土面积占全国总土地面积的七成。尽管森林资源总量大，但生态环境脆弱，林业经济总量较小，产业结构单一。2011年，区内林地面积17 708.03万公顷，占全国的57.89%；森林面积11 681.29万公顷，占全国的59.77%，其中人工林占18.68%，低于全国水平大约28个百分点；森林蓄积量为82.71亿立方米，占全国的60.28%；森林覆盖率为17.05%。区内共完成造林面积295.18万公顷，占全国造林总面积的52.75%，其中人工造林182.74万公顷。

东北地区包括辽宁、吉林、黑龙江三省。土地面积约为国土面积的一成，但是作为我国历史悠久的林业基地，此区域内的森林资源和林业发展在全国范围内具有举足轻重的作用。2012年，区内林地面积3 699.17万公顷，占全国的12.09%；森林面积3 175.52万公顷，占全国的16.25%；森林蓄积量为25.67亿立方米，占全国的18.71%；区内共完成造林面积43.71万公顷，占全国总面积的7.81%，其中人工造林27.68万公顷。

三、世界原木的主产区和产量是怎样分布的？

目前全世界森林总面积约为30多亿公顷，占全球总面积的27%。全球森林资源的分布很不均匀，其中俄罗斯、美国、加拿大和巴西等国的森林面积占了一半以上。

从森林蓄积量方面来看，全球总量大约为3 864亿立方米，其中欧洲和南美洲各占1/3。按人均占有量来比较，大洋洲第一，人均360立方米；南美洲第二，人均325立方米；北美洲和中美洲排行第三，约为140立方米。从国家占有量来比较，前几名应为俄罗斯、巴西、澳大利亚、新西兰、巴布亚新几内亚以及加拿大和美国等。

近些年来，对世界工业原木产量及出口量贡献最大的国家当属俄罗斯。我国很多地板企业的原材料来源正是俄罗斯。

在2011年4月初，俄罗斯境内得到森林管理委员会（FSC）认证的森林已经超过了3 000万公顷，与2008年的2 000万公顷面积相比是一个崭新的里程碑。据海峡网了解，目前俄罗斯有3 050万公顷的森林得到了FSC俄罗斯标准的认证，这使得俄罗斯成为继加拿大之后世界上拥有第二大FSC认证森林的国家。

除俄罗斯外，欧洲还有一些木材生产与出口的重要国家。瑞典是世界上第二大锯材出口国，出口量达1 100万立方米～1 200万立方米。瑞典森林蓄积量约在30亿立方米左右。此外，该国纸制品出口量也很大，世界排名第四。欧洲的奥地利、德国、芬兰等国也都是锯材出口的佼佼者。这几个国家每年锯材出口的合计总量约占全球锯材出口总量的1/5，而且这些国家的树材种都很优秀，像德国的橡木、奥地利的榉木、芬兰的云杉、葡萄牙的软木等出口历史悠久、颇负盛名，而且资源保护措施也十分周全。

在北美地区，美国和加拿大均属目前世界上名副其实的木材资源出口大国。前者是原木年出口总量排行第二的国家（年出口原木为1 100万立方米左右）；后者则是锯材和人造板出口总量位居榜首的国家（锯材出口为4 000万立方米，人造板出口约为1 250万立方米）。美国的针叶树种主要是花旗松。但2012年一场历史罕见的飓风以及2013年的特大洪水，使不少针叶林受灾。2013年美国木材产量有所下降，其幅度在3%至5%之间。但美国出口木材非但不会受到影响，反而还会在2012年较大幅度（11.4%）上涨的基础之上继续有较小幅度的增长。最为明显的当是美国阔叶硬木。

部分国家的相关资料见表3－1、图3－5～图3－8。

表3－1　　2008年部分国家森林面积及森林覆盖率

国家	森林面积（万公顷）	占国土面积的百分比（%）
俄罗斯	80 909	49
巴西	51 952	62
加拿大	31 013	34
美国	30 402	33
瑞典	2 820	69
日本	2 497	69

续表

国家	森林面积（万公顷）	占国土面积的百分比（%）
加蓬	2 200	85
马来西亚	2 045	62
智利	1 623	22
德国	1 107	32
新西兰	826	31

资料来源：《中国林业统计年鉴 2012》。

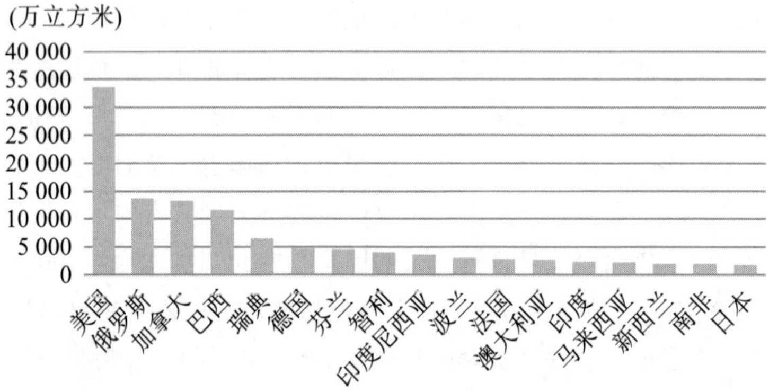

图 3－5　2008 年部分国家工业原木产量

资料来源：国家林业局。

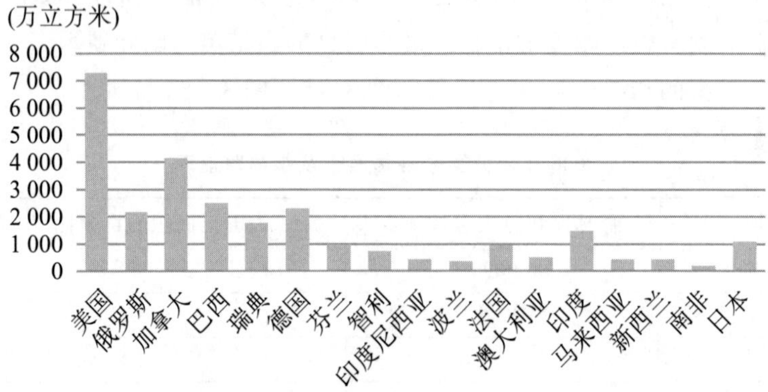

图 3－6　2008 年部分国家锯材产量

资料来源：《中国林业统计年鉴 2012》。

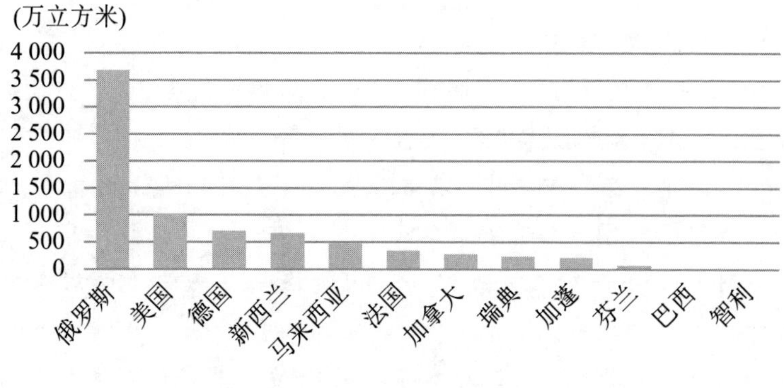

图 3－7 2008 年部分国家工业原木出口量

资料来源：《中国林业统计年鉴 2012》。

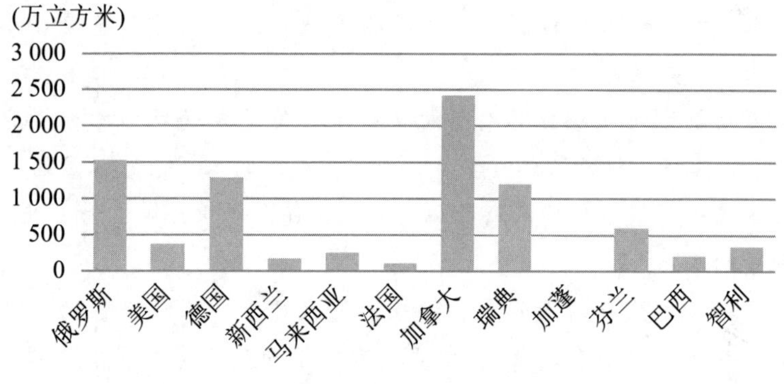

图 3－8 2008 年部分国家锯材出口量

资料来源：《中国林业统计年鉴 2012》。

延伸阅读

新西兰与俄罗斯木材情况

2012 年，新西兰原木出口量为 1 380 万立方米，比 2011 年的 1 263 万立方米增长 9.3%。这是由于 2012 年加拿大原木出口量大部分被分流到美国市场，同时俄罗斯的原木出口下降，导致中国从新西兰进口的原木量增加。

新西兰林产品出口的前 10 个主要市场依次为中国大陆，占新西兰林产品出口总额的36%；澳大利亚占17%；日本占12%；东南亚占10%；韩国占9%；南亚地区占4%；美国占4%；中国台湾占2%；石油输出国组织成员国占1%和欧盟占1%。

由于不同林产品的市场潜力存在很大差异，因此尽管原木需求旺盛，但新西兰锯材、木片和人造板出口前景仍充满挑战。预计，新西兰人造板出口量可与上年保持在同一水平，但价格受市场竞争的影响将会下降6.8%。

新西兰正经历着来自中国原木市场的强劲需求，而这种需求还将继续。稳定的需求和有吸引力的原木出口价格，都驱使着产量的增加。然而，尽管原木需求强劲，但受港口和物流的制约，以及欧盟新规定的影响，锯木、木片和木板的出口仍然面临着挑战，一些产品甚至面临着全球市场价格下跌的危险。

俄罗斯森林面积居世界之首。实际上，俄罗斯的林地面积约占全球林地面积的1/5，即8亿公顷左右。目前，全球的木材总蓄积量约为3 800多亿立方米；而俄罗斯的木材蓄积量高达800多亿立方米，约占世界木材总蓄积量的1/4。

俄罗斯原木生产潜力巨大，但原木盗伐严重。2013年，为“强化俄罗斯联邦森林部门的有效性”，俄罗斯专门召开了国务委员会会议。普京在会上指出了俄罗斯联邦木材产业和环境保护方面存在的问题。普京非常关注俄罗斯森林管理粗放、森林资源数量和质量的可信数据不足等问题。其实，早在2002年俄罗斯国家委员会会议就指出，过去10年，森林管理彻底失败了。

长期以来，俄罗斯一直是我国原木进口的最大来源地，但是俄罗斯制定政策限制原木出口，原木进口价格日趋上涨，加之新西兰辐射松、智利辐射松、澳大利亚辐射松的产量递增，替代作用显现，直接导致俄产原木优势的流失。

四、胶合板所需木材是从哪些国家进口的？

胶合板所需要的木材主要是原木，我国森林资源有限，需要大量进口木材资源。其中，原木进口量总体处于增长趋势，2008 年和 2009 年有所下滑，主要原因是金融危机影响到了原木的需求量，而从 2010 年开始原木进口量继续保持增长。相关资料见图 3－9 和图 3－10。

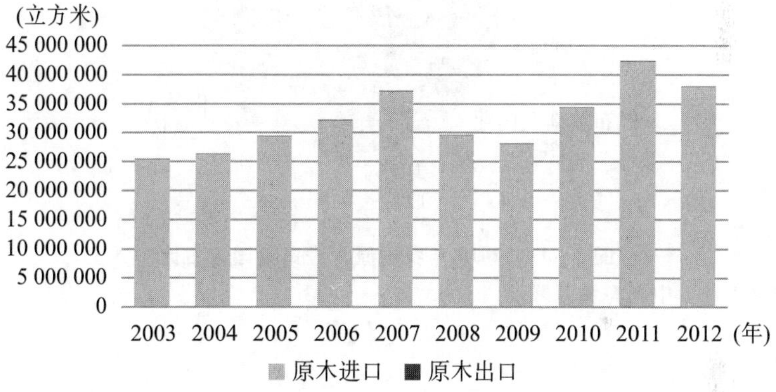

图 3－9　我国原木进出口量（2003～2012 年）

资料来源：中国海关总署。

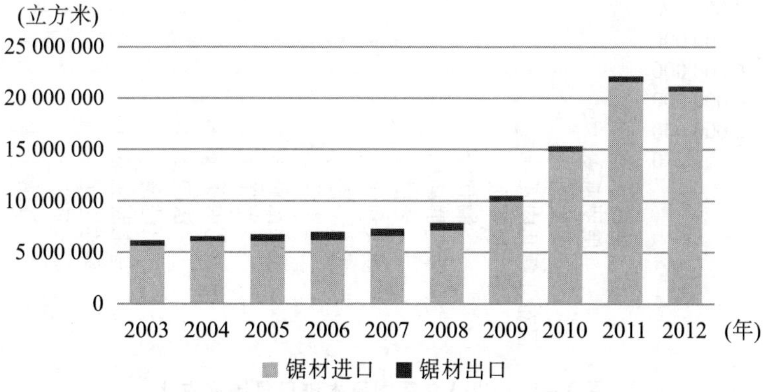

图 3－10　我国锯材进出口量（2003～2012 年）

资料来源：中国海关总署。

2012 年我国原木进口主要来源于俄罗斯、新西兰。按进口量计算，前 5 位贸易伙伴的份额依次是：俄罗斯 29.51%，新西兰 22.75%，美国 9.60%，巴布亚新几内亚 6.81%，加拿大 6.44%。

2013 年新西兰成为我国原木进口量第一的国家，占比上升至 26%；俄罗斯占比为 23%（见图 3－11～图 3－13）。

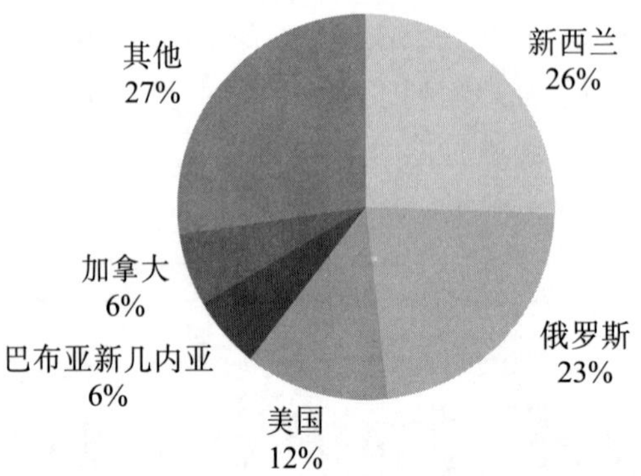

图 3－11 2013 年我国原木进口量国家占比

资料来源：中国海关总署。

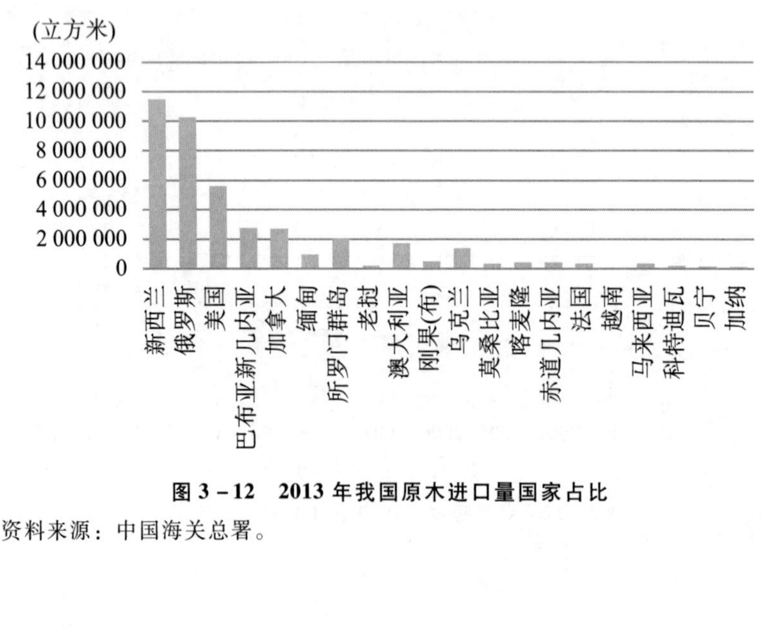

图 3－12 2013 年我国原木进口量国家占比

资料来源：中国海关总署。

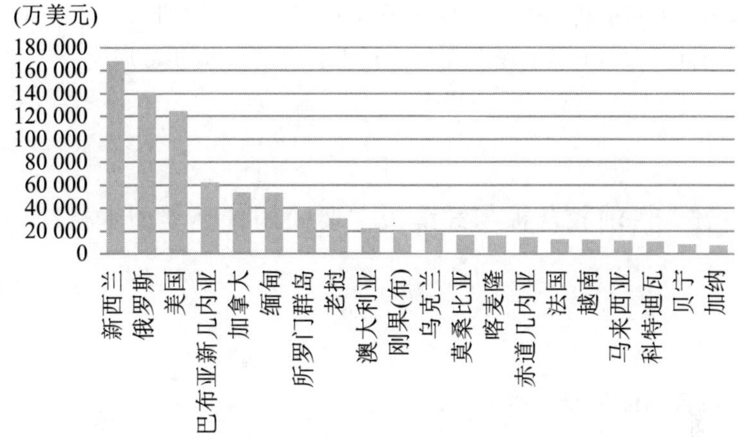

图 3-13 2013 年我国原木进口金额国家份额占比

资料来源：中国海关总署。

2013 年我国木材进口量创出历史新高，进口价和市场价已创出或接近历史新高，而且进口增量被有效消化，全国主要港区的库存积压上升幅度不大，在合理区间，经营商普遍盈利。2013 年的市场好转走势也有因可据：一是宏观经济增速下滑在 2013 年已止跌回升，尤其是新一届中央领导人推出了经济转型和市场化政策，原来的宏观调控政策有了变化，楼市和基建趋稳增加，市场需求增加，消化了进口量的增长。二是国家对国内林业政策从限伐转向禁伐，国内市场的供应更趋向于依靠进口，带动了木材进口需求的增长。三是美国经济复苏，造成国际市场木材需求增加，并且拉高了国际市场的木材价格。

从整体上看，目前我国进口木材市场还是比较健康稳定的。对 2014 年的市场走势应当持谨慎乐观的看法。在这里提“谨慎”是必须的，主要有三点：一是市场的资金面仍相当紧张，拖欠货款的不在少数，不少购买者以承兑汇票支付以延缓资金压力。“建筑工地——加工厂——木材供货商”的资金拖欠三角债普遍存在。二是进口价格已升至高位，最大的受益者是国外供货商，赚了大头，而国内进货商的毛利很少，进口价增加，国内市场价的同步增加有一定困难，到了一定高位就会产生经营风险。三是 2013 年进口量大幅增加，而且价格也进入了历史高位区，因此市场发展的后劲和动力明显不如2013年的市场状况，2011～2012年市场调整后的空间已在2013年得到体现和消化，2014年市场在高位上再上行，压力会明显增大。

五、目前胶合板与纤维板主要使用什么类型木材？

（一）各地区主要树种

由于地域差异，我国不同地区生产木材所用树种有一定差别，适合于制造胶合板的树种（见表3－2）。

表3－2　　我国各地区主要树种

地区	树种
东北地区	水曲柳、椴木、色木槭、蒙古栎、黄波罗、杨木、桤木、桦木
中南、华东地区	枫杨、马尾松、楠木、枫香
西南地区	木荷、桦木、马尾松、丝栗、桤木
西北地区	椴木、桦木、槭木、杨木

目前，我国木材行业生产中主要使用的材种为杉木、杨木、水曲柳、椴木、马尾松和部分进口木材等。其中，受我国林业政策法规的影响，杉木和杨木这种属于人工速生林的树种已逐渐成为胶合板的主要原材料。

（二）细木工板和纤维板主要使用树种

细木工板的板芯是其最主要部分，一般选用材质较软、结构匀称、变形小且干缩率小的树种。南方最适宜作芯条的材种如松木、杉木等，其次是一些软阔叶材，北方的红松、白松、云杉、杨木、泡桐等。

纤维板的原料较为广泛，其所用主要原料为植物纤维，其中可分为木质纤维原料和非木质纤维原料两大类。目前我国纤维板主要使用木质纤维，其原材料以森林采伐和木材加工剩余物为主，包括采伐剩余物（如小径级木材、枝桠、薪炭材）、造材剩余物（截头）、加工剩余物（边皮、木芯、碎单板及其他下脚料），以及回收的废旧木材等。

生产纤维板所用的树种很多，北方主要为红松、落叶松、云杉、桦木、椴木、水曲柳、杨木、榆木等；南方多为马尾松、杉木、枫香等，以及各种野生灌木条等，中原及西北地区多用杨木、泡桐等。目前，受森林资源变化和国家政策的影响，人工速生林已经成为纤维板生产的主要原料。

除了木质用材林之外，纤维板还可以使用非木质纤维进行生产。作为纤维板主要原料的木材，其供应日渐紧缺。非木质纤维原料有价格低廉、来源广泛、节约森林资源的优点。禾本科植物中的棉秆、甘蔗渣、竹子、芦苇等都得到应用。此外，草类植物、韧皮纤维等也日渐引起人们的重视。

除了板芯之外，细木工板还有表板（又称面板或薄木）及中板（又称长芯板），贴在细木工板的板芯两面，常用树种有：水曲柳、柞木、榆木、椴木、红栎木、白栎木、白蜡木、塞比里、胡桃木、山毛榉、枫木、柚木、紫檀木等。表板一般为桃花芯木，目前以奥古曼为主。中板一般为杨木单板，北方有的地方用泡桐，南方也有的地方用桉树，沿海地区用马六甲。

作为期货标的的细木工板与中密度纤维板之间存在着较大价差，主要原因是原材料存在较大差别。细木工板的板芯所使用木材为原木加工而成，而中密度纤维板板芯则使用价格较为便宜的木材剩余物。

延伸阅读

奥古曼、桃花芯、奥克榄

市场上一些细木工板表板会使用一种名为“奥古曼”的木皮制作，而有的卖家称其表板是“桃花芯”木，还有的标明“奥克榄”，那么市场上所称的“奥古曼”“桃花芯”“奥克榄”是什么木材呢？

实际上，市场上大部分的“奥古曼”“桃花芯”“奥克榄”都是一种木材，英文学名是BURSERACEAEAUCOUMEAKLAINEANA即橄榄科奥克榄属的奥克榄。产自非洲的奥克榄木在中国的俗称是“红胡桃木”，也有人称其为“桃花芯”，而桃花芯是一大类木材的统称，叫桃花芯的木材种类很多。

奥克榄有“非洲树木之王”之称，是名贵乐器的主材料，光泽强，纹理直，结构组织细腻、均匀，重量较轻，硬度较软，耐磨。

由于国内的木材无法满足国内生产的需求，不少木材从非洲、拉美、东南亚等地进口。有些是国内没有的木材，以往没有相关规范，有些商人就根据花纹与现有木材的相似程度给取了各种各样的俗称。

六、未来胶合板与纤维板刺激性气味会越来越小吗？

（一）胶粘剂中甲醛的来源

胶合板与纤维板所散发出来的刺激性气味主要是甲醛，大部分来自于其加工中所使用的胶粘剂（其分类见图3－14）。目前，人造板工业胶黏剂以脲醛树脂、酚醛树脂、三聚氰胺—甲醛树脂为代表的“三醛胶”的应用最为广泛，这三类胶黏剂都采用甲醛为合成原料。脲醛树脂和改性脲醛树脂是最常用的胶粘剂，其胶合性能好、成本低、颜色浅。如果产品做室内防潮或室外用材，则可以选用耐水性较好的三聚氰胺脲醛树脂、异氰酸酯或酚醛树脂。出于成本考虑，我国人造板中主要以脲醛树脂作为胶粘剂，胶粘剂自身含有游离的甲醛。

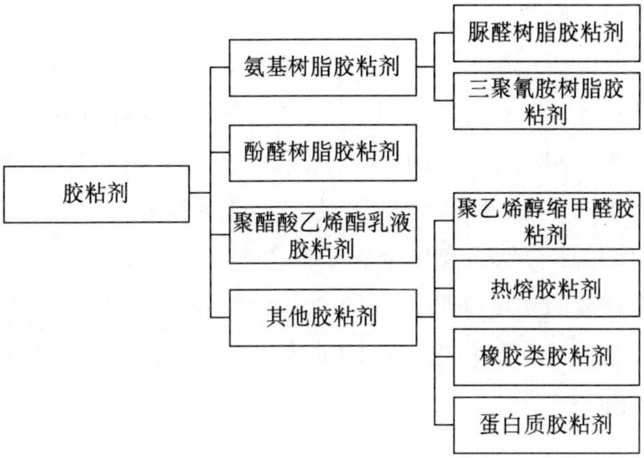

图 3－14　胶粘剂分类

延伸阅读

脲醛树脂对环境的污染

脲醛树脂胶，是由尿素和甲醛缩聚而成。采用传统工艺配方制得的脲醛树脂胶，是一种在木材工业上应用最为普遍的热固性高分子胶粘剂，具有生产工艺简单、原料价廉易购、初粘度大、粘接强度高、无色透明以及不污染木材制品等优点，已广泛应用于大芯板（细木工板）、刨花板、胶合板、纤维板、纸制品、纤维制品以及人造板二次加工和室内装饰等领域，其用量约占木材工业总用胶量的 80%。

但传统的脲醛树脂胶游离甲醛含量普遍较高，所制造的人造板材如用于家具和室内装修，游离甲醛便会挥发出来，释放期长达 3～15 年，装修后1～2年内不可能完全挥发掉，从而导致室内空气中甲醛含量长期超标。甲醛是世界上公认的潜在致癌物，它刺激眼睛和呼吸道黏膜等，最终造成免疫功能异常、肝损伤、肺损伤及神经中枢系统受到影响，而且还能导致胎儿畸形。高游离甲醛的脲醛胶是诱发“装修病”的主要原因，成为室内污染的主要污染源。

为了适应人造板产业的发展方向，实现脲醛胶和人造板材的环保化，新型低成本环保型脲醛胶已经大规模生产。这种环保型脲醛胶与传统工艺生产的脲醛胶相比，游离甲醛含量大大降低，达到绿色环保要求，是家庭装修及工业用人造板生产的必备胶种。

胶粘剂的制作会使用“摩尔比”这个概念。“摩尔比”即“物质的量”的比。对于人造板所用脲醛树脂而言，摩尔比，指甲醛与尿素含量比例，是影响人造板甲醛释放量的重要因子。摩尔比升高将明显导致板材的甲醛散发能力增加。人造板初期使用的甲醛与尿素的摩尔比在2.2~2.5之间，目前已降至1.05。据有关部门统计，当摩尔比从1.8降至1.3时，甲醛释放量降低2/3。降低摩尔比会使游离甲醛含量和羟甲基含量减少，从而改变胶液的某些性能，使胶液的粘度降低，水溶性降低，胶的活性和稳定性受到影响。所以，在如何保持胶粘剂物理性能的前提下降低甲醛释放量是目前胶粘剂的难点和研究方向。

（二）胶粘剂行业现状

木材胶粘剂最突出的特点是用量大。木材胶粘剂的成本、品种、质量都直接影响人造板的成本、质量和用途。因此，我国木材加工企业绝大部分都自设制胶车间，其生产的主要胶种为脲醛树脂胶、酚醛树脂胶和三聚氰胺树脂胶。同时，随着木材胶合制品品种的增加和对其质量要求的不断提高，专业化的制胶企业不断出现。

近年来，我国胶粘剂行业持续快速发展，产量从2002年的170.5万吨增长到2010年的462.8万吨，销售额从2002年的163亿元增长到2010年的590亿元。从近3年胶粘剂行业发展状况来看，受金融危机影响，2008年胶粘剂产量增速放缓，增长率为13.54%。2009年经济环境有所好转，胶粘剂产量比2008年增长15.06%，销售额比2008年增长15.35%。2010年，整个胶粘剂行业仍然保持较快的发展速度，胶粘剂产量和销售额分别比2009年增长14.27%和12.17%。

经测算，2012年木材工业用“三醛”胶粘剂产量1 387.41万吨（固体含量以100%计，以下数据相同），比2011年增长3.83%，产值约700亿元。

按胶粘剂种类划分，其中脲醛树脂（含改性脲醛树脂）1 237.41万吨，比2011年增长3.22%，占全部产量的89.16%；酚醛树脂104.27万吨，比2011年增长12.58%，占全部产量的7.52%；三聚氰胺脲醛树脂46.0万吨，比2011年增长2.11%，占全部产量的3.32%。胶粘剂种类比例基本变化不大，功能性人造板生产有一定的发展。按应用产品划分，2012 年人造板消耗“三醛”胶粘剂 1 312.68 万吨，占比 94.6%；木竹地板消耗 5.73 万吨（不含强化复合地板贴面纸用胶粘剂），占比 0.4%；人造板表面装饰消耗 69.0 万吨，占比 5.0%。

根据市场研究报告的预测，2011～2015 年胶粘剂密封剂产量和销售额的平均增长速度将分别达到 10% 和 12% 左右。到 2015 年胶粘剂密封剂产量将达到 717 万吨，销售额达到 1 038 亿元左右。

在胶粘剂产品中，结构胶粘剂是胶粘剂中的高附加值产品，技术含量、制造及使用条件均高于普通胶粘剂。目前，我国近半数结构胶粘剂为外资胶粘剂公司生产。2010 年，我国结构胶粘剂产量占胶粘剂总量的 7.29%，但销售额占胶粘剂总销售额 16.48%。2010 年我国结构胶粘剂的产量为 32.96 万吨，销售额约为 97.23 亿元，较 2009 年分别增长 18.56% 和 20.60%。根据中国胶粘剂工业协会预测，到 2015 年我国结构胶粘剂产量和销售额将分别达到 73 万吨和 230 亿元，比 2010 年平均每年增长 17.23% 和 18.79%。

相关资料见表 3－3～表 3－5。

表 3－3　2015 年和 2020 年各类人造板脲醛树脂用量预测表　（单位：万吨）

板材类型	2015 年	2020 年
胶合板	115.50	135.50
刨花板	112.32	134.16
中密度纤维板	50.02	63.88
合计	277.84	333.54

表 3－4　各类人造板胶粘剂使用量

板材类型	胶粘剂类型	使用量
普通室内级胶合板	脲醛树脂	50Kg/m^3
普通室外级胶合板	酚醛树脂	63Kg/m^3
中密度纤维板	脲醛树脂	20%
细木工板	脲醛树脂	24.6Kg/m^3

续表

板材类型	胶粘剂类型	使用量
刨花板	脲醛树脂	$78Kg/m^3$
强化复合地板	脲醛树脂	15%
实木复合地板	脲醛树脂	$300g/m^2$
宝丽板，装饰纸贴面人造板	脲醛树脂	$25Kg/m^2$
热固性树脂装饰层压板	酚醛树脂	$268.5g/m^2$
	三聚氰胺树脂	$157g/m^2$

延伸阅读

人造板胶粘剂中为什么要加入面粉

为了提高胶粘剂预压性能，提高人造板生产效率，减少胶粘剂用量，降低人造板生产成本，防止透胶与缺胶，提高胶粘剂利用效率，提高胶层耐老化性能等，在胶合板、细木工板生产过程中，胶粘剂中往往要加入总重量20%～30%的面粉作为填料。这里所说的面粉有别于日常生活中的使用面粉，通常会使用工业面粉进行胶粘剂的调配。

工业面粉又被称为面粉替代粉，一种新型的可完全替代胶合板行业所使用的填充料的产品。该产品可广泛用于胶合板面粉替代粉、尿醛胶填充粉、板厂专用面粉、人造板专用面粉。

面粉替代粉在不改变任何工艺的前提下，就能够100%替代面粉，生产成本仅相当于面粉的70%。克服了面粉添加的全部不足与缺陷，且在黏合力、耐水性、抗老化、甲醛吸收率等技术指标上有突破性提高。

表3－5　我国室内装修及人造板环保标准

法规文件	颁布机构	主要内容
《民用建筑工程室内环境污染控制规范》GB50325－2010	住房和城乡建设部	新建、扩建和改建的民用建筑工程及其室内装修工程的环境污染控制

续表

法规文件	颁布机构	主要内容
《室内装饰装修材料有害物质限量》	国家质量监督检验检疫总局和国家标准化管理委员会	10项室内装修材料强制性国家标准
《住宅室内装饰装修管理办法》	住房和城乡建设部	民用建筑工程室内环境检测问题以法律的形式明确下来并强制执行
《室内空气质量标准》GBT18883	国家质量监督检验检疫总局、原卫生部、国家环境保护总局	规定了室内空气质量参数及检验方法
《民用建筑工程室内环境污染控制规范》GB50325—2010	住房和城乡建设部	民用建筑工程中建筑材料和装修材料产生的室内环境污染检测标准和规定
《居室空气中甲醛的卫生标准》GB/T1627—1995	原卫生部	规定了居室内空气中甲醛的最高容许浓度
国家标准《实木复合地板》GB/T18103—2013	国家质量监督检验检疫总局和中国国家标准化管理委员会	室内一般要求用实木复合地板质量标准
《国家环境标志产品技术要求——人造木质板材》	中国环保产品认可委员会	人造板材和木地板类环境标志产品规定

七、我国林业产业政策有哪些变化？

森林是陆地生态系统的主体，林业是一项重要的公益事业和基础产业，承担着生态建设和林产品供给的重要任务，做好林业工作意义十分重大。随着森林资源日益减少，生态环境不断恶化，为加快林业发展，实现山川秀美的宏伟目标，促进国民经济和社会发展，我国已从各方面制定了改革、政策和法规，以加快林业发展（见图 3－15）。

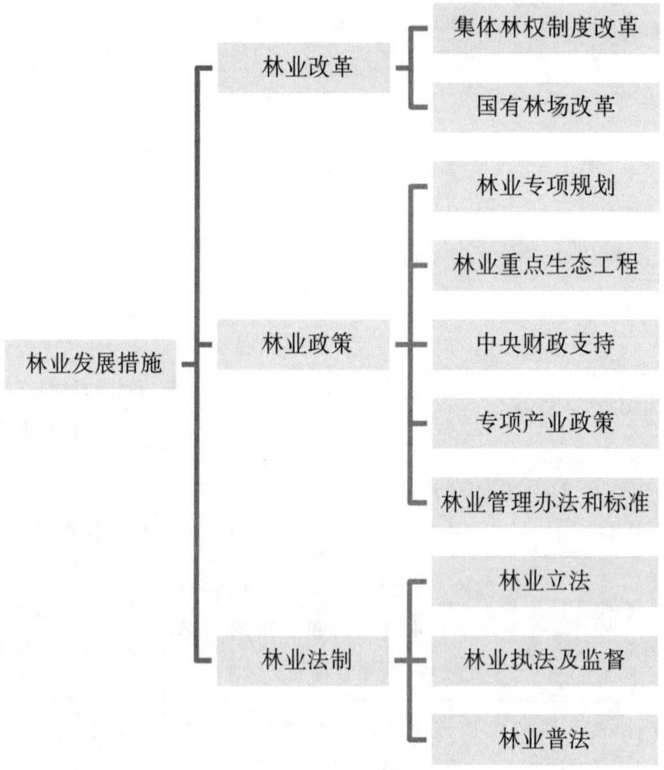

图 3－15　我国林业发展措施分类

（一）林业改革

近几年来，国家出台了一系列林业改革政策，推动了生态林业和民生林业的发展。主要的林业制度改革包括集体林权制度改革和国有林场改革。

全国集体林权制度已经完成了以下几个方面的工作：一是确权发证工作基本完成。截至 2012 年底，全国除上海和西藏外的 29 个省（市、自治区）

已确权林地面积27.02亿亩，占各地纳入集体林权制度改革面积的99.05%。二是深化改革的支撑保护政策逐步完善。三是农民收入明显增加。

国家林场改革方案达成共识，支持国有林场的财政政策已经明确。近几年不断完善林业政策，林业的宏观调控能力得到加强。

国家林业重点工程管理进一步加强。天然林资源保护工程是国家重要工程之一，其远期目标为到2050年天然林资源得到根本恢复，基本实现木材生产以利用人工林为主，林区建立起比较完备的林业生态体系和合理的林业产业体系，充分发挥林业在国民经济和社会可持续发展中的重要作用。

小贴士

林权抵押贷款制度

林权抵押贷款，是指以森林、林木的所有权（或使用权）、林地的使用权，作为抵押物向金融机构借款。林权抵押贷款利率不超过基准利率的1.5倍。林权抵押贷款业务的创新之处在于，它打破了长期以来银行贷款抵押以房地产为主的单一格局，引入了林地使用权和林木所有权这一新型抵押物，使“沉睡”的森林资源变成了可以抵押变现的资产。

延伸阅读

集体林权制度改革对南方速生丰产用材林经营的影响

集体林权制度改革，在范畴上是农村改革的重要组成部分，在进程上是农村改革的又一次重大突破。南方集体林区是我国速生丰产用材林基地建设的重要地区，其经营主体和经营模式势必也将发生相应的变化。

速生丰产用材林建设有别于一般营林生产的一个重要特征是实行集约化经营。速生丰产用材林的产出较高，经济效益可观，通过高投入实现高产出和高效益，但是每亩的投入平均高达800元以上。这对势单力薄的林农来说，前期投入将是一个不小的压力。由于速生丰产用材林建设先期投入较高，而绝大多数的个体林农经济能力难以单独承担，急需银行在信贷上予以融资支持。但是，实际过程中速生丰产用材林投资者很难获得银行贷款。由于林业资产评估缺乏客观公正的评价方法和指标体系，造成林业资产评估困难、林业资产作价难、抵押难和流转难，影响银行对贷款风险的评估，绝大多数银行因此拒绝以林业资产作抵押，造成速丰林贷款事实上的困难。

速生丰产用材林的生产经营面积需要达到一定的规模才能显示出经营的效益。以合作组织方式统一经营生产和统一实行木材供应较为有利。南方集体林权制度改革尚处于初期，木材的供应方式以合作组织统一供应方式最多，比例占到37%；其次是林产加工企业上门收购，比例占到31%；单户供应和集体统一供应的比例相对较小，分别占到20%和12%。

集体林权制度改革极大地调动了农民的积极性，推进了植树造林，增加了农民收入。

（二）林业政策

为了促进我国林业健康有序发展，国家出台了一系列林业专项规划，包括《全国林业有害生物防治建设规划》《三北防护林体系建设五期工程规划》《林业科学和技术“十二五”发展规划》《全国木材（林业）检查站建设规划》《全国林业工作站“十二五”建设规划》《全国林产品质量检验检测体系》等。这些规划的制定和颁布实施，为林业发展指明了方向，为国家加强林业宏观调控提供了指南。

此外，国家林业重点生态工程管理进一步规范，建设深入推进。主要包括天然林资源保护工程、退耕还林工程、三北及长江流域防护林建设工程和京津风沙源治理工程。

天然林资源保护工程已进入二期，国家林业局全面梳理和修改完善各项规章制度，陆续出台了新的管理办法。

退耕还林工程继续加强，明确采伐政策。其中规定，退耕还林者可以对其所有的林木申请采伐，实行限额采伐和凭证采伐管理，采伐后必须及时更新造林。

延伸阅读

天然林资源保护工程

1998年特大水灾之后，根据《中共中央、国务院关于灾后重建、整治江湖、兴修水利的若干意见》中关于“全面停止长江黄河流域上中游的天然林采伐，森工企业转向营林管护”的精神，国家林业局编制了《长江上游、黄河上中游地区天然林资源保护工程实施方案》和《东北、内蒙古等重点国有林区天然林资源保护工程实施方案》。国务院先后召开两次总理办公会对上述方案进行审议，2000年10月批准了实施方案，天然林资源保护工程正式启动。

（1）工程范围。长江上游地区（以三峡库区为界）包括云南、四川、贵州、重庆、湖北、西藏六省区；黄河上中游地区（以小浪底库区为界）包括陕西、甘肃、青海、宁夏、内蒙古、河南、山西七省区；东北、内蒙古等重点国有林区，包括内蒙古（含内蒙古森工集团公司）、吉林、黑龙江（含龙江森工集团公司和大兴安岭林业集团公司）、海南、新疆（含新疆生产建设兵团），共17个地区，涉及724个县、160个重点企业、14个自然保护区等。

（2）目标和任务。工程建设的目标主要是解决天然林的休养生息和恢复发展问题，最终实现林区资源、经济、社会的协调发展。工程建设的任务：一是控制天然林资源消耗，加大森林管护力度。为了遏制天然林资源不断锐减的趋势，实行木材停伐减产，全面停止长江上游、黄河上中游地区天然林的商品性采伐，东北、内蒙古等重点国有林区的木材产量由1997年的1 853.6万立方米调减到2003年的1 102.1万立方米。停伐减产到位后，整个工程区年度商品材产量比工程实施前减少1 990.5万立方米，减幅62.1%。二是加快长江上游、黄河上中游工程区宜林荒山荒地的造林绿化。2010年规划新增森林面积867万公顷，森林覆盖率由原来的17.5%提高到21.2%，增加3.7个百分点。三是妥善分流安置国有林业企业富余职工。工程区在职职工144.6万人，由于木材停伐减产，需要分流安置的富余职工76.5万人，其中：东北、内蒙古等重点国有林区50.9万人（其中2002年新增一次性安置人数2.5万人），长江上游、黄河上中游地区25.6万人。

（3）主要政策措施。一是加大对森林资源管护力度。采取封山管护、个体承包等方式，大力加强工程区森林资源管护助。二是加快生态公益林建设。采取人工造林、飞播造林、封山育林等方式，对工程区内荒山荒地造林绿化。三是对森工企业职工养老保险社会统筹费给予补助。四是对森工企业社会性支出实行补助。五是对森工企业下岗职工基本生活保障费用实行补助。六是企业减产后对部分富余人员采取一次性安置措施。七是对因木材产量调减造成的地方财政预算内减收，中央通过财政转移支付方式予以适当补助。

天然林保护工程实施以来，工程建设取得了阶段性成效，基本上完成了工程规划的建设任务，阶段性目标基本实现。工程的实施为缓解林区森林资源危机和企业经济危困注入了“强心剂”，为重振林区带来了新的发展生机，使工程区经济、社会各方面出现了可喜的变化。森林资源长期过量消耗得到了有效控制，森林资源呈现逐年增长趋势；森林生态功能退化趋势得到有效扭转，局部地区生态明显改善；林区传统产业结构逐年得到调整，林业企业经济状况有所好转，富余职工逐步得到分流安置，林区就业渠道呈现多元化，林业企业社会负担逐步减轻，企业发展活力有所增强。

这几年，中央财政支持对林业的投入力度迅速加大。2012年底，财政部、国家林业局出台了《中央财政林业补贴资金管理办法》，明确中央财政预算安排的造林补贴资金，森林抚育补贴资金和林木良种补贴资金，标志着中央财政对林业补贴资金由试点正式步入常态化、制度化轨道。此外，林业补贴范围进一步扩大，森林保险保费补贴投入规模也有所扩大。

我国政府还制定了多种专项产业政策，鼓励并促进林业产业发展。2013年，我国进一步提升产业发展水平，加快兴林富民步伐。一是制定实施《林业产业倍增计划（2013年至2020年）》，开展国家级林业重点企业、国家标准化示范企业、现代林业生态产业示范园区认定工作。二是继续完善林业产业发展规划，加强林业产业基地建设，培育形成林业产业集群，带动区域特色林业产业发展。三是规范发展林业会展经济，实施林产品品牌战略，支持有实力的企业与高等院校、科研院所组建林业产业技术创新战略联盟，推动林业产业结构升级。四是加大油茶等木本油料产业和林业生物质能源产业扶持力度，支持发展森林旅游、花卉、竹藤、生物材料、生物制药等战略性新兴产业，全面推进木材战略储备基地建设。五是加强林产品质量监测，建立林产品信息预测预警系统和信息发布平台。

（三）林业法制

2012 年，我国林业法制建设不断加强，法律体系进一步完善，行政执法力度得到强化，林业普法宣传不断深入（见表 3-6）。

表 3-6　　国家对林业支持主要文件

法　规	出台机构
《中共中央　国务院关于加快发展现代农业进一步增强农村发展活力的若干意见》	国务院
《关于规范木材运输检查监督管理有关问题的通知》	国家林业局
《进一步改进人造板检疫管理的通知》	国家林业局
《人造板产品生产许可证实施细则》	国家质量监督检验检疫总局
《林业产业振兴规划》	国家林业局、国家发展和改革委员会、财政部
《林业产业政策要点》	国家林业局
《国家林业局推进生态文明建设规划纲要》	国家林业局

政府还陆续出台了人造板产品生产许可证制度、人造板增值税即征即退政策、人造板所得税优惠政策、人造板出口退税及进口设备免税政策等一系列政策制度，以推进人造板产业发展。此外，国家质检总局和海关总署公告，从 2013 年 8 月 15 日起对 1 507 个工业制成品不再实行出口商品检验，其中有木材加工机械、野生动植物制品及木材加工制品 3 个类别的 41 种林产品。国家发展和改革委员会建立“鱼珠·中国木材价格指数”，国家林业局推出“中国林产品指标机制”，为科学、准确、及时把握林产行业经济脉搏提供了分析依据。

自测题

一、填空题

1. 我国林业发展大致可以分为以下三个阶段：(　　　　) 为第一阶段，(　　　　) 为第二阶段，(　　　　) 为第三个阶段。

2. 林业部门第八次全国森林资源清查显示，全国森林面积 (　　　　) 亿公顷，森林覆盖率 (　　　　)%。

3. 中国森林法规定将森林划分为如下五类：(　　　　)。

4. 2012 年我国原木进口主要来源于 (　　　　)、(　　　　)。

5. 目前，人造板工业胶黏剂以为 (　　　　)、(　　　　)、(　　　　) 代表的“三醛胶”的应用最为广泛。

二、判断题

1. 目前全世界森林总面积约为 30 多亿公顷，占全球总面积的 27%。全球森林资源的分布很不均匀，其中俄罗斯、美国、加拿大和巴西等国的森林面积占了一半以上。(　　)

2. 2013 年俄罗斯是我国原木进口量第一的国家。(　　)

3. 胶合板与纤维板主要都以木材为主要原料，其中胶合板以原木为原料，配合胶粘剂，而纤维板主要以木质纤维为主，配以胶粘剂。(　　)

4. 脲醛树脂和改性脲醛树脂是目前我国胶合板与纤维板最为常用的胶粘剂，其胶合性能好、成本低、颜色浅。(　　)

5. 在人造板胶粘剂的制作中，企业通常会使用工业面粉进行胶粘剂的调配。(　　)

三、单选题

1. 世界上森林面积最多的国家是 (　　)。

A. 美国　　　　B. 巴西

C. 加拿大　　D. 俄罗斯

2. 目前我国人造板制造中最普遍使用的胶粘剂是（　　）。

A. 脲醛树脂　　B. 酚醛树脂

C. 三聚氰胺—甲醛树脂　　D. 聚醋酸乙烯酯乳液

3. 下面（　　）不是我们所说的“三剩物”。

A. 采伐剩余物　　B. 造材剩余物

C. 加工剩余物　　D. 废弃剩余物

4. 在胶粘剂的制作中会使用到摩尔比这个概念，摩尔比即“物质的量”的比，对于人造板所用脲醛树脂而言，摩尔比指（　　）。

A. 甲醛与胶粘剂质量比例　　B. 甲醛与尿素含量比例

C. 尿素与胶粘剂质量比例　　D. 尿素与甲醛含量比例

5. 胶合板与纤维板所散发出来的刺激性气味主要是（　　）。

A. 尿素　　B. 甲醛

C. 苯　　D. 甲醇

四、多选题

1. 2013 年我国原木进口前 5 位贸易伙伴有（　　）。

A. 俄罗斯　　B. 新西兰

C. 缅甸　　D. 巴布亚新几内亚

E. 加拿大　　F. 美国

G. 澳大利亚

2. 我国目前主要的林业制度改革包括（　　）。

A. 林浆纸一体化　　B. 集体林权制度改革

C. 国有林场改革　　D. 林权抵押贷款制度

3. 国家林业重点生态工程包括（　　）。

A. 天然林资源保护工程　　B. 退耕还林工程

C. 三北及长江流域防护林建设工程　　D. 京津风沙源治理工程

参考答案

一、填空题

1. 1949 ~ 1978 年；1979 ~ 1997 年；1998 年至今
2. 2.08；21.63
3. 防护林、用材林、经济林、薪炭林、特种用途林
4. 俄罗斯；新西兰
5. 脲醛树脂；酚醛树脂；三聚氰胺—甲醛树脂

二、判断题

1. √　2. ×　3. √　4. √　5. √

三、单选题

1. D　2. A　3. D　4. B　5. B

四、多选题

1. ABDEF　2. BC　3. ABCD

第四章

人造板的生产情况

本章要点

本章对人造板的生产进行介绍，主要从产品类型、制作工艺、企业分布、产业现状、产品成本和国家政策方面进行说明，帮助投资者全面了解胶合板与纤维板生产的主要环节和相关情况。

一、我国人造板生产总体情况是什么？

近十年来，我国人造板行业发展迅猛。人造板生产企业由 2 000 多家发展到 1 万多家。其中，统计口径规模以上的生产企业，由 1 300 多家发展到 6 000 多家。年产量由不到 1 900 万立方米，增长到 1.54 亿立方米。产品质量逐年提高，大部分产品质量已达到或接近先进国家水平。目前，我国人造板年产值已超过 4 000 亿元，成为世界人造板生产、消费和进出口贸易的第一大国。

我国人造板产量占全球总量的比重由2005 年的25%，提高到2010 年的47.3%，尤其是胶合板产量增幅最大。2010 年，我国主要人造板产量占全球人造板产量的比重皆有提升，其中胶合板超过 66%，中密度纤维板接近 60%。

国家统计局提供的数据显示，2012 年我国人造板产量为 22 335.79 万立方米。其中，胶合板为 10 981.17 万立方米，占全部人造板产量的 49.16%；纤维板为 5 800.35 万立方米，占全部人造板产量的 25.97%，其中中密度纤维板产量为 5 022.45 万立方米；刨花板产量为 2 349.55 万立方米，占全部人造板产量的 10.52%（见图 4－1）。

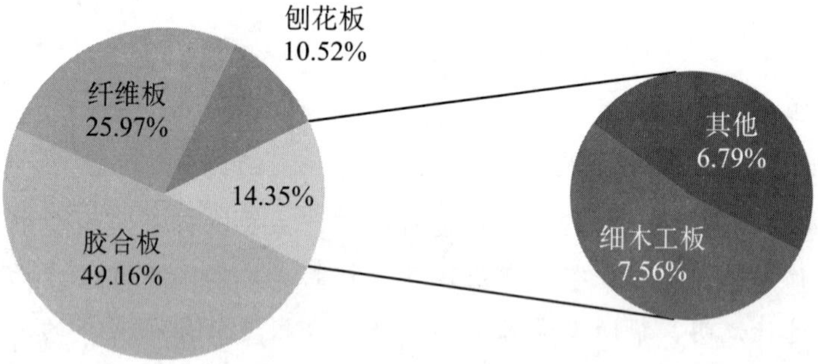

图 4－1　我国 2012 年各类人造板产量比例

资料来源：国家统计局。

胶合板在世界人造板生产及消费中，曾经长期占据主导地位，但随着大径级可利用木材资源的减少，胶合板在生产原料方面受到严重制约，生产比重大幅降低。取而代之的是刨花板、中纤板等主要以小径级木材、“三剩物”及废旧木材等为原料，技术含量和环保水平较高的板种。

由于胶合板以优质大径级木材为主要原料，受国家采伐和实木制品消费税收等政策影响越来越多，预计其市场份额增速将受到一定限制。而纤维板和刨花板则以“三剩物”和“次小薪材”为原材料，受国家产业政策的鼓励。但是刨花板由于产品质量普遍不高且在家具制造中用量较少，近年发展较缓。比较而言，中纤板的生产资源利用率高，产品材质细密、性能稳定、边缘紧密便于加工，近年来在产量迅速增加的同时，在人造板产品结构中的份额也越来越高。

随着国民经济的迅速发展，中高密度纤维板的应用范围不断扩大。目前我国家具、装修、装饰、汽车和音响设备、强化木地板、包装等是中高密度纤维板主要消费领域。

自2001年开始，中国纤维板生产能力持续高速增长，到2010年底，年均增长率超过20%。受2006年第4季度纤维板价格大幅上涨的影响，2007年度成为纤维板业发展的又一投资高峰年。新一轮投资导致2008年大批纤维板生产线建成投入运行。截至2012年底，全国纤维板总生产能力达5 500万立方米（见图4－2）。

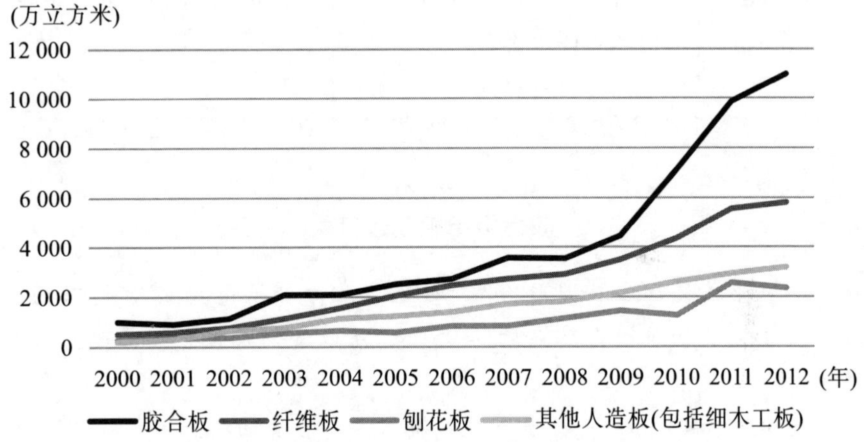

图4－2　我国各类人造板产量（2000～2012年）

资料来源：国家统计局。

纤维板市场中以中密度纤维板规模最大，尤其是15mm厚度和18mm厚度家具用中密度纤维板，约占市场总额的45%，产值超过400亿元。胶合板细分市场中产量规模最大的为建筑模板，但产品质量多为低端且市场混乱；而占第二大规模比例的细木工板产品价值高、标准化程度最高，15mm和18mm厚度规格产品占总量的70%，产值亦超过400亿元。

二、胶合板与纤维板的生产工艺是什么?

(一) 胶合板生产工艺

我国胶合板生产已经较为成熟，通常采用干热法生产胶合板，即将旋切的单板经过干燥，使单板中水分含量控制在8% ~12%范围内，而后涂胶组坯，在热压机中胶压成板材。胶合板工艺流程主要包括原木准备、单板制造、合板胶合及合板加工四个部分。

延伸阅读

胶合板单板制造流程

(1) 单板旋切。我国胶合板98%以上的单板是由旋切或刨切制成。其中，旋切单板占总产量的95%，所以旋切是胶合板工业的基础技术。

旋切是单板制造中一个极为重要的工序，在旋切机上完成。旋切时，木段在卡轴带动下不断旋转，同时旋刀在刀架带动下向木段中心连续进刀。改变进刀量，即可获得不同厚度的单板。旋切单板的质量关键在于正确安装与调整刨刀和压尺。

(2) 单板干燥。旋切后的单板含有大量水分，不利于胶压和贮存。单板可以天然干燥，也可以用干燥室或干燥机干燥，目前一般采用各类型干燥机干燥。单板干燥机经过几次演变、改进，现在广泛应用的是喷气连续式干燥机及滚筒式干燥机。连续式接触加热的平板干燥方法和设备也已试制成功，并显出很大的优越性。

(3) 单板加工。经过干燥的单板或单板带须按一定规格进行剪切、分选配板、修补、胶拼。

细木工板是胶合板中的一种，与普通胶合板生产方式类似（见图4-3）。细木工板制造可分为单板制造、芯板制造和细木工板胶合与加工三大部分。单板制造方法与普通胶合板相同，最主要的区别在于芯板制造和胶合及加工。

1. 细木工板芯板制造。实芯细木工板的芯板占细木工板体积60%以上，是由芯条组成的木芯板，而芯条的质量与加工工艺及成品质量有很大关系。树种方面，南方最适宜作芯条的材种如松木、杉木等，其次是一些软阔叶材，如北方的红松、白松、云杉、杨木、泡桐等。为了保持板材稳定性，同一张细木工板上的芯条应该采用同一树种，或者物理力学性能相近的树种。含水率上，小木条的含水率应为8%~12%。南方相对湿度大，含水率可偏高些，但应不大于15%；北方相对湿度小，空气干燥，约为6%~12%。

芯板制造方法一般可分为三种：（1）联合中板法。先用板材胶合成木方，然后把它锯割成胶拼的板材，再横拼成所需要的芯板宽度。此法芯板质量很高，但耗胶多，原料是板材，成本较高。（2）胶拼木条法。用胶把小木条拼接成芯板，其主要原料是板材以及小木条。首先将板材用双面刨床刨平，再用多锯片机床把板材同时锯成宽度相等木条，其宽度即为细木工板芯板的厚度，而后用木条拼接机在小木条侧面涂胶，在一定温度和压力下，使小木条拼接在一起。此方法芯板质量高，强度好。（3）不胶拼芯板制造法。此法是木条边部不胶拼，而是用框架、嵌槽或其他结构连接制成。优点是省胶拼工序和胶，但成品强度较低。

2. 细木工板胶合。细木工板坯组合一般为五层结构，涂胶在二、四层上，三层结构涂胶在芯板上。国内外制造细木工板主要应用热压法，优点是生产效率高，胶合质量好。近年为了提高细木工板产量和质量，有采用低温低压的趋势。热压温度越低，板坯内应力越小，板材越平整。压力越低，板坯压缩率越小，热压后板材变形小，板面翘曲和不平度较小。

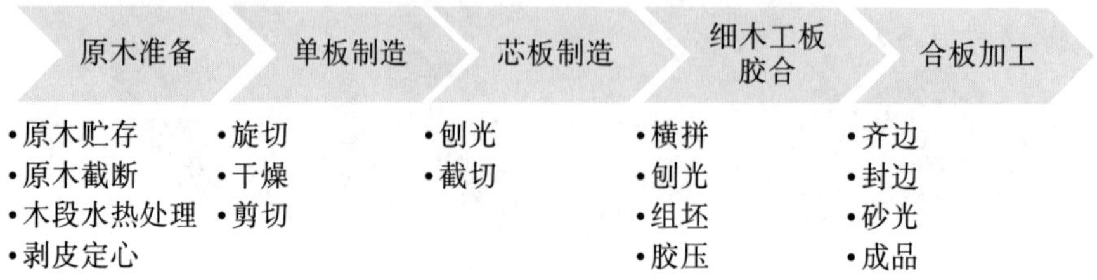

图 4－3　细木工板生产流程图

延伸阅读

木饰面板材的种类及其特点

在细木工板或纤维板胶合步骤中需要对其进行贴面，饰面板材的种类较多，最常见的木材有以下几种：

红松材：同红松木骨架材。

白松材：同白松木骨架材。

水曲柳材：是一种高级的墙面装饰和家具面层，产于东北地区。其树皮呈灰白色微红，骨皮淡黄色，边材黄白、蕊材褐色略黄，材质光滑，纹理格外美观，易于加工，易于涂色和胶接，韧性大，耐水性好，不易干燥。

柚木材：柚木产于广东、台湾、云南等地区，是理想的墙面装饰材料。它的树皮淡褐色，木材呈黄褐色，材质坚硬，结构粗糙，纹理直顺或略有倾斜，耐磨、耐久性强，干燥收缩小，不变形，易于加工。

楠木材：楠木产于湖北、四川、云南、贵州等地，属于名贵木材，是比较高级的装饰材料。木材黄褐色略带浅绿，有香气，纹理倾斜或纹错，结构细，切面光滑有光泽，耐久性强，易加工。

鱼鳞松材：主要产于东北地区，是比较名贵的木材。树皮呈灰褐色至暗棕褐色，木材呈淡驼色，光泽美观，材质较软，结构细而均匀，富有弹性，易干燥、易油漆、易加工。新型的薄木贴面装饰板材是销售量较好的装饰板材。薄木的厚度一般为0.5毫米，一般将其粘贴于普通木板或刨花板及纤维板等较结实的板材上，作装饰板面。从粘贴角度看，板材越薄越难于粘贴，需要较高的技术水平和工作条件。

还有一种是将原木蒸煮旋切成薄木片，再烘干，上胶，按木材纹理纵横交错重叠热压而成。它具有单块面积大，轻薄，可弯曲，胀缩系数小，板面美观等特点，并可消除木材的天然缺陷。可把质量差的用于背板，质量好的用于表板，达到劣材良用的效果。按其层数分为三层、五层、七层，最常用的三层称“三夹板”、五层称“五夹板”。

（二）纤维板生产工艺

纤维板主要有两种生产方法，即干法和湿法，主要是根据生产过程中原料的状态和输送介质而定。早期的纤维板生产采用湿法，目前基本上是用干法工艺（见图4－4）。

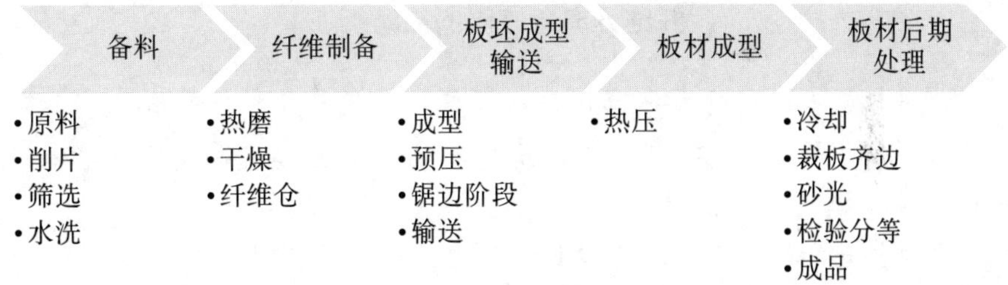

图4－4　干法纤维板一般生产流程

纤维板工艺流程主要包括原料准备、纤维分离、纤维处理、成型、热压及纤维板加工。

1. 纤维分离。纤维板制造过程中最为重要的步骤就是纤维分离。纤维分离是指采用一定的方法将木片或切碎加工的植物茎秆分离成所需要的细小纤维的工艺过程。这里的纤维是构成木材的基本单位，即单体纤维或一小束纤维细胞。

工业生产中普遍采用“热机械法”进行纤维分离，常用的设备为热磨机。概括起来就是，将预热后的木片送入热磨机的磨盘中，使其在磨片的作用下受压缩、拉伸、剪切、扭转、冲击、摩擦和水解等多次重复外力作用，最终导致纤维分解。

纤维分离的质量对纤维板的质量有重要影响。在中密度纤维板生产中，常用纤维分离度、筛分值及纤维松散系数等作为指标，以衡量纤维质量。纤维分离度简单来解释就是指纤维分离得越细，纤维比表面积就越大，所得浆料滤水性能越低；反之，纤维滤水性能好，则纤维较粗。在干法纤维板生产中，如果纤维分离度过高，不仅降低纤维本身强度，而且在板坯加压时会破坏板坯结构。纤维筛分值是间接反映纤维质量的指标之一，是指纤维中留于或通过各种规格筛网的纤维质量所占比例。纤维松散度是用以描述松散料的堆积系数，指未压实材料的密度。纤维松散密度过大，纤维板强度则变低，耐水性能较差。

延伸阅读

纤维分离所使用的热磨机

热磨机的主要部分是磨室体，内部包括了主要作用机构磨盘。根据设备的不同，磨盘也不相同，如高速磨浆机其两个磨盘皆为动盘，反向高速旋转。

热磨机是纤维板生产线的心脏，热磨机的产能以及热磨机磨出的纤维质量都直接影响生产线的产量和板材的质量。对我国人造板行业影响较大的三家国际知名热磨机制造企业是：美卓（METSO）公司、奥地利安德里兹（ANDRITZ）公司和德国帕尔曼（PALLMANN）公司。国外热磨机的共同特点是高技术、高质量、高转速、高可靠性以及大型化。

中国研制热磨机的45年历程，是中国人造板机械制造行业技术人员不断创新的过程，也是追赶国外先进技术的过程。目前，国产热磨机与国外热磨机相比，在尺寸、平行度、轴向跳动、磨片质量等方面还存在较大差距，节能、稳定、大型化代表了热磨机发展趋势。

2. 纤维处理。在目前流行的干法工艺中，纤维处理是必不可少的步骤。一来为了适应和满足干法生产工艺的需要；二来赋予纤维板产品一定强度、耐水性、稳定性和生产功能。其主要内容有防水处理、纤维施胶、纤维干燥以及纤维阻燃、耐腐处理。

（1）防水处理。木材纤维是一种亲水性的材料，为了提高纤维板的耐水性，主要措施有：施加防水剂以及产品进行表面二次加工。其中，施加防水剂是纤维板生产中最普遍采用的措施，主要是在纤维上施加石蜡等憎水性的物质。

（2）纤维施胶。干法纤维板生产中，需要施加一定的胶粘剂来胶着纤维，使得纤维板具有应有的性能。

常用的胶粘剂种类有脲醛树脂、酚醛树脂和三聚氰胺树脂等。其中，脲醛树脂和改性脲醛树脂的胶合性能好、成本低、颜色浅，是最常用的胶粘剂。

（3）纤维干燥。在热磨后的纤维加上施加的液体胶粘剂和液体防水剂会带入水分，所以纤维需要干燥处理。

三、胶合板与纤维板生产主要分布在哪些地区？

近年来，人造板产业在我国得到蓬勃发展。据统计，2010 年规模以上人造板企业数量达到 6 000 多家，以民营资本为主，重点企业包括江苏大亚科技集团、浙江德华集团、福建永安林业、广东威华等。近两年来，受下游需求不济的影响企业数量有所减少，目前维持在 4 600 家左右。

国家林业局林业发展报告指出我国人造板生产主要集中在东部、中部地区，山东、江苏、广西、河南、安徽、河北 6 个省区产量均超过 1 000 万立方米，人造板产量共计 16 392.56 万立方米，占全国人造板总产量的 73.39%。

（一）胶合板生产分布情况

中国经济的迅猛发展，成为促进胶合板产量快速增长的强劲牵引力。胶合板生产企业主要分布于山东、江苏、广西、河南等地，地区产量排名前六位的省（市、自治区）产量占全国总产量的70%以上（见图4－5）。国内胶合板生产集中地主要有山东临沂、江苏邳州、浙江嘉兴等地。大径材资源丰富的东北地区曾是中国胶合板工业的主要生产地区，但由于森林资源面临枯竭及天保工程，其产量持续下降。相反，华东、华北地区的工业基础不断增强，依托各自的资源优势，胶合板产量不断增加，已经占据中国胶合板生产的半壁江山。河北、山东大力开发杨木资源；江苏、上海利用区位条件，进口板材，积极改进工艺，发展胶合板生产，成为中国胶合板的主要产区。西南地区主要以桦木、马尾松等为主要材种，但是受天然林资源保护工程（简称“天保工程”）的影响，胶合板产量占全国比重较低。西北地区经济基础薄弱，木材资源严重稀缺，胶合板工业几乎为空白。

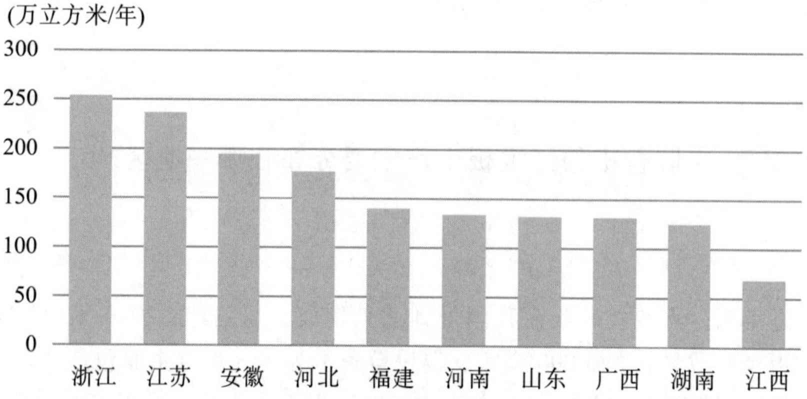

图4－5　我国细木工板产量地区分布

华北、华东以及长江中下游一带速生杨木材和华南、西南的速丰桉木材大量涌进市场，以及国外优质阔叶树材的不断补充，直接带动了中国各主产地胶合板产量的增长。尤其是山东省，2008～2012年其胶合板产量在全国总产量的占比中逐年提升。广西壮族自治区在良好的政策和原材料资源的环境下，近年来胶合板产量占比也基本保持逐年上升态势。而河北、四川、吉林等地区近年来受原材料短缺等因素，产量占比有较大下降。

目前我国具有一定规模的胶合板企业约 3 000 余家，其中 90% 的企业规模在年产 1 万立方米以下，然而仅有 200 多家企业的年生产力可达 2 万立方米。这些企业按规模可分三类：（1）大型企业，分布在上海、江苏、广东等沿海城市，年生产能力为 5 万 ~20 万立方米，原料靠进口为主，产品质量达到印尼板档次，技术装备水平高，产品质量稳定，代表着我国胶合板生产的主导力量和发展方向，其产品在国内市场上占主导地位。（2）中型企业，分布在广东、浙江及部分内陆省份，投资规模一般为数百万元，表板主要从国外购进，芯板采用国产材。产品质量中等档次，在城市销售。（3）小型及手工作坊式企业，大多数胶合板的生产来自于此，主要分布在东部和南部沿海地区，包括浙江、江苏、福建和广东，还有北方的山东临沂、河北等地区，投资规模仅几十万元甚至十几万元。这些胶合板主要用于家具制造、非结构性建筑材料和室内装饰，产品面向农村市场，工艺设备简陋，产品档次低。

延伸阅读

胶合板产业集群的特点

我国胶合板行业快速发展，形成了四大产业集群：以邢台、廊坊为中心的河北产业集群，以山东临沂为中心的山东产业集群，以嘉善为中心的浙江产业集群，以江苏徐州为中心的苏北产业集群。四大产业集群胶合板产量占全国产量的 68% ~70%。

产业集群的形成集聚了经济动力，使集群内企业存在成本优势。由于胶合板产业链是开放的，从原料到终端产品的采购和销售均可以由集群区延伸到国内和国际市场，从而使集群内企业获得了很好的外部依托；产业集群也使集群内的企业竞争优势更强，对行业的细化分工也起到了关键作用。

随着我国林业资源保护的不断加强以及胶合板产业的快速发展，我国胶合板参与集群目前也存在着许多问题。首先是生产的原料不足，区域内木材资源匮乏，相邻区域类似产业遍地开花，四大胶合板产业集群都在相当程度上依赖于产地外进口木材。在国际上普遍要求保护森林资源而限制原木出口和人民币汇率不断攀升的背景下，四大胶合板产业集群面临资源瓶颈的冲击。其次是生产水平仍比较落后。虽然小型企业陆续减少，但胶合板生产基地的规模企业数量均在百家以上，直至上千家规模，绝大部分企业规模小、设备简陋、管理粗放，总体水平不高。最后是管理和技术人才资源严重短缺。四大胶合板产业聚集区均偏离各省的经济政治中心，城市的硬件设施和软件开发尚不能满足偏好高生活质量的各类高素质人才。技术进步、产品升级换代频率加快对人才的需求，影响了企业的生存和发展。而为数众多的板材加工企业的经营者文化程度不高，基本上采用原始的家族式管理，管理层次较低。

（二）纤维板生产分布情况

我国中密度纤维板生产企业遍布全国近 26 个省（市、自治区），但主要还是集中在东中部地区，即经济相对发达或较发达地区。这种状况是由当前中密度纤维板的主要消费城市和地区所决定的。

纤维板生产主要集中于广西、河南、江苏、山东、广东、四川等地，地区产量排名在前六位的地区产量总计占全国总产量比例在 60% 左右。2013 年新建 31 条生产线；进入 2014 年，我国纤维板生产线约有近 800 条，而仍有新增在建纤维板生产线 49 条，生产规模持续扩大。

1. 华东地区。华东地区（山东、上海、江苏、浙江、安徽、福建、江西）是中国纤维板主要生产区。华东地区经济相对发达，工业基础好，纤维板生产企业密集。华东地区纤维板生产以速生小径杨木、松木等为主要原料。该地区林木资源较为丰富，每年还有数量可观的进口木材加工剩余物可供使用，经济相对发达，建设大型生产线条件优越，已成为中国纤维板生产的主要地区，但由于生产企业密集，对木材原料的争夺亦日趋激烈。截至 2010 年底，该地区拥有纤维板生产线 290 条，生产能力达 1 845 万立方米/年，占全国生产能力 42. 37% 。

2. 华南地区。华南地区（广东、广西、海南）是中国第二大纤维板生产区。华南地区经济较发达，资金丰富。虽然纤维板生产企业密集，但原料持续供应能力强。华南地区速生林木资源最为丰富，特别是广东和广西引种的桉树生长良好，为纤维板生产提供了优越的原料供应条件，使该地区成为纤维板生产发展最快的地区。由于近年新建纤维板生产线急剧增多，原料供应压力不断加大，未来发展速度将会放缓。截至2010年底，该地区拥有纤维板生产线111条，生产能力达到846万立方米/年，约占全国生产能力的19.43%。

3. 华中地区。截至2010年底，华中地区（湖北、湖南、河南）拥有纤维板生产线72条，生产能力达到664万立方米/年，约占全国生产能力的15.25%。华中地区纤维板生产以速生小径杨木、松木、硬杂木等为主要原料。该地区林木资源较为丰富，纤维板生产发展在中国处于中游水平。该地区交通便利，经济发展水平不断提升，建设大型生产线的基本条件不断改善，有望成为中国未来纤维板生产能力发展的主要地区之一。

4. 华北地区。截至2010年底，华北地区（内蒙古、北京、天津、河北、山西）拥有纤维板生产线71条，生产能力达到350万立方米/年，约占全国生产能力的8.04%。华北地区纤维板生产以速生小径杨木、硬杂木等为主要原料。由于内蒙古、山西等地林木资源短缺，而河北纤维板企业密度过大，导致该地区原料供应日益吃紧。截至2010年底，西南地区（四川、重庆、云南、贵州、西藏）拥有纤维板生产线66条，生产能力达到415万立方米/年，约占全国生产能力的9.53%。

5. 西南地区纤维板生产以松木为主要原料。虽然林木资源较为丰富，但由于经济欠发达以及一定时期的禁伐，纤维板生产发展水平较低。该地区木材原料价格低廉，供应能力强，但运输条件较差。随着基础设施的不断完善以及森林蓄积量的不断恢复，尤其是天然林资源保护工程禁伐令的解除，纤维板生产的发展空间有扩大趋势。

6. 东北地区。截至2010年底，东北地区（黑龙江、吉林、辽宁）拥有纤维板生产线55条，生产能力达到159万立方米/年，占全国生产能力的3.65%。东北地区受天然林资源保护工程大幅度削减木材采伐限额的影响，可用于纤维板生产的采伐剩余物总量供应不足。随着中俄边境木材贸易的不断扩大，每年进口约2 000万立方米原木。以原木加工为依托形成了几个较为集中的进口木材加工贸易区，每年可提供数百万立方米的木材加工剩余物用于纤维板生产。但受俄罗斯调整木材出口政策的影响，未来中国从俄罗斯进口原木的数量可能下降，可用于纤维板生产的木材加工剩余物数量将随之减少。

7. 西北地区。截至2010年底，西北地区（陕西、甘肃、宁夏、青海、新疆）拥有纤维板生产线19条，生产能力达到60万立方米/年，占全国生产能力的1.38%。西北地区纤维板生产用木材原料短缺，经济发展水平较低，建设纤维板生产线的条件差，现有纤维板生产企业以小径杨木和淘汰下来的果树木材为主要原料。

相关资料见表4－1和图4－6。

表4－1　“十一五”末纤维板生产企业数量

地区	企业数量（家）
华东地区	255
华南地区	123
西南地区	68
华中地区	77
华北地区	60
西北地区	21
东北地区	40

资料来源：大连商品交易所。

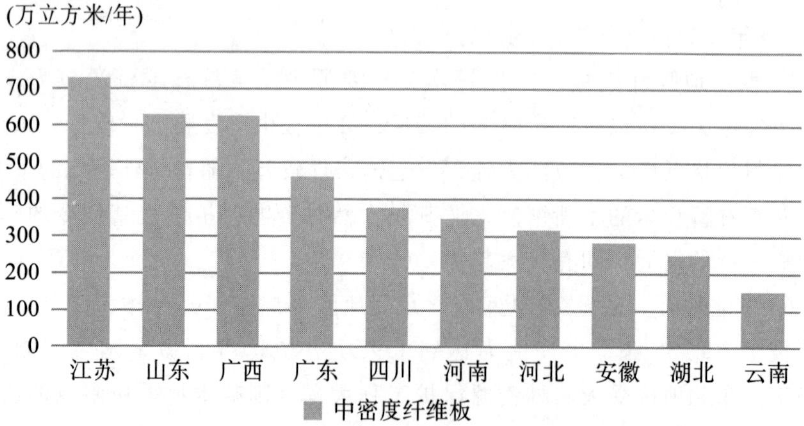

图4－6　2010年我国中密度纤维板产量地区分布

资料来源：大连商品交易所。

四、胶合板与纤维板生产是否具有周期性？

胶合板与纤维板的产量具有显著相关性。长期来看，其生产主要受宏观经济及房地产市场的影响。2008 年金融危机之后，其产量出现一定程度的下滑；特别是在 2010 年下半年，房地产市场进入调控，其产量大幅下滑；2012 年开始，受欧债危机影响，胶合板与纤维板出口下滑，产量也相应减少（见图 4－7）。但是，总体来说，我国胶合板与纤维板产量还是保持上升趋势，主要是由于国内经济增长仍保持较高水平，下游需求不断提高。

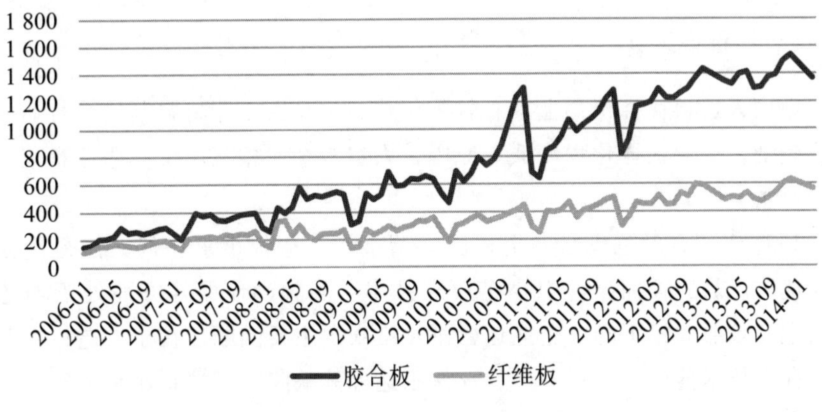

图 4－7　胶合板与纤维板月产量

资料来源：Wind 数据库、大地期货研发中心。

从中期来看，胶合板与纤维板受到相对明显的季节性影响，产量具有一定相关度。一般来说，南方地区 6～8 月受梅雨影响，空气较为潮湿，不适宜家装，属于人造板需求淡季；而北方地区不存在此类问题。在每年春节过后到 6 月，产量不断增加，之后产量出现小幅回落，到国庆之前产量又开始提升。而每年春节之前，胶合板与纤维板生产将逐步进入低点，特别是每年 1～2 月，产量达到全年低谷。从短期来看，胶合板与纤维板产量并没有特别明显的变化规律。

五、胶合板与纤维板生产企业利润怎么样?

2008年至今，人造板行业总资产稳定增长，企业数量基本持平，行业销售毛利率和净利润率稳定小幅增长。近三年国内人造板价格指数也一直稳定在130左右。尽管行业亏损面略有减少，但受国内房地产调控和国际市场下滑的负面影响，收入增长率出现大幅下降；虽然利润总额有所增加，但是销售利润率低于7%，行业盈利能力仍处于较低水平。总体来说，当前人造板行业生产规模发展减缓，资源瓶颈仍然存在。

（一）价格竞争

中国人造板在性价比上具有较强优势，但是由于原材料制约、行业整体定位较低、产业工业化程度低等原因，人造板企业相互压价、恶性竞争行为较为严重。

2008年，金融危机在一定程度上调整了人造板供求格局，使得优秀企业和优质产品脱颖而出。中小企业在技术、品牌、环保等方面处于弱势地位，生产效益大幅下降，企业运营举步维艰。主要问题还在于人造板企业生产中存在技术落后、管理不严、环保不达标等缺陷，低端企业和劣质产品的生存空间将越来越小。

（二）非价格竞争

1. 树立品牌。长期以来，中国人造板企业的品牌意识与国际人造板企业相比存在较大差距。在国际市场竞争中，多数企业只能以贴牌生存进行出口，缺乏拥有自主知识产权的产品。但近年来，人造板企业逐渐意识到产品质量的重要性，追求拥有自己的品牌和独有知识产权的产品。许多已经形成一定规模和影响的人造板企业正致力于打造名牌产品，注重企业形象广告和进行产品品种的宣传。

2. 兼并重组。随着人造板企业规模的扩大，企业也逐渐开始追求一体化的战略，向人造板零售业扩展。下游家具生产企业也开始直接与厂商对话。如今，人造板商家走上前台，将内在优势转换为市场优势，与家具企业一同面对市场的压力和竞争。这种联合模式有利于打造一条强有力的产业链条。品牌人造板联合品牌家具，优势叠加，能形成强有力的竞争力。

3. 技术改造行为。我国人造板制造业的非价格竞争还表现在技术改造上。国内大型人造板企业陆续新建新技术人造板生产线，同时淘汰落后产能，引进先进生产技术，从而提高产量及盈利能力。消费者对人造板环保性能也越来越重视。各生产企业充分认识到加强节能、环保功效的重要性，加快使用先进工艺取代落后工艺的进程，特别是大型企业陆续调整完成主要产品技术和结构的升级优化，使能源消耗状况、环保健康状况得到改观，不断向国际标准靠拢。

从我国人造板企业主要经济指标来看，行业仍然保持一定的发展速度，但是增速相对以往有所放缓，利润增速明显减小，亏损企业亏损额有所增长，尤其是纤维板企业利润波动较为强烈。究其原因，一是受世界经济影响，国际需求下降，国内市场增速也略显疲软，这是行业发展增速放缓的主要原因；二是国内外市场需求下滑导致市场供大于求的现象越来越明显，而国内产品档次和技术含量低，缺乏市场竞争力，风险规避能力较弱，进一步恶化了企业经营状况。

虽然我国人造板行业形势较为严峻，但也不需要过于悲观，我国人造板企业数量在减少的同时，企业平均资产规模迅速增长，企业资产负债率不断下行，企业毛利率也是稳中有升，企业品牌知名度不断提升，品牌附加值不断增加。未来，随着人造板行业的调整和优化，行业集中度将得以提升，大型企业品牌附加值及产品技术将大幅增加；同时随着国家促进消费需求政策的效果显现，下游对装修用人造板的需求将不断上升，我国人造板企业将迎来新的发展机遇。

相关资料见图 4 -8 ~ 图 4 ~ 12。

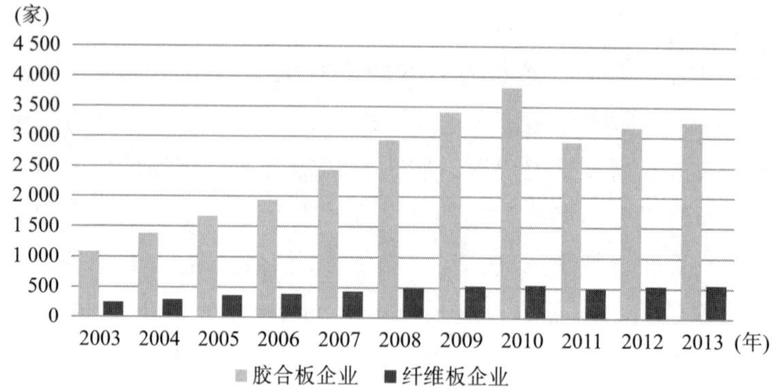

图 4-8 胶合板与纤维板企业数量（2003~2013 年）

资料来源：Wind 数据库、国家统计局。

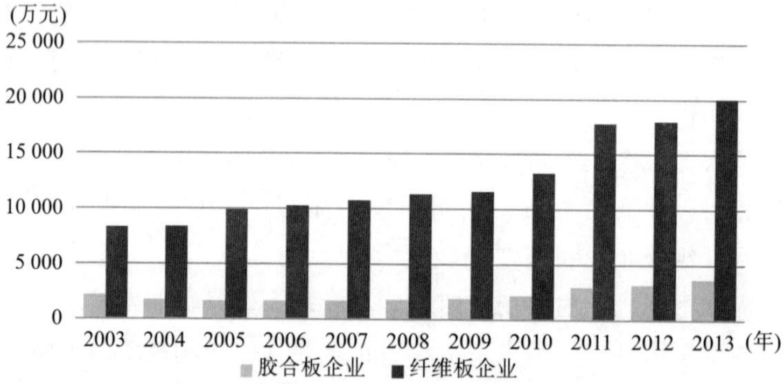

图 4-9 胶合板与纤维板企业平均资产规模（2003~2013 年）

资料来源：Wind 数据库、国家统计局。

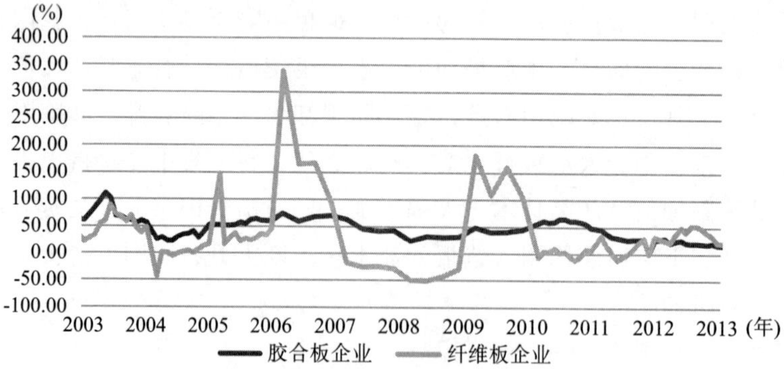

图 4-10 利润总额累计同比（2003~2013 年）

资料来源：Wind 数据库、国家统计局。

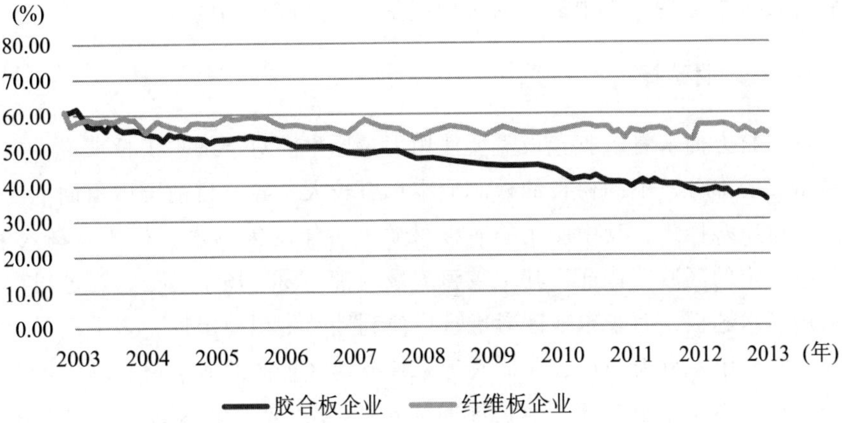

图 4-11　企业资产负债率（2003~2013 年）

资料来源：Wind 数据库、国家统计局。

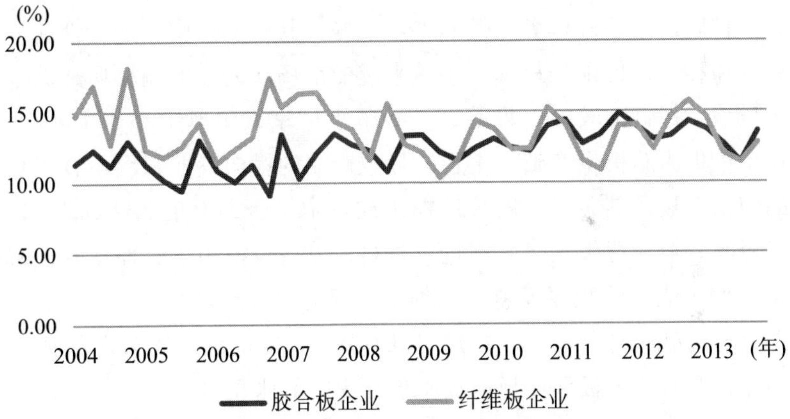

图 4-12　胶合板与纤维板企业毛利率（2003~2013 年）

资料来源：Wind 数据库、国家统计局。

六、胶合板与纤维板生产成本有何区别？

胶合板与纤维板生产成本存在较大差异，通常同等厚度同等甲醛释放量的胶合板价格更高，其中最大的区别就是木材及胶粘剂的成本。

（一）木材选择

从木材方面来看，胶合板需要使用大量原木。对于细木工板来说，板芯是最重要的部分，不同树种的板芯成本也有较大差异。目前国内市面上的细木工板材质多样化，其中所用的芯板材质上主流的为杨木、杉木、马六甲。用材有一定的区域性特征，其中黄河流域一带主要用杨木芯板，江苏以南的地区用杉木芯板，而华东地区考虑进口便利性及货源稳定性，多采用马六甲芯板。马六甲木材为印尼、菲律宾等东南亚地区生产的速生材。马六甲木材是经济林，不属原始森林，生长周期为 4 ~ 5 年，产量较为稳定，为我国进口马六甲木材提供了稳定的货源。而杨木及杉木受国内砍伐政策的影响，市场供货不稳定，限制了其产量。目前我国细木工板的芯板材质主要以马六甲为主。依材质而论，进口奥克榄和桦木最好，其硬度适中，加工性能好；其次是杨木和杉木，特别是杉木近年越来越受市场欢迎；泡桐材质过软，热压中易于压缩，握钉力较差。目前，一些中小厂家采用厚度小于 1.8mm 的泡桐或杨木单板为芯板生产细木工板，导致产品的横向静曲强度不合格；质量较高的细木工板，其芯板一般采用桦木或杨木单板，厚度为 2mm ~ 2.6mm。细木工板的表板和背板大多采用进口材料，以奥克榄为主，厚度在0.2mm ~ 0.6mm 之间。表、背板厚度愈大，细木工板的质量愈好。

据大连商品交易所统计，2012 年 E1 级一等品的细木工板芯板成本价格在 60 元/张左右，中板和面板的成本价在 30 元/张左右。

纤维板原材料价格较原木低很多，但是不同地区木材收购成本差别较大（见图 4 - 13）。拥有较丰富林业资源的华南和东北地区成本较低且相对平稳，而华东地区原材料成本较高。桉木、杨木、松木及杂木等都可以作为纤维板原料。桉木纤维板的价格在不同的地域的价格态势不同，在华东地区桉树纤维板的价格比较高，华南地区的价格次之。杨木纤维板的主要产区在山东、河北、辽宁、安徽、江苏、河南等地区，价格比较稳定。松木纤维板的产区主要集中在江西省，价格要高出其他材料纤维板价格的 10% 左右。杂木纤维板的市场价格处于中游水平，产地主要集中在华东、华南、华北地区。根据大连商品交易所 2014 年对江浙纤维板企业调研的结果来看，纤维板企业存在聚集现象，同时生产企业规模较大，这就导致企业附近原料出现紧缺，也助推原料价格上涨。为了解决原料问题，只能扩大原料采购半径，但也增加了运费成本。

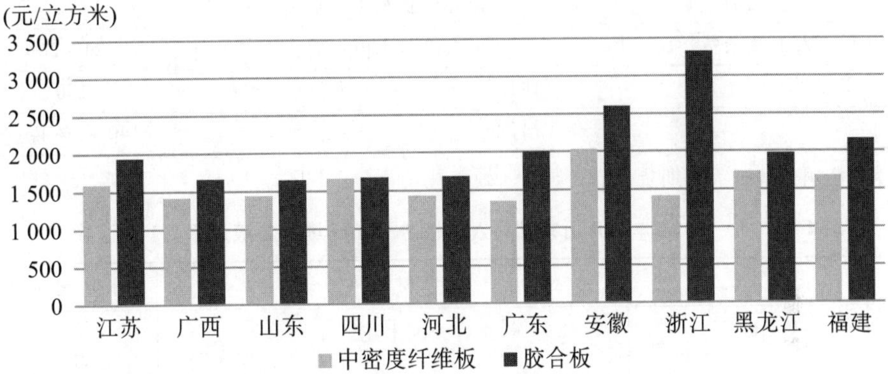

图 4－13 2012 年中密度纤维板和胶合板的销售平均价格分布

（二）胶粘剂用量

胶合板和纤维板主要使用脲醛树脂。不同类型、不同层数及不同工艺所使用的胶粘剂用量有较大差别。其中，细木工板所需胶粘剂相对较少。根据中国林产工业协会统计，细木工板的耗胶量大约 25 千克/立方米，中密度纤维板的耗胶量大约 150 千克/立方米。

（三）生产线固定成本

胶合板企业普遍生产规模较小，生产技术水平参差不齐。对于细木工板来说，最大的区别在板芯的制作上。纤维板企业规模较大，自动化程度和生产技术水平较高，单条生产线投资成本高，单位生产成本波动较小。

相关资料见表 4－2～表 4－7。

表 4－2 2014 年 7 月山东某桐木板芯 18mm 细木工板成本

	材质	成本（元/张）
表板	奥古曼	22～23
中板	杨木	

续表

	材质	成本（元/张）
板芯	桐木	81
胶粘剂	脲醛树脂及工业面粉	7
人工及杂费	人工、水电、煤	24～26
共计		140
报价		140+5%税点

资料来源：大地期货。

表4-3　　2014年7月山东某马六甲板芯18mm细木工板成本

	材质	成本（元/张）
表板 中板	山木花 杨木	26
板芯	马六甲	92～93
胶粘剂	脲醛树脂及工业面粉	7
人工及杂费	人工、水电、煤	24～26
共计		153
报价		156含税

资料来源：大地期货。

表4-4　　2014年7月浙江某杉木板芯18mm细木工板成本

	材质	成本（元/张）
表板 中板	奥古曼 杨木	26
板芯	杉木	96～100
胶粘剂	脲醛树脂及工业面粉	6.5～7.5
人工及杂费	人工、水电、煤	24～26
共计		160
报价		165含税

资料来源：大地期货。

表 4－5　　2014 年 7 月江苏某生产企业 15mm 纤维板成本

	材质	成本
板芯	松木	600 元/吨
	杨木	400 元/吨
胶粘剂	脲醛树脂及工业面粉	180～190 公斤/立方米
板芯＋胶粘剂		约 58 元/张

资料来源：大地期货。

表 4－6　　2014 年 6 月主要期货交割地 E1 级 15mm 细木工板价格

地点	价格（元/张）
广州	140
南宁	115
天津	107
常州	145
廊坊	140
杭州	125
山东	130

资料来源：卓创咨询。

表 4－7　2014 年 6 月主要期货交割地 E1 级 15mm 中密度纤维板价格

地点	价格（元/张）
广州	74
天津	66
廊坊	64
常州	63
南京	72
杭州	70
临沂	75

资料来源：卓创咨询。

延伸阅读

人造板企业生产成本

人造板企业生产成本涵盖的成本项较多，如木质原料成本、辅助原料成本、动力燃料成本、维修费用、人工成本以及折旧等，而且由于其生产的特殊性，各成本项也都包含几个项目，例如原材料分为木质原料和辅助化工原料，而木质原料中又可以按照生产人造板板种的不同在原木、单板、板材、木芯、锯末、枝桠材中合理配比得到；辅助化工原料则包含甲醛、尿素、脲醛树脂胶、固体石错、防水剂等。

企业除了生产需要付出成本以外，还需要付出经营管理必备的一些成本。这些成本统称为经营成本，包括销售费用、财务费用、管理费用、存货成本、售后成本等。人造板行业竞争较为激烈，基本不存在垄断性企业，所以对所有人造板企业来说，成品销售都要付出不菲的成本；人造板行业具有资金密集型的特征，大多企业都会面临资金融通的问题，需要为此付出一定的利息费用和金融服务手续费等。同时，我国人造板企业出口量巨大，面对波动激烈的国际汇兑市场，发生汇兑损失的可能性也较大。存货成本又分为采购成本、仓储成本以及缺货成本等。在制造业企业中，产品的存货成本不可忽略，特别是欧美增加对国内人造板贸易壁垒之后，国内许多人造板企业产品销售受到极大影响，产品库存不断升高。售后服务是每个企业都应该注意的问题，在保证客户满意的前提下，控制售后成本的支付是必要的。人造板生产企业由于其产品的特殊性，面临的售后成本主要以赔付成本为主，包括产品质量问题赔付、安装费用等。

面对日益激烈的竞争压力，人造板企业正不断提高生产效率、研发新型产品、拓展产业链条。这些扩大企业盈利能力和影响能力的行为将给企业带来较大成本，其中包括研发成本、品牌形象成本、环保成本等。企业对研发的投入日益增加，质量更优、性能更好、用途更多的各种新型板材不断推出，国内企业越来越重视人造板产品的研发。企业品牌的塑造也成为企业关注的焦点，国内人造板品牌附加值不断提升，消费者对于人造板质量要求越来越高，品牌知名度对于企业销售具有非常积极的作用。环保成本是指人造板企业在生产过程中支付的污染治理费用。市场成本包含渠道成本（即企业与供应商及销售渠道之间相互联系实现共赢的投入）、顾客成本（对顾客价值链施加影响并为顾客创造价值的过程中支付的成本）。

七、胶合板与纤维板未来的发展趋势是怎样的?

我国是人造板生产大国之一、中纤板生产第一大国，但并不是一个强国。生产线单机生产规模、设备制造水平、生产工艺技术、产品质量与规格品种、产品的深加工以及市场应用等，都与世界先进发达地区和国家存在很大差距。

当前人造板行业生产规模发展减缓，资源瓶颈长期存在，产品结构亟待调整，技术创新有待加强。当前我国人造板行业发展态势可简单概括为“增速减缓、调整加快、发展平稳、技术创新加快”。

（一）增速减缓

受国际市场萎缩和国内房地产调控影响，人造板下游产业均放慢发展速度。在人造板产能释放过快、市场销售增幅收窄和下游加工产品出口低迷的情况下，虽然人造板市场价格相对稳定，但行业产能过剩，工厂库存不断增大，尤其是木材原料短缺，原辅材料价格上涨，物流、人工和资金等生产成本增加，造成大多数企业效益下滑，个别企业被迫停产。

（二）调整加快

我国人造板行业以中小民营企业为主，私营企业销售收入比例超过70%，行业集中度不高。经济下滑给行业带来了优化和升级的机会。我国胶合板与纤维板行业发展较为迅速，发展特点主要有：产能设计从超大到适中，生产方式从间歇式到连续式，设备功能由高消耗到节能化，设备控制从粗放型到精细型，生产方式从劳动密集型到规模自动化型。行业集中度不断增加，大企业品牌附加值不断提高，市场产品转变为以品牌为主。产业内企业联合逐渐成为发展潮流，一些大型市场企业整合上游原材料至下游家具建材生产等整条产业链，提高了品牌知名度、市场占有率和定价能力。

随着行业发展步伐的放缓和国产连续压机的问世，人造板产品结构开始调整，生产装备升级，风投资本介入，企业并购重组，进一步探索盈利模式，全行业整体进入结构调整、转型升级、多元化发展阶段。在民营企业仍为人造板行业主力军的同时，大型中央企业纷纷加入，新的龙头企业正在崛起，为加快行业内结构调整创造了条件。

未来中国胶合板行业准入制度不断完善，产业集群效应更加明显，小型低技术含量胶合板企业将陆续被淘汰，拥有完整产业链及大型品牌的企业竞争力将不断提高。产量继续高速增长的同时，涌现出一批以质量和技术取胜的龙头企业，带领行业提高产品质量、增强产品环保性。同时，随着资金的充裕，行业内企业生产设备也将不断升级换代，为提升产品技术助力。

而纤维板企业由于其本身规模较大，随着我国节能环保政策的落实和胶粘剂的不断发展，其环保优势将得到提升。同时，木材世界性稀缺情况以及新材料的研发将会使纤维板在我国的应用逐步增强。

（三）发展平稳

近几年来，人造板行业总资产稳定增长，企业数量基本持平，行业销售毛利率和净利润率稳定小幅增长。近三年国内人造板价格指数也一直稳定在130左右。尽管行业亏损面略有减少，但受国内房地产调控和国际市场下滑的负面影响，收入增长率大幅下降。虽然利润总额有所增加，但销售利润率低于7%，行业盈利能力仍处于较低水平。

（四）技术创新加快

目前我国人造板业已涌现出一批国家高新技术企业，在国际标准化、重点科技成果转化方面均有所突破，企业的研发能力不断提升，技术创新驱动将发挥越来越重要的作用。我国人造板不再是以天然材为主的功能单调的制品，人造板加工也不再是简单再组合的方式，从原料利用到生产设备和工艺，再到产品种类功能，我国人造板技术正快速发展，产品质量不断提升。此外，我国部分大型人造板企业加大对整个产业链的经营，形成了林木种植、人造板生产和家具加工产业链，提高了生产效率，控制了上下游风险，增加了企业产品定价权。

延伸阅读

中密度纤维板的主要应用领域

中密度纤维板应用范围主要包括家具制造、强化地板生产、室内装饰与装修和产品包装等多个领域。近几年来，由于高密度、中密度、薄型纤维板的成功开发，其用途得到扩大和延伸，替代某些纸板用作食品包装盒体、线路板底板和电路控制表板等。

1. 传统应用领域。中密度纤维板易加工，可雕可铣，广泛用于制造家具。随着家具制造工艺的发展，家具材料的选择有了新的要求，特别是个性化家具的出现，家具企业对原材料的规格需求多样化。因此，中密度纤维板企业要配置柔性加工系统，这样对综合利用木材和提升企业经济效益以及降低板材消耗起着重要作用。目前，对家具板材的需要，从经济和环保角度来讲，使用的是包镶技术，已广泛应用于卧室家具、办公家具、厨房家具、门框门套与装饰龙骨、音箱、包装盒、画框、强化复合木地板以及设立室内整体组合步入式更衣间等。

2. 推广应用领域。

（1）混凝土建筑模板。目前，木、竹胶合板用作混凝土建筑模板较为普遍，但其价格较贵。如果用中密度纤维板做模板，估计会有价格上的优势。

（2）墙体材料。鉴于中密度纤维板表面装饰性好，在建筑上做内隔墙应该是首选，特别是大开间的住宅，中密度纤维板是一种理想的材料。

（3）模压门板。使用薄型中密度纤维板，经过软化处理后，加温加压，制成所需要的模压门板。

(4) 汽车装饰材料。将中密度纤维板软化后，加温加压，制成所需曲面，然后进行植绒、贴装饰布、表面涂漆等。

(5) 直接印刷板。使用水性涂料与紫外线固化漆在板材表面直接印刷，体现各类木材纹理或者素色。环保性突出，模仿效果真实自然。

3. 开发领域。

(1) 阻燃中密度纤维板。按照国家消防要求，室内装饰装修的木质材料需要阻燃。在阻燃中密度纤维板开发方面，国内科研人员已经取得了一定的成果。但因高效能的阻燃剂成本高，普通阻燃剂效果差，阻燃中密度纤维板产品在市场上很少见。为了适应建筑市场的需要，扩大中密度纤维板的应用范围，尽快开发适应市场需求的阻燃中密度纤维板产品尤为重要。

(2) 防霉中密度纤维板和抗静电中密度纤维板。在潮湿的环境下，中密度纤维板易发霉。可在制造中密度纤维板过程中加入适量防霉助剂，抑制细菌的繁殖和生长，达到防霉的效果，扩大中密度纤维板的应用范围。考虑抗静电地板等的特殊需求，开发相应的高、中密度抗静电纤维板，可以满足不同层面客户的不同需求。

(3) 室外中密度纤维板。国内室外中密度纤维板研究已初见成效，但产品没有批量生产进入市场。其主要原因是胶的生产成本高。倘若开发一种新胶种，胶的成本降低了，再配合涂料使用，室外中密度纤维板质量得到了保证，潜在的市场将不可估量。预计我国室外中密度纤维板将会有一个良好的应用前景。

资料来源：大连商品交易所。

八、我国人造板行业有哪些政策和规划？

近几年来，国家连续发布了多项产业政策支持林业产业的高速发展。

（一）限制性政策

1. 森林采伐限额制度。中国当前实行森林采伐限额制度。凡是采伐林木都要依法申请林木采伐许可证。制定森林采伐限额的基本依据是用材林的消耗量低于年生长量的原则。

2. 木材经营许可制度。《中华人民共和国森林法实施条例》第三十四条："在林区经营（含加工）木材，必须经县级以上人民政府林业主管部门批准。"

3. 人造板生产许可证制度。为了从生产源头控制板材质量，国家质检总局会同国家人造板质量监督检测中心对细木工板、刨花板、实木地板、实木复合地板等11类板材进行生产许可证制度审查。获得生产许可证的木地板企业在包装上贴上"生产许可证"标识。生产许可证制度是强制执行的，相关企业必须在规定期限内提出申请并取得生产许可证才有资格生产和销售该产品，否则关停并转。

4. 木材凭证运输制度。木材运输管理是林业主管部门以凭证运输为中心，依法对木材运输进行检查监督的过程。2013年6月18日后，国家林业局《关于规范木材运输检查监督管理有关问题的通知》取消人造板运输证。

延伸阅读

人造板新限量标准对行业企业提出新挑战

2014年7月中旬，市场上传出国家标准委即将对强制性国标GB18580－2001《室内装饰装修材料、人造板及其制品中甲醛释放限量》做出修订，人造板板材行业将剔除E2等级甲醛释放限量规定。这段时间，这一消息成为业内讨论焦点，因为其关乎地板等生产企业的生存发展。这也成为装修论坛关注的热点，消费者纷纷议论如何依据甲醛释放量选购地板。

有关部门准备修订板材甲醛释放限量标准，甲醛释放量要求将更加严格，对行业企业提出新挑战。面对环保节能的消费新趋势，谋求材料革命性创新，追求“零甲醛”释放，开创行业蓝海，成为引领行业发展的新方向。纵观国内板材行业企业，当下都在追求“零甲醛”技术，甲醛释放量很小或忽略不计。欧洲、日本等也在往此方面发展，尤其是大品牌企业更加注重关乎健康的环保指标。

业界认为，如果新修订的甲醛释放限量标准出台，会对生产地板和地板胶的企业产生影响，原来达到 E2 标准的胶粘剂禁止使用，增加部分企业生产成本。但甲醛释放限量要求越来越严，是行业发展大势所趋。目前，整个人造板行业尤其是地板行业此方面表现还不错，大部分企业生产标准早已达到 E1、甚至 E0 等级。

（二）产业鼓励政策

细木工板和纤维板属于国家产业政策扶持的资源综合利用产品，受国家环保政策的支持。鼓励国内速生丰产林和工业原料林工程的建设，鼓励木基复合材料及结构用人造板技术开发，限制 1 万立方米以下胶合板及细木工板生产线的上马，这将有利于行业快速健康发展。

1. 增值税即征即退。销售产品为自产的以三剩物、次小薪材和农作物秸秆等原料生产的纤维板、木刨花板、细木工板，自 2011 年 1 月 1 日起，实行增值税即征即退 80% 的政策。

企业所得税优惠，企业综合利用资源、生产符合国家产业政策规定的产品所取得的收入，可以在计算应纳税所得额时减计收入。

2. 进出口优惠。国家对进口原木和锯材实行零关税政策，从而降低了人造板原材料的进口成本。2011 年 7 月 1 日开始执行的具体退税率为：表层为珍贵木材的胶合板与细木工板为 5%；纤维板、刨花板、非珍贵木材贴面的胶合板和细木工板为 9%；竹人造板 13%。同时，针对我国人造板生产设备亟待技术升级的现状，国家对引进年产 20 万立方米及以上的连续平压法人造板生产设备免征进口关税，大大促进了国内人造板行业技术装备水平和人造板产品质量的提高。

3. 原料林基地建设投融资政策。2008 年出台的《中共中央国务院全面推进集体林权制度改革的意见》，以及 2009 年中央召开林业工作会议和发布的《林业产业振兴规划》，在投融资、补助等方面推出了一系列优惠政策，鼓励国有、民营、个体和国外投资者等各种社会主体投资发展林业，建设集中连片的定向工业原料林基地。

4. 资金支持。国家对重点人造板企业扩大信贷管理权限，优化审贷程序，简化审批手续，推广金融一站式服务，鼓励符合条件的人造板龙头企业通过债券市场发行各类债券类金融工具、积极扶植人造板龙头企业上市，募集生产经营所需资金。

（三）行业优化

1. 产业结构调整。2011 年发布《产业结构调整指导目录》提出，“十二五”期间重点是：提高废弃物资源化水平，加强农作物秸秆综合利用，推进节材代木；鼓励速生丰产林和工业原料林工程建设；次小薪材、沙生灌木及三剩物的深加工与产品开发；木基复合材料及结构用人造板技术开发；木质复合材料、竹质工程材料生产及综合利用。

2. 森林管理理事会认证（FSC）。森林认证，是森林可持续经营认证的简称，是运用市场机制来促进森林可持续经营，实现生态、社会和经济目标的重要工具。2013 年我国将出台《中国森林可持续发展认证标准》，这一标准将与现行的森林管理理事会认证、国际热带木材组织（ITTO）认证一样，对森林资源的利用和管理进行规范。

3. 中国森林认证体系（CFCS）。中国森林认证范围包括森林经营认证及产销监管链认证、竹林认证、碳汇林认证、非木质林产品认证、森林生态环境服务认证和生产经营性珍贵稀有濒危物种认证。目前，已发布实施《中国森林认证——森林经营》和《中国森林认证——产销监管链》，其他标准与规范正在制定中。中国森林经营认证标准涉及 9 个原则、45 个标准、118 个指标，产销监管链认证标准等同采用 PEFC 林产品产销监管链标准。

延伸阅读

森林管理理事会认证（FSC）

森林管理理事会认证，又叫木材认证，是一种运用市场机制促进森林可持续经营，实现生态、社会和经济目标的工具。森林管理理事会认证包括森林经营认证（Forest Management，FM）和产销监管链认证（Chain of Custody，COC）。

森林经营的认证，也称森林可持续经营认证或简称FSC森林认证，是针对森林经营单位，由独立的第三方FSC森林认证机构根据所制定的森林经营标准，按照公认的原则和标准，对森林经营绩效进行审核，以证明其达到可持续经营要求的过程。产销监管链认证是对木材加工企业的各个生产环节，包括从原木的运输、加工到流通整个链条进行鉴定，以确保最终产品源自于经过认证的经营良好的森林。通过认证后，企业有权在其产品上标明认证体系的名称和商标，即森林产品认证的标签。

欧盟强制实施新木材法规，要求向其出口的家具原材料必须获得FSC森林认证“身份证”，进一步提高了我国木制品的输欧门槛。

西方国家一直以来把我国看成是非法采伐高风险国家。欧盟《木材及木制品规例和新环保设计指令》的强制实施，在一定程度上削弱了我国木家具等木制品出口欧洲市场的竞争力，也将对我国木家具等木制品行业带来重大影响。企业获得FSC森林认证难度加大，出口木制品成本大幅增加，输欧木制品的门槛大大提高，木制品出口通关受到较大影响。

自测题

一、填空题

1. 胶合板工艺流程主要包括（　　　　）、（　　　　）、（　　　　）、（　　　　）四个部分。

2. 根据生产过程中原料的状态和输送介质来分，纤维板主要有两种生产方法，即（　　　　）和（　　　　）。

3. 纤维板工艺流程主要包括（　　　　）、（　　　　）、（　　　　）、（　　　　）、（　　　　）和（　　　　）。

4. 纤维板市场中以中密度纤维板规模最大，尤其是（　　　　）mm厚度和（　　　　）mm厚度家具用中密度纤维板，约占市场总额的45%，产值超过400亿元。

5. 森林认证（FSC）包括（　　　　　）和（　　　　　）。

二、判断题

1. 我国胶合板生产已经较为成熟，通常采用干热法生产胶合板，即将旋切的单板经过干燥，使单板中水分含量控制在8%～12%范围内，而后涂胶组坯，在热压机中胶压成板材。（　　）

2. 早期的纤维板生产采用干法工艺，目前基本上是用湿法工艺。（　　）

3. 热磨机是纤维板生产线的心脏，热磨机的产能以及热磨机磨出的纤维质量都直接影响生产线的产量和板材的质量。（　　）

4. 胶合板在世界人造板生产及消费中，曾经长期占据主导地位，但随着大径级可利用木材资源的减少，胶合板在生产原料方面受到了严重制约，生产比重大幅降低，取而代之的是刨花板、中纤板等主要以小径级木材、“三剩物”及废旧木材等为原料，技术含量和环保水平较高的板种的市场需求。（　　）

5. 纤维板生产主要集中于广西、河南、江苏、山东、广东、四川等地。（　　）

三、单选题

1. 胶合板细分市场中产量规模最大的是（　　）。

A. 建筑模板　　B. 细木工板

C. 复合胶板　　D. 层积板

2. 欧盟强制实施新木材法规，要求向其出口的家具原材料必须获得

（　　）。

A. 森林管理理事会认证　　B. 中国森林可持续发展认证标准

C. 国际热带木材组织认证　　D. 森林认证体系认可计划

3. （　　）不是实心细木工板芯板制造方法。

A. 联合中板法　　B. 胶拼木条法

C. 不胶拼芯板制造法　　D. 常温浸渍法

4. 目前我国具有一定规模的胶合板企业（　　）余家。

A. 1 000　　B. 2 000

C. 3 000　　D. 5 000

5. 国家统计局提供的数据显示，2012 年我国细木工板占产量占全部人造板产量的（　　）。

A. 10%　　B. 14.35%

C. 18.25%　　D. 20%

四、多选题

1. 细木工板生产的主要流程包括（　　）。

A. 原木准备　　B. 单板制造

C. 芯板制造　　D. 细木工板胶合

E. 合板加工

2. 干法纤维板生产的主要流程包括（　　）。

A. 备料　　B. 纤维制备

C. 板坯成型输送　　D. 板材成型

E. 板材后期处理

3. 属于现有林木许可制度的有（　　）。

A. 木材经营许可制度　　B. 人造板运输许可证制度

C. 木材经营许可制度　　D. 人造板生产许可证制度

E. 木材凭证运输制度

4. 胶合板产业集群有（　　）。

A. 河北产业集群　　B. 山东产业集群

C. 苏北产业集群　　D. 浙江产业集群

参考答案

一、填空题

1. 原木准备；单板制造；合板胶合；合板加工
2. 干法生产；湿法生产
3. 原料准备；纤维分离；纤维处理；成型；热压；纤维板加工
4. 15；18
5. 森林经营认证；产销监管链认证

二、判断题

1. √　2. ×　3. √　4. √　5. √

三、单选题

1. B　2. A　3. D　4. B　5. B

四、多选题

1. ABCDE　2. ABCDE　3. ACDE　4. ABCD

第五章

人造板的贸易及消费情况

本章要点

本章对人造板贸易与消费情况进行介绍，涉及各地区情况、供需状况、进出口情况和贸易成本，并分析下游木制家具和木地板的生产情况、胶合板和纤维板的替代关系以及未来需求趋势，为投资者分析市场需求提供参考。

一、我国胶合板与纤维板国内贸易的基本情况是怎样的？

（一）胶合板

我国胶合板的生产和消费在地理上的分布特点，决定了其物流流向较为清晰，基本为华北剩余产能流向辽宁和京津地区，华东剩余产能流向上海地区，中南地区剩余产能流向珠三角地区。从地区分布来看，浙江在产量与销量上都占有较大比重，胶合板的物流流向基本代表了细木工板的物流流向。

国家林业局相关资料显示，2008～2012 年胶合板市场流通格局发生了较为明显的变化，江西、四川、河北等省份从净流出地成为净流入地；而山东省从净流入地变为净流出地，且流出量不断大幅攀升，山东省成为国内胶合板第一大产地。与此同时，广西、湖南、河南、江苏等地区胶合板流出量不断增加；而广东、浙江、辽宁、上海等地流入量不断大幅攀升。

（二）纤维板

我国纤维板主产区和主销区在地域分布上基本重合，以省际流通为主(见表 5－1、图 5－1)。华东、华中区流向华北、华南、西北等区；华南区内部流通量大，广西的纤维板多流向广东，以公路运输为主，存在部分内河运输；西南区内部流通表现为云南的纤维板主要流向四川，少量运往重庆、贵州和西藏；华东内部流通表现为：从江苏、山东、安徽、福建、江西流入浙江和上海；华北内部流通表现为：从河北流入北京、天津，少量流向内蒙古。

近十年国内纤维板各大区贸易量变动情况如下：

1. 华东、华中、东北基本是纤维板的净输出区。华东区的净输出量在 2006 年达到最高点，随后呈现下降的趋势；华中区的净输出量基本逐年增加，特别是 2008 年之后增加很快；东北的产量和消费量接近平衡，区内流通较大，供应量总体略大于消费量。

2. 华南、华北和西北为纤维板净输入区。华南是纤维板生产和消费大区，内流通量也很大（主要是广西流向广东），但区内产品供应存在缺口；华北区内流通量也较大（主要是河北流向北京、天津），但区内产品供应存在缺口；西北区产量较小，消费量也小，区内产品供应也存在缺口。

3. 西南区：2006 年之前，西南区的产量小于消费量，为净输入区；2008 年之后供应量略大于消费量，也存在一定的对外流通。省际贸易中主要纤维板类型为家具用中密度纤维板，占整个纤维板贸易量的 92% 左右，高密度纤维板占 7% 左右，低密度纤维板占 1% 左右。

表 5－1　　2012 年全国细木工板和纤维板跨省贸易量

	贸易量（万立方米）	折合张数（亿张）	占总产量比例（%）
细木工板	590	1.3	30
纤维板	2100	4.6	38

资料来源：大连商品交易所。

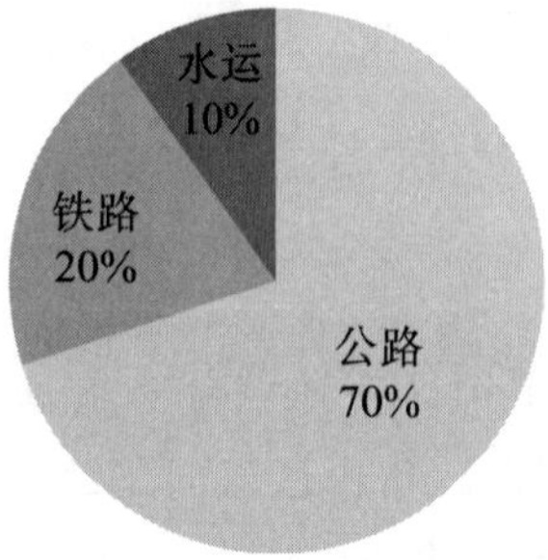

图 5－1　2012 年胶合板与纤维板运输方式比例

资料来源：大连商品交易所。

延伸阅读

人造板运输方式

目前国内人造板省际贸易的运输方式主要有三种：公路运输、铁路运输及水路运输。公路是运距在 700 公里之内的主要运输方式，铁路适用于运距在 700 公里以上的长距离运输。与汽运相比，铁路运输成本相对便宜，还具有安全程度高、运输速度快、运输距离长、运输能力大、污染小、潜能大、不受天气条件影响的优势；但装卸损耗大，运输周期较长。水路运输的费用最低，而且装载量大，受其他环境因素的影响较小，但水路运输要求供货商必须准备足够的货源，经销商要具有充分的资金和仓储能力，集港时间较短，物流环节较多，对板材质量有一定的破坏。

人造板行业销售受区域销售半径的影响，对企业的规模化产生了很大影响。影响人造板材销售半径的因素很多，企业生产成本的高低、地域内的交通条件、产品采用的运输方式和运输装备、当地国民经济发展水平和居民消费水平等因素均可能影响人造板产品的合理销售半径。在我国东部沿海一带，比如华东平原、华北平原地区，人造板产品的销售半径可以达到500公里以上；而在中西部以山地为主的地区，销售半径一般在250公里至300公里左右（铁路可达500公里），最佳半径应在200公里以内的区域市场。

胶合板企业为了获得最高的经济效益，会考虑建厂地址这一非常关键的因素。目前行业内已基本形成共识，单板厂应尽可能离木材产地近一些，选址应靠近林木丰富的地区；而胶合板生产厂则应接近市场与贴近用户，应多建在经济发达地区或便于出口的地点。

国内纤维板省际贸易中，公路的运量比较大，远距离运输多采用铁路运输，或采用公路与河（海）联运的运输方式。大区内部的流通，主要以公路运输为主，内河运输为辅，如广西西江到广东珠江航线。

资料来源：大连商品交易所。

二、我国人造板的进出口情况怎样？

2012年，人造板出口量快速增长，但增速回落；进口量大幅度下降；从品种结构看，人造板出口额中胶合板仍占绝对比重，但份额略降；进口额中，胶合板、刨花板和纤维板占比相对接近，但胶合板所占比重提高，纤维板所占比重下降；从价格看，胶合板和纤维板出口和进口的平均价格上涨，刨花板出口和进口的平均价格下降（见图5－2和图5－3）。

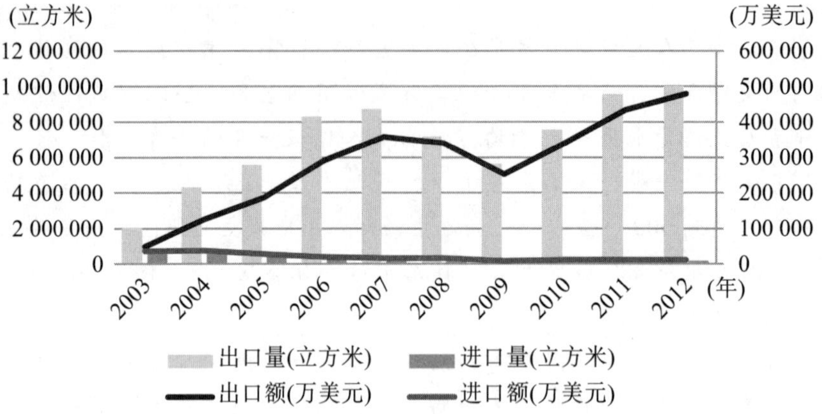

图 5－2 胶合板进出口情况（2003～2012 年）

资料来源：国家海关总署。

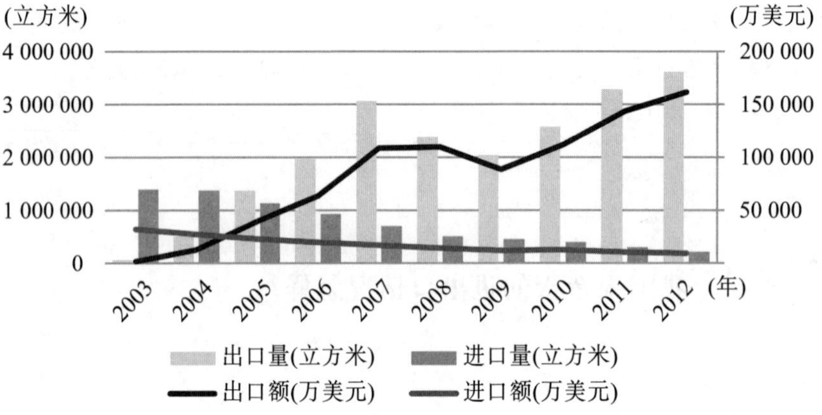

图 5－3 纤维板进出口情况（2003～2012 年）

资料来源：国家海关总署。

从市场分布看，我国胶合板出口的最大市场是美国，但向欧洲、东亚、中东等多元化市场发展趋势明显；进口市场仍然高度集中于印度尼西亚、马来西亚和俄罗斯，但市场集中度进一步下降。纤维板出口市场以北美洲、俄罗斯和中东地区为主，市场集中度有所提高；进口市场主要集中在大洋洲和欧洲地区，但市场集中度下降。刨花板出口以俄罗斯和亚洲市场为主，市场相对分散，集中度持续下降；进口则主要集中于东南亚和欧洲市场，市场集中度明显提高。从贸易额看，胶合板出口的前5位贸易伙伴的市场总份额为44.03%，胶合板进口的前5位贸易伙伴的总份额为83.06%；纤维板出口的前5位贸易伙伴的总份额为56.65%，纤维板进口的前5位贸易伙伴的总份额为63.36%；刨花板出口的前5位贸易伙伴的总份额为42.36%，纤维板进口的前5位贸易伙伴的总份额为80.96%。相关资料见表5-2及图5-4、图5-5。

表5-2　2012年我国胶合板主要贸易伙伴　（单位:%）

主要进口国贸易额		主要出口国贸易额	
马来西亚	34.94	美国	21.30
印度尼西亚	28.32	日本	7.76
俄罗斯	9.11	英国	5.99
芬兰	7.29	韩国	5.31
日本	3.40	阿联酋	3.94

资料来源：国家海关总署

图5-4　2012年我国胶合板产品进口港口分布

资料来源：国家海关总署。

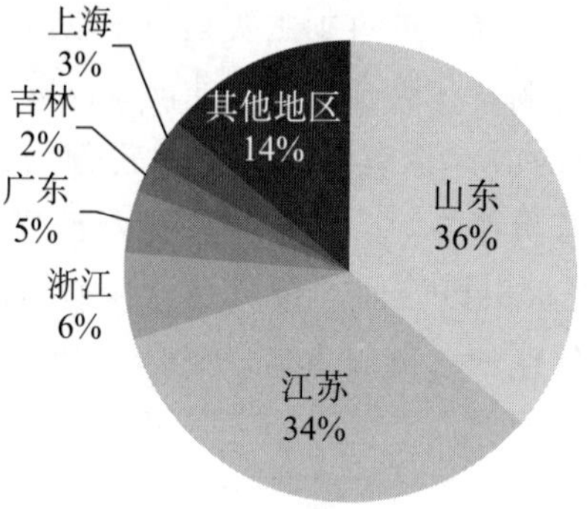

图 5-5　2012 年我国胶合板产品出口港口分布

资料来源：国家海关总署。

细木工板是具有中国特色的人造板产品。按海关分类，我国出口的细木工板包括表层是非针叶木、热带木、木碎料板及其他类型，其中表层为非针叶木的细木工板出口额较大。海关数据显示，2011 年，我国非针叶木面板细木工板出口约 3.83 亿美元，占细木工板出口总额的 95.7%，出口额变化趋势与胶合板类似；但其他类型却呈增加趋势，2007～2011 年均增长 18.4%。2010～2012 年我国细木工板的进口量分别为 1 854 立方米、4 956 立方米、4 279 立方米，进口额分别为 109.5 万美元、321.2 万美元、275.7 万美元。

据海关统计，2010 年我国细木工板的出口量为 400 182 立方米，出口额为 39 764.35 万美元；2011 年我国细木工板的出口量为 389 168 立方米，出口额为 40 046.969 万美元；2012 年，我国细木工板累计出口 360 511 立方米，累计出口额为 41 179.35 万美元。

近几年，随着我国纤维板的生产能力迅速提升，纤维板出口贸易持续发展。作为家具和地板等终端产品的重要原材料，我国纤维板产品质量与发达国家的差距逐渐缩小，应用领域不断扩大，国际市场对中国纤维板产品的需求大幅增长；同时，中国纤维板的价格优势也促使纤维板出口量不断增长，促使中国纤维板对外出口贸易飞速发展。具体表现为：出口贸易总额明显上升，贸易逆差大幅度减少；贸易出口额增幅明显；出口市场集中度有所提高，出口地区有所调整；出口贸易大省贸易量出现变化；出口企业出现数量和地域性变化；保税区仓储转口货物进口额下降明显，边境小额贸易出口额增长较快。

2010 年，我国已经飙升为世界纤维板生产第一大国，并逐步发展为世界纤维板出口贸易大国。从近几年纤维板出口情况看，纤维板出口国家分布区域逐步扩大，出口市场呈现多元化特征。亚洲作为我国纤维板传统市场，其出口比重已开始逐步下降，出口市场已经逐步扩大到北美洲和欧洲、中东、东南亚、非洲等。另外在欧、美、日等发达国家的出口比例也逐渐提高。2007 年中国纤维板出口国中，出口量增长最快的国家主要有伊朗、埃及和阿拉伯联合酋长国，与 2006 年相比出口量分别增长 285.2%、240.1% 和 133.3%，其他各国都有不同程度的增长。2008 年～2010 年，部分纤维板产品销往新兴市场和发展中国家，特别是中东国家，埃及和伊朗等国家的出口额增长较快，一些纤维板民营企业也相继出口，市场结构出现多元化。相关资料见表 5－3 和图 5－6。

表 5－3　　2012 年我国纤维板主要贸易伙伴　　（单位:%）

主要进口国贸易额		主要出口国贸易额	
新西兰	24.05	美国	22.26
德国	10.95	俄罗斯	11.20
澳大利亚	10.17	伊朗	8.49
意大利	9.47	加拿大	7.53
泰国	8.72	沙特阿拉伯	7.17

资料来源：国家海关总署。

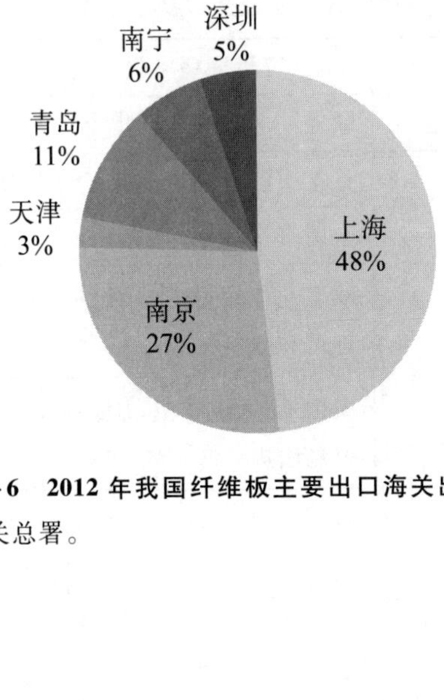

图 5－6　2012 年我国纤维板主要出口海关出口量

资料来源：国家海关总署。

三、国外对我国胶合板与纤维板出口设置了哪些门槛?

随着中国林产品生产规模的快速扩张和国际竞争力的日益提高，中国也面临着林产品贸易摩擦加剧的态势，欧美各国纷纷建立各种形式的贸易壁垒以限制中国林产品出口的增长。

(一) 传统贸易壁垒

近年来，美国、欧盟针对中国林产品进行了多次反倾销、反补贴调查。反倾销和反补贴调查一直是中国林产品贸易发展过程中遇到的主要贸易壁垒形式，严重影响对外贸易的发展。美国是对中国林产品实施反倾销调查和采取最终措施的最主要国家，中国林产品在美国市场的出口份额明显受到美国反倾销的影响。

从遭受调查的产品来看，木质家具、人造板、木地板和纸及纸制品等林产品都遭受了反倾销、反补贴调查（见表 5 - 4）。

表 5 - 4　　中国林产品遭受贸易壁垒情况

启动时间	贸易壁垒条款	涉及产品	壁垒类型
2002 年 1 月 15 日	欧盟一般产品安全指令	木质家具	技术性贸易壁垒
2003 年 1 月 1 日	日本甲醛释放量标准	人造板	
2004 年 4 月 1 日	欧盟安全认证标志	人造板	
2007 年 6 月 1 日	欧盟化学品注册、评估、许可和限制法规	木质家具	
2009 年 1 月 1 日	美国有毒物质空气传播控制法规	人造板、木质家具	

续表

启动时间	贸易壁垒条款	涉及产品	壁垒类型
2009 年 4 月 1 日	欧盟木材及木制品规例和新环保设计指令议案	人造板、木质家具	绿色贸易壁垒
2009 年 11 月 30 日	欧盟生态标签标准	林产品	
2010 年 9 月 1 日	美国《雷斯法案修订案》	林产品	
2013 年 3 月 3 日	欧盟尽职调查法案	林产品	

（二）技术性贸易壁垒

技术性贸易壁垒目前已经取代反倾销调查成为中国林产品出口面临的第一大非关税壁垒。根据商务部、国家质检总局公布的中国技术性贸易措施的相关报告，近年来中国出口产品受到的国外技术性贸易壁垒冲击呈逐步扩大趋势。

（三）绿色贸易壁垒

国际上通行的绿色贸易壁垒可以归纳为绿色技术标准、绿色认证制度、绿色检疫制度和绿色包装技术四种。对于林产品贸易而言，由于其与生态环境息息相关，因而主要集中在对林产品的绿色认证上。

任何一个事物都有正反两面，绿色壁垒也不例外。从短期来看，绿色壁垒对我国林产品出口以负面影响居多，增加了我国林产品出口的难度，提高了林产品的生产成本，削弱了林产品在国际市场上的竞争力，对林产品的国际营销提出了新的挑战，并且在国际市场上造成一系列的绿色壁垒连锁反应。然而从长期来看，绿色壁垒的正面效应还是大于负面效应的。绿色壁垒可以带动林产品出口企业注重环境成本，能够产生巨大的社会效益，提高我国出口林产品进而提高国内销售林产品的质量和安全水平，从而为我国的林产品出口市场开拓潜力巨大的绿色市场。

延伸阅读

绿色壁垒

由于发达国家环保水平均较高，因而环境标准也大致接近。更有甚者，他们当中大部分都制订了相同的环境标准和检验方法，再加之区域性组织的兴起使得区域内个别成员国存在的环境标准差距趋于协调一致。所以，绿色壁垒主要存在于国际经济利益团体和组织之间，发达国家和发展中国家之间最容易产生绿色壁垒，这是发达国家针对发展中国家而制订的一种措施。

发达国家为了保证其获得相对较多的经济利益，使绿色壁垒成为发达国家广泛采用的新的贸易保护主义手段。

《雷斯法案修正案》

2008 年 5 月 22 日正式生效的美国《雷斯法案修正案》延伸至植物及其制品（林产品）贸易。它扩充了针对植物的执法条款，例如，植物产品在进口、运输、销售、被接收、被获取或被不合法行为购买的，都是违反了《雷斯法案修正案》。

这一法案对于中国林产品的影响主要表现在以下两点：①加剧中国林产品出口企业出口的困难。美国《雷斯法案修正案》针对从中国进口的木材和林产品进行严格的监管，导致部分林产品无法进入美国市场，同时美国进口企业担心从中国进口木制品受到限制，为了规避风险，会减少对中国木制品的进口，造成中国林产品出口额的下降。②增加企业经营成本和风险。一方面，《雷斯法案修正案》使得林产品来源信息获取程序复杂，获得成本更高；另一方面，林产品企业在新法案颁布初期，面临新规的适应问题和遭受严厉处罚的风险。中小企业由于本身抵御风险能力较差，成本和风险的提高使一些实力欠缺的中小企业被迫退出林产品的交易市场，留下来从事林产品贸易出口企业也会由于成本的增加而减弱了竞争优势。

森林认证的影响

森林认证是按统一的标准和指标体系对森林经营进行持续评估的认证，其目的是确保木制品所使用的木材源于经营状况良好的森林。保障森林经营有利于环境保护，促进社区的可持续发展和财务盈利。目前，多个政府和非政府组织制定了20多套认证标准，其中PEFC和FSC森林认证是目前国际得到广泛承认的森林认证体系，包括对森林经营企业的森林经营认证（FMC）和对木制品加工企业的产销监管链认证（COC）两类。

强制推行森林认证对我国林产品出生产企业的直接影响是，企业生产经营成本大大提高，利润大幅度降低，市场重新洗牌。低利润率企业将被淘汰出局，高利润率企业获得一部分扩大的市场，总体上我国林产品出口额大幅度下降。

四、人造板贸易中有哪些成本？

人造板物流产业链可以分为采购、运输、仓储、配送、信息服务等环节；市场参与主体既有专注于单一环节的，也有同时经营多个环节的。

（一）运输成本

公路运输是主要运输方式，占胶合板运量的70%。胶合板的运输成本取决于铁路货运和公路货运的运输价格，近年来运价不断攀升。

以陆地运输为例，设广州为出发地，胶合板运输时间大致为：广州到上海，陆运一般1～3天到货；广州到北京，一般3～4天到货；广州到哈尔滨，一般4～8天到货。

人造板公路运输的运费由公路运输企业根据经营成本和市场供求情况自行确定，即合同运价。据大连商品交易所调查，运输方式主要有以下两种：

第一个是整车短途运输，按纤维板的重量来计算。以天津港到北京为例，纤维板重量30吨，用车为12.5米半挂车一辆，运费大概在1 900元左右，约合0.45元/吨·公里；第二个是长途零担运输，纤维板按吨计算。根据实际的重量和公里数，约合0.2元/吨·公里~0.5元/吨·公里。

从期货交割来看，标准品15毫米厚的细木工板或者中密度纤维板以80张为一个包装单位，一个包装单位的高度大概是1.2米，为方便作业还需要加上一个木制的托盘，高度大约达到1.3米，两个包装叠放在一起高度达到2.6米，平板车不会超高。公路运输依照路况、距离及过路费不同，费用差异较大，但是省内运输成本平均每张大致在1~2元。

为了降低运输成本，我国政府在2013年发布了《国家林业局关于规范木材运输检查监督管理有关问题的通知》，明确了胶合板、纤维板、刨花板、以木（竹）材为主辅原材料的家具和木（竹）制工艺品不纳入凭证运输范围。同时，《国家林业局关于进一步改进人造板检疫管理的通知》明确了对具有热压、粉碎等工序且能够达到除害处理要求的人造板种类不实施检疫，包括刨花板、胶合板、纤维板及饰面人造板。对免检人造板使用木质包装材料加施《国际植物保护公约》（IPPC）专用标识的企业，其运输人造板使用的木质包装材料在运出疫情发生区时不再实施现场检疫，并直接发放“植物检疫证书”，不收检疫费。

（二）仓储

人造板贸易中另一个需要考虑的成本就是仓储费用，不同地区不同条件的仓库仓储费用差别较大。仓储条件对于人造板质量有重要影响，必须清洁、干燥且通风良好，应防潮、防雨淋、防晒和防火。

案例5-1

浙江某人造板交割仓库的现货仓储费用为每天0.025元/张，期货仓储费用为每天0.035元/张，同时还有0.325元/张的卸车进仓费和出仓撞车费。此外，如果是每天18点之后提货的则加收0.1元/张的加班费。在国家法定节日里加收200%的加班费。

（三）税费

根据《中华人民共和国增值税暂行条例》规定，一般纳税人销售人造板，增值税为17%。

五、我国胶合板与纤维板消费构成如何？

人造板行业的消费环节在产业链传导中占据重要地位，消费者的需求是产业链发展的方向，消费者的偏好是产业链修正的基础，消费者群体的不断扩大和质量要求的不断提高对人造板产业链架构带来了更大的挑战。

（一）主要应用

国内人造板需求主要包括家具生产、建筑装饰、包装和集装箱地板、木制地板以及出口等，其中家具生产和建筑装饰用人造板需求最大，占总消费量80%以上。木质家具行业和建筑装饰行业作为胶合板与纤维板行业最重要的两个下游行业，近年来其产量产值发展趋势和胶合板与纤维板产量发展趋势具有较强一致性。

家具行业是人造板最大应用领域，约六成的人造板被用于制造各种家用家具和办公家具等。在家具细分市场中，木制家具大约占36.5%的市场份额，广受人们喜爱，尤其是各类板式家具和橱柜等多以木制品为主。因此，长期以来木制家具产量增速保持快速增长并高于家具类产量增速，近两年增速有所下滑。

我国的家具行业产值达到万亿元人民币以上，占世界家具行业产值的1/4。2012年我国家具产量达到6.5亿件，较2011年下降2.38%；家具出口金额达到488亿美元，较2011年增长了28.7%。毫无疑问，中国已成为世界上最重要的家具生产大国和出口大国。2002～2012年中国木质家具产量从5 495万件增长到23 897万件，复合增长率达到15.8%（见图5-7）。

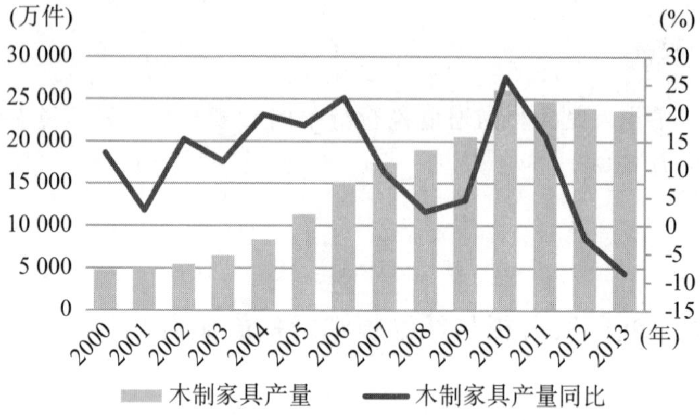

图 5－7　我国木质家具产量（2000～2013 年）

资料来源：Wind 数据库，大地期货研发中心。

建筑业是人造板的第二大需求领域，按品种分，建筑需求主要包括胶合板中的建筑模板需求和中密度纤维板在墙体、隔板等装饰领域中的需求。建筑模板是一种临时性支护结构，它按设计要求制作，使混凝土结构、构件按规定的位置、几何尺寸成形，保持其正确位置，并承受建筑模板自重及作用在其上的外部荷载，是混凝土结构工程施工的重要工具。按材料的性质可分为建筑模板、建筑木胶板、覆膜板、多层板、双面复胶、双面覆膜建筑模板等。胶合板建筑模板尽管使用量较大，但产品要求较低、单位价值低、质量参差不齐，并不是大连商品交易所胶合板期货合约的标的物。中密度纤维板在建筑领域已得到普遍应用，主要用于隔板、门板等室内装饰中。

除了家具和建筑业之外，人造板也涉足车辆与船舶制造、高档产品包装、体育用品和家用电器及其他一些轻工行业等领域。例如，近几年来国内珠宝类消费越来越旺，2012 年前 10 个月累计销售额达到 2474.5 亿元，累计同比增速 28%，远超家具、建筑装饰等行业。在金银珠宝销售火爆的同时，首饰盒等包装品的需求也随之攀升。据了解，目前国内首饰盒原材料主要以纤维板为主，从而也就带动了纤维板等人造板材的消费。

（二）消费地区

中国胶合板行业的主要消费地区集中在华东地区，消费量约占 50%；

其次是华南地区，消费量约占22%（见图5－8）。另外，东北地区、华北地区胶合板消费量也较大。具体来看，山东省、广东省、浙江省、辽宁省、江苏省、上海市等地是主要消费地区。

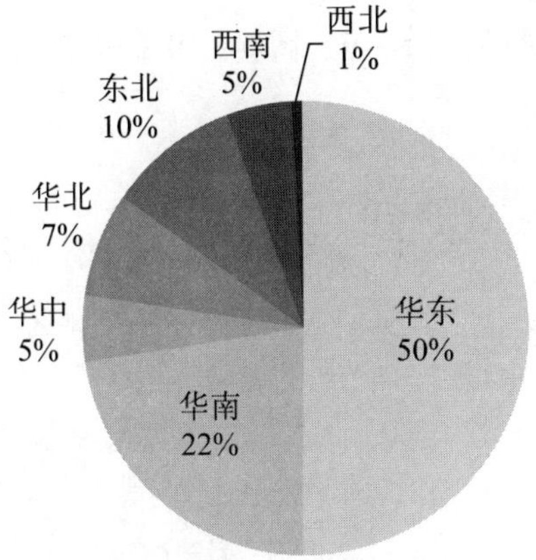

图－8　2011年胶合板下游消费地区分布

资料来源：大连商品交易所。

纤维板主要的消费地区域以华东、华南、华北、西南为主，其中江苏、浙江、广东、四川等省需求量较大。

六、我国人造板下游企业的基本情况是怎样的?

我国人造板下游消费企业种类较多，分布广泛，企业所生产的产品大多为装修装饰材料，受季节性及经济形势影响较大。自2010年始，人造板下游需求增速已出现放缓趋势。由于人造板企业面临着较大的经营压力，一些大型人造板企业已经着手构建上、中、下整条产业链，自身拥有人造板下游企业工厂。

（一）家具行业

近十年来，中国家具生产呈现高速增长的势头，年均生产增长超过

20%，年均出口增长超过30%。家具生产企业数量不断增加，企业规模不断扩大，从业人员不断增加，人员素质不断提高，职业设计人员、职业管理人员队伍日益壮大。目前，中国家具企业有5万余家，从业人员约600多万人。其中，2013年底木质家具企业共有2 998家，主营业务收入共计4 118.4亿元。相关资料见图5-9、图5-10和图5-11。

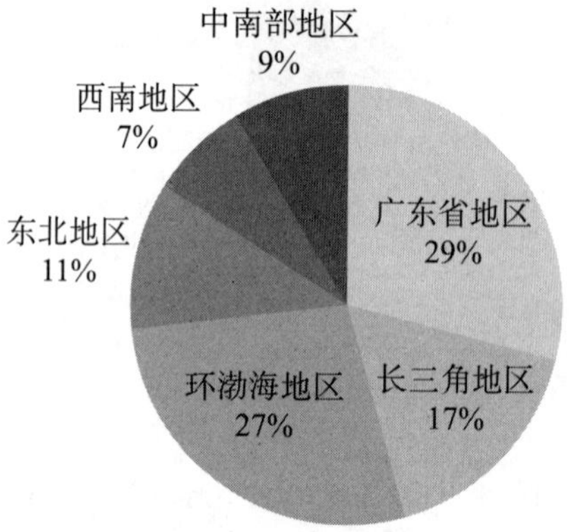

图5-9　2013年各地区木质家具产量比重

资料来源：Wind数据库、大地期货研发中心。

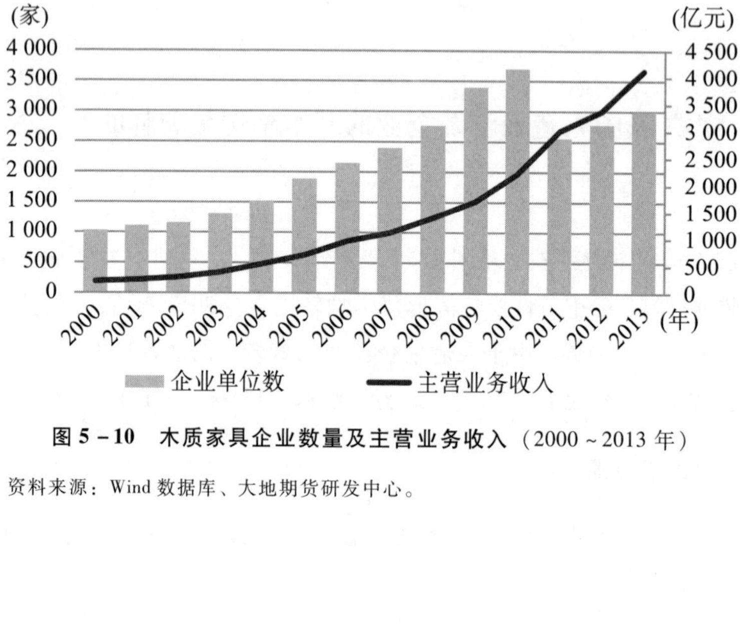

图5-10　木质家具企业数量及主营业务收入（2000~2013年）

资料来源：Wind数据库、大地期货研发中心。

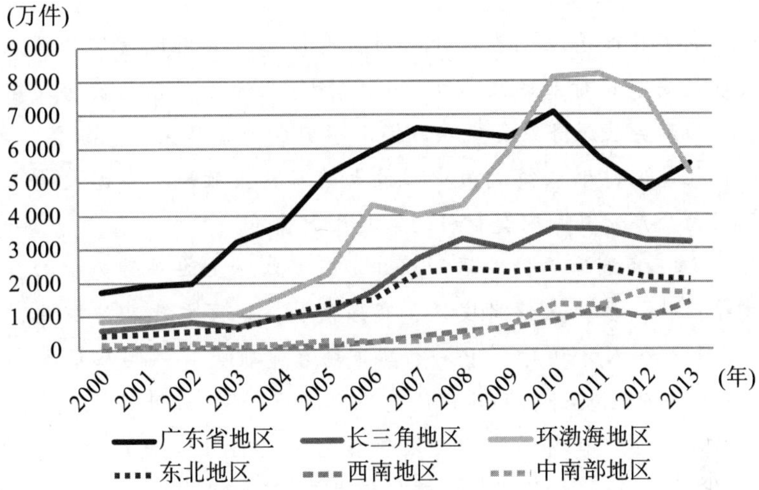

图 5－11　各地区木质家具产量（2000～2013 年）

资料来源：Wind 数据库、大地期货研发中心。

家具业已成为国民经济的重要产业，其中板式家具产业的高速发展将为上游的人造板产业发展提供了强大的发展动力，将会极大地促进人造板产业的发展。

板式家具是我国家具产业的重要组成部分，也是人造板在家具行业中的主要应用领域。板式家具以人造板为主要原料，可以高效利用木材资源，节约大量珍贵的硬木材料，有利于保护森林资源和环境。近年来，板式家具因其线条简练、色调多样、拆装方便和性价比高等优点广受消费者欢迎。中国板式家具的总产值占家具总产值的60%，未来这一数据将保持持续增长趋势。

延伸阅读

我国主要家具产业聚集区

1. 珠江三角洲家具产业区。这一地区毗邻港澳，劳动力资源丰富，家具制造业起步较早，产业集群多，产业供应链完整，销售市场发达，品牌优势明显。家具产值占中国的1/3，产品多出口到美洲市场。广东是中国领先的家具产销地，其充分利用自身优势，运用现代信息技术，不断改造和提高家具行业的技术水平，保持行业的生产销售优势。东莞厚街家具制造和会展服务最负盛名，佛山顺德成为家具生产、销售、配套、批发一体化基地，乐从镇成为中国最大的家具集散地，东莞大岭山和佛山龙江成为生产家具和配套材料的家具生产重镇。

2. 长江三角洲家具产业区。以江苏、浙江、上海一带为中心，家具行业增速最快。该地区信息发达，交通便利，地区文化积淀深厚，制造产业基础较好，人才相对集中。家具市场容量较大，产品质量和档次较高，企业经营管理良好。家具产值也为中国的1/3，以外销为主，欧美是其主要出口市场。以浙江为例，近年该省家具行业呈现规模扩张迅速、结构调整突出、块状格局明显、销售模式丰富、品牌意识增强五大特点，形成了杭州的办公家具、萧山的出口户外家具、温州的现代板式家具、玉环的欧式古典家具、安吉的转椅、绍兴的软床垫义乌、湖州的红木传统家具、宁波的橱柜家具、海宁的出口沙发家具和嘉善的出口实木家具九大具有区域性特色的产业区域。

3. 环渤海家具产业区。以北京为中心，辐射天津、河北、山东等地，依托环渤海经济圈进行发展。这个地区家具制造历史久远，资源丰富，地理位置优越。家具企业规模和消费群体较大，成熟的家具专业销售市场和家具营销企业集中，产业链日趋完善，产品主要为内销。产业区中河北香河、胜芳两个特色家具基地已经奠定了冀派家具在中国的地位，尤其胜芳的玻璃钢家具享誉中国热销东南亚。北京家具企业了解本地市场需求，占据一定的区域优势，精于利用家居卖场连锁的特点扩大品牌影响力。山东将济南规划为软体家具、实木家具、板式家具的重点发展区域，充分发挥产业集群优势，提升整体水平和竞争力。

4. 东北家具产业区。以“沈大”（沈阳和大连）沿线为主，辐射黑龙江等东北老工业基地，主要依靠大小兴安岭丰富的木材资源和俄罗斯进口木材发展实木家具。实木家具企业的生产实力处于中国领先地位，集中向东北亚和欧洲市场出口，国内市场份额相对较少。沈阳家具市场不仅是辽宁的家具集散地，也是中国在东北乃至内蒙古的集散地，实施

"中国实木家具之都"的战略建构。大连庄河拥有中国最大的实木家具出口生产基地，初步形成集约化、集群化的发展业态，产品种类繁多、配套齐全。黑龙江已基本形成以哈尔滨、齐齐哈尔、佳木斯、伊春、七台河、牡丹江六市及周边地区为主导家具制造工业群，建设起以实木家具、板式家具为主的多元化品种结构。

5. 西部家具产业区。以四川成都为重点发展地区，家具产品供应面向中西部三级市场。地方政府将家具行业列为支柱型产业，加大扶持力度。除出台各项优惠政策外，还及时解决家具企业在征地、贷款、用工等方面的问题。该产业区成熟便捷的物流基础等备受沿海企业青睐，加之内陆城市发展家具需求不断扩大，使得当地家具行业在发展中逐步承接沿海地区的产业梯度转移，企业以物流优势获取市场份额，并形成了以产业园为强大基础的产业规划。

资料来源：大连商品交易所。

（二）木地板行业

截至2010年，全国各类从事木地板及相关企业已达5 000多家，具有一定规模的地板生产企业约2 300家，地板总产销量3.99亿平方米。其中，强化木地板为2.38亿平方米，实木地板为0.43亿平方米，实木复合地板为0.89亿平方米，竹地板为0.25亿平方米，其他木地板0.02亿平方米，行业总产值约800亿元，直接从业人口100多万人，已成为世界木地板生产大国和出口大国。在我国加工贸易兴盛的长三角地区、珠三角、东北，形成了以南浔、中山、常州、敦化、安吉等为集群的实木地板、实木复合地板、强化木地板、竹地板产业集群。地板业涌现出一批在装备能力、技术水平和产品等国际竞争力方面崭露头角的品牌企业，出现了一大批以地板作为主导产品的大型企业集团，地板主营业务产值超10亿元的企业十多家。我国地板业产品质量、技术工艺已经达到世界先进水平。通过15年地板行业的快速发展，木地板行业伴随着市场经济的浪潮，实现了"从小到大""从弱到强"的发展历程。我国地板行业已经发生了翻天覆地的变化，中国已经成为全球最大的地板制造国以及消费国之一。

目前，我国从事强化地板生产的企业约有1 000多家，2009年生产量约为2.12亿平方米。从生产基地的分布看，强化地板产区主要分布在江苏、广东、上海、浙江、四川等地，年生产能力在100万平方米以上的企业有数十家。

江苏常州横林镇是强化木地板生产的最大集群，拥有近百个品牌和数百家强化木地板生产企业，产销量列全国之首。该集群被中国林产工业协会授予“中国强化木地板之都”的荣誉称号。截至2010年底，横林木地板产业集群已拥有地板企业210家，相关配套企业230余家，从业人员3万余人。其中，年产销1亿元以上的企业18家，5 000万元以上的企业55家；年出口创汇5 000万美元企业1家，1 000万美元以上企业12家。横林木地板已构筑起从印刷、浸渍、压贴、开槽等专业技术完备的规模化生产新格局，产业集群拥有地板开槽线452条、浸胶线232条、压贴线425条、印刷线58条，地板生产能力达到年产1.8亿平方米。2010年，横林地板生产量达1.40亿平方米，其中出口0.96亿平方米、内销2 400多万平方米，产销总额达到86.5亿元，实现利税2.129亿元。

（三）木门行业

20世纪90年代后，我国人造板行业进入快速发展期，胶合板、纤维板、刨花板、集成材、细木工板、装饰板等被广泛应用于木质门的生产。木质门产品的整体结构设计和表面装饰工艺不断丰富，产品种类增加，表面处理形式多样，开发出实木复合门、木质复合门等产品。2000年后，我国木质门处于快速发展阶段，木质门产品种类进一步丰富，产品质量进一步提升，整个产业向自动化、规模化、规范化发展。我国木质门行业发展十分迅速。据统计，我国木质门行业总产值年增长率约25%，从2006年的320亿元到2007年的400亿元，再到2008年的500亿元，2009年已突破620亿元，2010年达到750亿元。

从我国木质门企业分布的特点来看，地域性差异较为明显：东部及北部地区分布最广，产区较为集中；中部和西部地区分布较东部和北部少，产区比较分散。总体而言，全国木质门生产区大致可划分为大京津地区、东北地区、珠三角地区、长三角地区、西北地区和西南地区六大区域。

（四）橱柜行业

我国橱柜产业是在20世纪90年代随着人们居住条件的改善起步并逐步发展壮大起来的。20世纪90年代初期，板式家具兴起，家具五金普遍应用，进口高压装饰板开始应用于厨房家具，出现了简单的整体台面和橱柜组合。人造石出现后，其任意造型和无缝拼接的特性使橱柜的设计发挥到极致，加上厨房电气化，整体橱柜进入了普通百姓的生活。

据中国橱柜协会统计，2003年全国橱柜全年销售额为34亿元；2004年全年销售额为35亿元，同比增长率约为3.0%；2005年全年销售额为38亿元，同比增长率为8.6%；2006年全年销售额为40亿元，同比增长率为5.3%；2007年全年销售额为42亿元，同比增长率为5.0%；2008年全年销售额为45亿元，同比增长率为7.1%；2009年全年销售额为46亿元，同比增长率为2.2%。

经过近20多年的发展，橱柜市场已经有了很明显的地域界线。目前国内橱柜企业主要集中于北京、上海、福建、广东四大区域。这几大区域在设计、服务、管理等方面引领着国内橱柜行业的发展，每个地区又有各自的区域品牌。

（五）室内装饰装修

室内装饰行业是我国的新兴行业，也是一个朝阳行业。据统计，2004年全国室内装饰行业产值与2000年相比，年均增长20%，大大超过我国国民经济的增长速度；2005年室内装饰行业（家居业）产值首次超过汽车业，总产值突破1万亿元，其中家装大大超过工装，分别达6 000亿元和4 000亿元左右；2006年和2007年室内装饰年产值都超过1万亿元。目前，我国装饰行业从业人员达1 500万人，装饰企业近30多万家，其中95%是非公有制经济。随着我国建筑业的迅猛发展，2010年年装饰工程量达到1.6万亿元，其中涉及千家万户的家庭装饰突破1万亿元。近年来，我国室内装饰行业的总产值以20%左右的速度递增，全国家装行业总产值以每年30%的速度递增。室内装饰产业的迅速发展有力地带动了建筑室内装饰材料的消费。

（六）包装业

改革开放30多年来，中国包装工业发展迅猛，从1980年全国包装工业总产值72亿元至2008年达6 270亿元，中国正从“包装大国”向“包装强国”迈进。由于市场经济的带动和技术进步的促进，包装工业的产业结构和产品结构发生了很大变化，代表现代包装发展方向的新型用纸、塑料、纤维板等包装材料和制品有了较快增长，在包装产品中所占的比重有了不同程度的提高。中国已形成珠三角、长三角以及环渤海三大包装产业带。这三大包装产业带的飞速发展带动了周边地区的行业发展，包括河南、山西、安徽、江西、湖北、湖南6省的中国中部地区其包装业也迅速崛起。随着中国经济高速发展以及人民生活质量的提高，对微波食品、休闲食品及冷冻食品等方便食品的需求量将不断增加，直接带动相关食品包装的需求，中国食品与包装产业在今后的一段长时间内将维持正增长。预计未来循环经济将成为包装行业发展的主要模式，包装废资源回收利用将实现产业化，绿色包装材料将获得大力开发和发展，包装基础工业也将加快发展。

七、细木工板与纤维板存在替代关系吗?

在家庭装潢中，细木工板与纤维板是使用量较大的板材，家具、门窗、隔断、木地板、暖气罩及窗帘盒等都会使用到这两种板材。那么这两种板材具有怎样的替代关系呢?

细木工板握螺钉力好，强度高，具有质坚、吸声、绝热等特点，而且含水率不高，加工简便，用途最为广泛。细木工板内芯的材质有许多种，如杨木、桦木、松木、泡桐等，其中以杨木、桦木为最好，质地密实，木质不软不硬，持钉力强，不易变形。而泡桐的质地较软，吸水性大，不易烘干，制成板材长期使用水分蒸发后，板材易干裂变形。硬木质地坚硬，不易压制，拼接结构不好，持钉力较差，变形系数也大。

中密度纤维板是各种造板中最接近天然木材的一种人造板，其结构均匀，密度适中，板面平滑细腻，容易进行各种饰面处理，尺寸稳定性好，芯层均匀。板材的表面和边缘同时具有良好的机械加工和成型加工性能，厚度尺寸规格变化多，可以满足多种需要。中密度纤维板的许多物理力学性能都超过刨花板，甚至比天然木材更加坚固。因此，它的用途非常广泛。

家庭装潢中木质板材使用量最大的是家具和木地板。细木工板与中密度纤维板都使用在家具中。一般家具的整体外部结构较多使用细木工板；而由于价格原因，家具内部隔层则多使用更为便宜的中密度纤维板。

对于木地板来说，细木工板一般被用作复合地板下面的基层板；而中密度纤维板的强度不高，很少被用于木地板。市场上以纤维板作为强化地板的多使用高密度纤维板。

在家庭装潢中，门窗、隔断及窗帘盒等所选择的板材类型较为多样，细木工板及纤维板都可以作为理想的材料。

延伸阅读

欧美家具偏爱刨花板

刨花板是用木材碎料为主要原料，再渗加胶水、添加剂经压制而成的薄型板材。按压制方法可分为挤压刨花板、平压刨花板。

刨花板和密度板的区别是：刨花板的原材料不是被完全粉碎成纤维，而是粉碎成颗粒状，也就是一般所说的刨花，然后再加入胶压合而成；而密度板则是将木质原材料完全粉碎成纤维状再加入胶压合而成。由于刨花板主要由较大的木纤维组成（相比密度板），即使泡在水中，其膨胀率也只为8%～10%，所以不会像密度板那样膨胀得很厉害。部分制作橱柜的三聚氢胺板中间基材就是刨花板。

在国外刨花板是一种使用广泛的板材。欧美几乎所有的橱柜厂都使用刨花板，如奥地利的爱家板就是一种刨花板，目前广泛用于国内的高档橱柜中。但国内人普遍认为刨花板是一种质量低劣的板材，问题出在目前市面上出售的刨花板都是一些小厂的产品。这些厂由于设备、生产工艺落后，生产的刨花板在承重及抗弯曲、变形强度方面都极差。正是此种板材的品质玷污了刨花板的声誉，而使消费者误认为刨花板品质低劣。

八、胶合板与纤维板需求的发展趋势是怎样的？

从需求方面来看，国内和国际市场对人造板行业需求旺盛，尤其是国内市场人造板下游应用领域不断拓展，且原本应用比例不大的包装、交通工具等领域需求量增长迅猛；同时，建筑装饰业对人造板的需求量也保持较高增长态势。

（一）板式家具

低碳经济给板式家具带来了机遇，因为在各种材料的家具中，板式家具最具低碳经济发展潜力，市场潜力巨大。

1. 板式家具市场份额将进一步增加。板式家具深受年轻白领和家具企业的青睐。线条简练，色调多样，性价比高，拆装方便，能够在生产线上批量生产是板式家具受消费者青睐的重要原因。板式家具符合当前资源节约型社会的需求，能节约大量珍贵的硬木材料，有利于保护森林资源和生态环境。有数据显示，预计到2015年，全球环保产业的规模可达2.4万亿美元。在中国，环保领域的巨大发展前景也吸引来众多投资者，越来越多的企业在市场中寻找与环保有关的商机，生产环保性能更高的板式家具则是家居业的一个投资亮点。未来几年，这类家具所占的比例会越来越大。

2. 家具消费观念正在发生改变。随着对居住环境要求的提高，人们在家具消费观念上将会有全新的转变，从追求家具的功能性，逐步转向追求个性化、时尚化。家装建材的更新周期也逐步缩短，人们对家具求新、求变的理念是未来消费的主流。因而，家具的更新速度亦会逐步加快，更新周期将由目前的15~20年缩短为4~8年。同时，绿色设计将受到重视，家具设计的出发点除了美观、时尚外，还要尽可能地减少不可再生材料的使用与消耗。板式家具的生产符合这一设计理念。板式家具作为中密度纤维板的重点应用领域，将为中密度纤维板行业发展提供重大需求。

（二）强化木地板产业

中国强化木地板有巨大的潜在市场。2011～2015 年中国国内生产总值年增长率仍将维持在 7% 以上，年新增人口 1 300 万人，富裕高消费人群增加，中国处于城镇化水平提高最快的时期，房地产业已成为三大支柱产业之一。木材产品具有天然、绿色、环保、可再生及可循环的特点，完全顺应了这种消费趋势的变化。住房面积的扩大、装修标准的提高，必然会对木地板消费提出巨大需求，从而促进中密度纤维板行业发展。

（三）木门、橱柜产业

2011～2015 年，按照 30 亿平方米建筑面积来估算，建筑面积每 100 平方米平均需要 6 扇门，每扇门约 800 元计算，则大约需要价值 1 440 亿元的木门产品；按建筑面积每 100 平方米平均需要 2.5 延长米橱柜计算，每延长米约 800 元，大约需要价值 600 亿元的橱柜产品。总体估计，2015 年我国木门、橱柜市场产值大约 2 000 亿元，这也说明木门、橱柜市场对于中密度纤维板产品存在巨大的需求空间。

（四）室内装饰装修行业

据中国建筑装饰协会统计，2011 年中国建筑装饰行业实现 12% 左右的增长速度，全年完成工程总产值达到约 2.35 万亿元。中长期来看，“十一五”期间全行业总产值总量由 2005 年的 1.15 万亿元，提高到了 2010 年的 2.1 万亿元，总体增长速度为 82.5%，平均增长速度为 13%，高于同期全球经济增长水平近 3 个百分点。其中 2010 年，公共建筑装饰产值为 1.1 万亿元，年均增长 14.8%；建筑幕墙产值 1 500 亿元，年均增长 19%；住宅精装修发展到了 9 500 亿元，年均增长 11.2%。根据《中国建筑装饰行业“十二五”发展规划纲要（征求意见稿）》，建筑装饰行业 2015 年工程总产值争取达到 3.8 万亿元，比 2010 年增长 1.7 万亿元，总体增长 81%，年平均增长 12.3% 左右。

自测题

一、填空题

1. 据国家林业局相关资料显示，2008～2012年胶合板市场流通格局主要发生了较为明显的变化，（　　　　）等省份从净流出地成为净流入地；而（　　　　）从净流入地变为净流出地，且流出量不断大幅攀升，并成为国内胶合板第一大产地。

2. 2012年我国纤维板最大出口国为（　　　　）。

3. 国外对我国胶合板与纤维板出口设置的壁垒类型有（　　　　）。

4. 2008年5月22日正式生效的美国（　　　　）针对从中国进口的木材和林产品进行严格的监管，导致部分林产品无法进入美国市场。

5. 中国板式家具的总产值占家具总产值的（　　　　），未来这一数据将保持持续增长趋势。

二、判断题

1. 华东、华中、东北基本是纤维板的净输出区，华南、华北和西北为纤维板净的输入区。（　　）

2. 2012年，人造板出口量值快速增长，但增速回落，进口量大幅度下降。（　　）

3. 从品种结构看，人造板出口额中，纤维板占绝对比重，但份额略降；从价格看，胶合板和纤维板出口和进口的平均价格上涨，刨花板出口和进口的平均价格下降。（　　）

4. 随着中国林产品快速扩张的生产规模和日益提高的国际竞争力，中国也面临林产品贸易摩擦加剧的态势，欧美各国纷纷建立各种形式的贸易壁垒以限制中国林产品出口的增长。（　　）

5. 人造板物流产业链可以分为采购、运输、仓储、配送、信息服务等

环节；市场参与主体既有专注于单一环节的，也有同时经营多个环节的。（ ）

三、单选题

1. 人造板运输方式中比例最大的运输方式是（ ）。
   A. 铁路运输　B. 公路运输
   C. 水上运输　D. 飞机运输
2. 国内人造板需求量最大的是（ ）。
   A. 家具行业　B. 建筑业
   C. 车辆与船舶制造　D. 产品包装
3. 我国胶合板行业的主要消费地区集中在（ ）。
   A. 华北　B. 华中
   C. 华东　D. 华南
4. 2013 年我国家具产量最高的地区是（ ）。
   A. 长三角地区　B. 珠三角地区
   C. 环渤海地区　D. 东北地区
5. （ ）不是目前普遍在家具制造中使用的。
   A. 细木工板　B. 中密度纤维板
   C. 定向刨花板　D. 低密度纤维板

四、多选题

1. 人造板需求主要包括（ ）。
   A. 家具生产　B. 建筑装饰
   C. 包装　D. 木制地板
2. 我国主要家具产业聚集区包括（ ）。
   A. 珠江三角洲家具产业区　B. 长江三角洲家具产业区
   C. 环渤海家具产业区　D. 东北家具产业区
   E. 西部家具产业区
3. （ ）属于对我国人造板出口的绿色贸易壁垒。
   A. 欧盟木材及木制品规例和新环保设计指令议案

B. 欧盟化学品注册、评估、许可和限制法规

C. 美国《雷斯法案修订案》

D. 欧盟尽职调查法案

E. 欧盟生态标签标准

4. 我国胶合板产品出口港口分布数量前三位的省份是（　　）。

A. 山东　　B. 浙江

C. 广东　　D. 江苏

参考答案

一、填空题

1. 江西省、四川省、河北省；山东省
2. 美国
3. 传统贸易壁垒、技术性贸易壁垒、绿色贸易壁垒
4. 《雷斯法案修订案》
5. 60%

二、判断题

1. √　2. √　3. ×　4. √　5. √

三、单选题

1. B　2. A　3. C　4. B　5. D

四、多选题

1. ABCD　2. ABCDE　3. ACDE　4. ABD

第六章

影响胶合板与纤维板期货价格变动的因素

本章要点

本章主要详细分析影响胶合板期货与纤维板期货价格变动的主要因素，涉及成本、供求关系、国家政策、地域和树种、进出口情况和期货市场信息等。通过阅读本章内容，投资者除了可以了解影响胶合板与纤维板期货价格的因素之外，还能进一步理解这些因素对价格的影响程度。

一、影响胶合板与纤维板价格的主要因素有哪些？

影响胶合板与纤维板价格的因素较多，既包括国内外供给和需求变化，也包括各国政策、原材料成本以及品牌附加值等，其中，最重要的是国内外供求情况。

从胶合板与纤维板供求情况出发考虑，供给方面主要包括商品期初库存、产量和进口量，需求方面主要包括国内消费、出口量、期末库存。其中，产品特点、产量、国内消费和出口量因素最重要。我国胶合板与纤维板产量增长迅速，自给率不断提升，十余年时间从净进口状态转变为世界最主要的胶合板与纤维板出口国。同时，国内消费量迅速放大，市场对于板材家具的偏好程度不断增加。其中，细木工板被广泛使用于家具生产，中密度纤维板也成为纤维板中最主要的产品。

目前，原材料成本是影响胶合板与纤维板价格的另一个重要因素。原材料成本主要包括木材成本、胶粘剂成本、加工成本、运输成本及税费等，其中，木材成本是最主要的影响因素。

品牌附加值对胶合板价格的影响正逐渐上升，特别是细木工板行业集中度不断提升，大型企业品牌效应不断增强，知名品牌的附加值远高于普通品牌。相对于纤维板来说，市场对于知名品牌也有一定偏好，但纤维板企业普遍规模较大，产品质量控制能力强于胶合板企业，所以纤维板的品牌附加值没有胶合板那样明显。

胶合板与纤维板期货相对于其他商品期货品种有较强的特殊性，除了需要分析普遍的供求关系之外，产品的偏好、发展趋势及品牌附加值也值得关注。此外，胶合板期货由于其质量要求较现货市场更加严格，投资者还需要注意期货产品与现货市场流动产品的成本差异。

胶合板和纤维板市场规模要小于其他大宗商品市场，信息透明度不高，除了基本面情况及产品成本之外，投资者还应关注期货市场信息。特别是生产企业还处于逐步熟悉胶合板期货交割品的过程，符合质检要求的可交割品供应量波动可能较大，投资者应注意其中的变化。

延伸阅读

中国林产品指标机制——FPI 指数

2012 年 3 月 26 日，中国林产品指标机制 FPI 指数由国家林业局林产品国际贸易研究中心（该中心依托中国林业科学研究院林业科技信息研究所成立）正式启动运行。FPI指数包括FPI30指数、FPI地板指数、FPI纤维板指数及FPI饰面板指数。

借鉴上证50指数的思想，FPI指数设计工作组在造纸、家具、地板、竹制品、木制品等行业选取了30家具有行业响力和代表性的企业参与调查。参与FPI30指数填报的企业主要是首批指标企业。数据填报企业涉及地板、家具、竹制品、人造板、木门窗等行业。

林业采购经理指数（PMI）的调查活动同时具有PMI编制发布和丰富林业产业发展指标体系的目的，因此林业PMI调查在选取指标时，除包括国家制造业PMI调查的问题，还在此基础之上增加了支付能力、定价策略、技改投入、用电量四个封闭式问题作为辅助指标。上述调查一定程度上有利于深层次剖析林业企业的经营状况。

林业PMI细化到林业产业内部，未来还将细化分类到家具、地板、人造板、造纸、竹制品、木门窗等领域。不仅涉及林业产业的各个门类，还涉及企业经营的生产、订单、雇员、存货等方面。总的林业PMI反映林业经营的总体情况及变化趋势。

相关资料见下图。

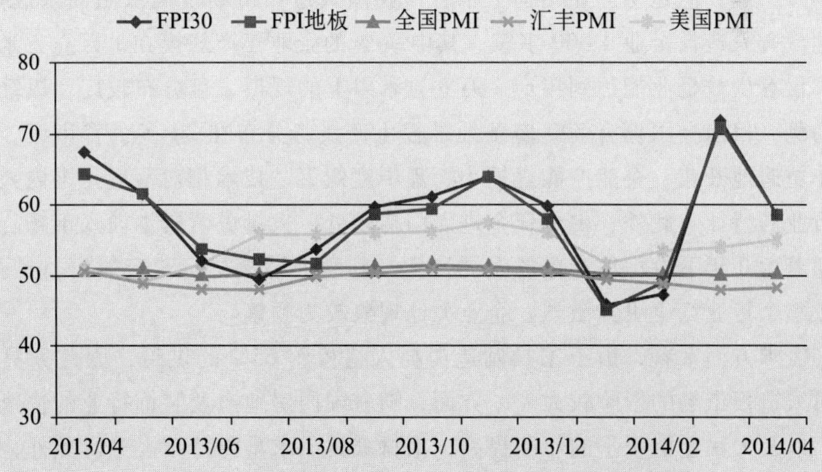

2013年4月~2014年4月FPI30指数和FPI地板指数走势

资料来源：中国林产品指标机制网。

二、胶合板与纤维板供求关系如何影响期货价格？

供求关系是影响商品价格的主要因素。对于胶合板和纤维板而言，我们分析其供求关系对价格影响时，要注意产品和市场自身的特点。

（一）供需市场因素

供需是影响价格波动最基本的因素。国内人造板市场供给以胶合板和纤维板为主。2012 年在全国 2.86 亿立方米的人造板产量中，约有 1.43 亿立方米胶合板和 0.56 亿立方米纤维板，合计约占人造板市场总量的 70%。需求方面，人造板下游消费主要依赖家具制造和建筑装饰产业，其需求终端主要来自于房地产市场。因此，房地产、家具、建筑装饰等需求对人造板消费将产生直接或间接的作用，从而影响人造板价格的走势。

供给方面来看，尽管我国人造板产量占世界总产量的一半，是全球人造板第一大国，但是从产业结构上来看，我国人造板市场发展依然尚未成熟。我国现有人造板企业 4 000 多家，其中 90% 的企业年产规模在 1 万立方米以下，仅有少数企业能达到年产 2 万立方米以上的规模，且分布较广。以纤维板为例，目前全国拥有 800 多条纤维板生产线，分布在 20 多个省市区。家庭作坊遍地开花，企业产能规模小、集中度低下、技术相对落后是国内人造板行业的特征。此外，由于资金进入门槛较低，大量民营资本涌入市场。尤其随着近几年下游房地产市场发展迅猛，刺激上游板材行业产能盲目扩张，导致整个行业竞争更为激烈，企业关停现象较为频繁。

需求方面来看，由于家具制造消耗人造板约 65% 的供给，因此家具需求对人造板市场的影响较大。一方面，随着国内房地产及装饰行业的快速发展，以及人民生活水平的不断提高，木材家具需求量将持续上升。此外，在新型城镇化和保障房建设等战略的刺激下，长期来看木材加工业需求将保持旺盛。预计 2020 年木材需求量将达到 8 亿立方米左右，木材供给缺口将达到4亿立方米，这将为人造板行业带来了广阔的市场。另一方面，金融危机后全球家具消费格局的转变将成为推动我国家具出口的契机。传统意义上来讲，我国家具出口主要以欧美、日本等发达国家为主，但随着世界经济格局的转变，东盟地区、中东、非洲等国家和地区的家具需求正在加速增长。从2012年各地区的家具消费增速来看，新兴国家的需求量要远远高于欧美等发达国家，带动全球家具需求量增幅至3%左右。

总体而言，虽然我国胶合板与纤维板的供给与需求增速逐渐放缓，但是具体到期货标的物细木工板与中密度纤维板来看，两者存在一定差别。对于细木工板而言，由于其为近十年来新生产品，其整体产量占胶合板第二位，所以有别于普通胶合板，其生产和需求增速虽然有所下滑，但还存在着巨大的需求空间。消费者对于环保要求也越来越高，市场上出现许多新兴胶合板品种，如目前较为流行的“生态板”主要还是使用细木工板板芯制造。此外，随着胶粘剂的不断发展，细木工板的环保标准将得以提高。对于中密度纤维板而言，企业对产品研发投入不断加大，生产制造技术不断提高，产品目前所面临的一些缺陷问题未来将得以解决。随着消费者逐渐接受板式家具，对于木质家具材料偏好改变，纤维板的需求将得以释放。

（二）交割品供应因素

与其他期货品种相比，胶合板期货与纤维板期货对应的标的市场规模较小，特别是胶合板期货标的物细木工板是胶合板中第二大品种。此外，交割品仅限于15mm厚度和18mm厚度的板材，就进一步减少了可交割的产品种类。所以，在分析胶合板期货与纤维板期货标的物市场供应时应考虑其品种的特殊性。

就胶合板期货与纤维板期货来比较，胶合板期货对应的市场规模也明显小于纤维板期货。中密度纤维板是纤维板最主要品种，生产量最大，生产企业规模较大，生产自动化程度高，同时由于近些年来的产能投入存在一定的产能过剩情况。细木工板是胶合板产品中产量第二大的品种，但是随着近些年来各种新型胶合板陆续推出，细木工板的地位受到威胁，一些生产企业转而生产其他类型胶合板。

胶合板期货与现货市场产品规格的偏差值得投资者关注。除了产品厚度存在偏差外，产品质量标准也存在一差异。一般来说，现货市场流通的细木工板质量普遍低于期货质量要求，包括板芯宽厚比、横向静曲强度和浸渍剥离性能等。这些质量标准的差异导致市场实际能供应的符合质量标准的期货产品大幅减少。

另外需要注意的一点是，由于胶合板期货与纤维板期货有较大的波动性，所以在价格较高时企业有较强的意愿参与交割。胶合板期货在 5 月和 9 月合约有较大涨幅。一些生产企业在比较期货价格与生产成本之后对胶合板期货产生浓厚兴趣，纷纷表示将参与期货交割品的生产以获得可观的利润。胶合板期货注册仓单不断增加，生产企业参与度提升，对期货价格产生了较大影响，但主力合约持仓仍大幅高于生成的注册仓单数量，交割品的供应依旧存在不足的情况。相信未来随着更多企业参与期货市场，胶合板期货与纤维板期货交割品供应量将不断提升，期货价格大幅波动并偏离现货生产成本的现象会有所改善。

延伸阅读

垄断竞争市场

垄断竞争市场是指一种既有垄断又有竞争、既不是完全竞争又不是完全垄断的市场，是处于完全竞争和完全垄断之间的一种市场。

垄断竞争市场的条件：(1) 各个厂商的产品不是同质的，但彼此间是非常接近的替代品。(2) 一个生产集团中有大量厂商，每个厂商所占市场份额都很小。(3) 厂商可以自由进入和退出一个生产集团。

垄断竞争市场的特点：(1) 市场中存在着较多数目的厂商，彼此之间存在着较为激烈的竞争。由于每个厂商都认为自己的产量在整个市场中只占有一个很小的比例，因而厂商会认为自己改变产量和价格不会招致其竞争对手们相应行动的报复。(2) 厂商所生产的产品是有差别的，或称“异质商品”。(3) 厂商进入或退出该行业都比较容易，资源流动性较强。

垄断竞争市场的短期均衡条件是：MR = MC（边际成本 = 边际效益）

在短期均衡实现过程中，垄断竞争市场同垄断市场一样，也会出现超额利润、收支相抵、亏损三种情况。与垄断市场不同之处在于垄断竞争厂商面对的市场需求曲线斜率较小。在考虑生产成本因素之后，垄断竞争厂商会选择在边际成本与边际收益相等的条件下生产。

垄断竞争市场的长期均衡条件是：

MR = MC（边际成本 = 边际效益）

P = AR = AC（价格 = 平均利润 = 平均成本）

在长期，厂商可以任意变动一切生产投入要素。如果某行业出现超额利润或亏损，会通过新厂商进入或原有厂商退出，最终使超额利润或亏损消失，达到长期均衡时整个行业的超额利润为零。因此，垄断竞争与垄断不同（垄断在长期拥有超额利润），而是与完全竞争一样，长期来看总收益等于总成本，只能获得正常利润（见下图）。

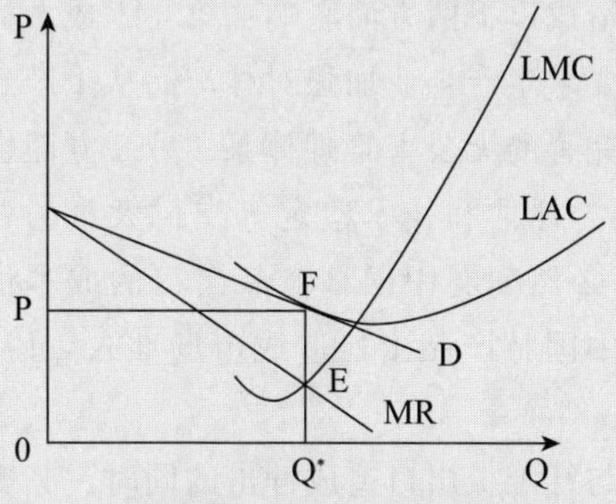

垄断竞争市场的长期均衡

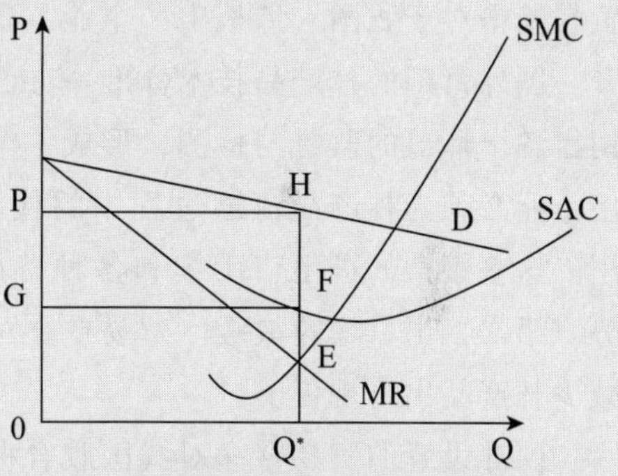

垄断竞争市场的短期均衡

目前，我国胶合板与纤维板市场特点与垄断竞争市场较为相似，市场上生产厂商众多，竞争较为激烈，厂商之间缺少合作，生产的产品存在一定差异。因此，在研究胶合板和纤维板行业时可以从垄断竞争市场角度出发进行分析和预测。但是投资者还需注意一点，胶合板和纤维板行业的长期低利润使许多企业逐步退出市场，行业集中度正在增强，这从部分大型企业产品的品牌溢价就可以看出来。胶合板与纤维板市场的垄断性正不断加强，未来很有可能出现偏向于寡头垄断的情况。

三、国外进口政策对胶合板与纤维板价格会生产什么影响?

我国胶合板与纤维板主要出口欧美、中东及日韩，每个国家对于板材进口的政策和标准都不一样，但出口国家都不约而同地加强了对我国胶合板与纤维板的贸易壁垒。

近几年，欧美国家对于我国人造板出口设置多重障碍，从传统的“反倾销、反垄断”转变为技术标准手段，再到目前开始使用的绿色壁垒手段。这些贸易壁垒措施对于我国胶合板与纤维板出口造成较大冲击。欧美国家的贸易壁垒对于我国人造板生产企业主要造成以下两方面影响：第一，成本提升。国外苛刻的林产品技术标准一方面要求生产企业加强对林产品从生产到销售各个环节的监督与检测，形成一个完善的无公害管理体系；另一方面也使企业必须为林产品流通过程中的检测、评估和技术鉴定等支付大量的费用。这些繁杂的进出口手续和各种费用必然削弱中国林产品出口的成本优势。第二，出口增速放缓。贸易壁垒对中国林产品出口造成市场准入障碍，减少林产品出口规模。

国外设置的贸易壁垒对我国胶合板与纤维板出口造成冲击的同时，其影响会传导到国内市场。第一，出口产品技术标准会带动国内产品规格的提升。我国国内市场流通的人造板质量标准较低，但是随着各大型企业出口品质量的提高，国内市场对于人造板质量的要求也在缓慢提升，这将促使国内人造板市场整体质量标准提高，市场产品价格也相应上涨。第二，近几年，国外不断改变我国人造板所设置的贸易壁垒类型，我国企业应对难度不断增加，往往造成一些企业用来出口的产品及安排的产能短时间内无法达到国外标准，这些产品无疑会增加国内市场产品供应量。当然，相对于国内市场规模，这些增加的供应量产生的影响力度有限。

总体来说，国外进口政策对我国胶合板与纤维板整体质量有着促进作用，同时将带来价格的提升。此外，在国外具体贸易壁垒政策出台后短时间内，我国胶合板与纤维板出口将受到冲击，未达标产品可能会转向国内市场，造成一定时期国内供给增加，从而对价格造成一定程度冲击。不过，这种价格冲击应视具体情况分析，需要综合考虑国外新出台的政策及国内市场情况。

延伸阅读

中国胶合板企业胜诉，前方道路依然艰难

美国商务部2012年10月18日宣布，对从中国进口的硬木和装饰用胶合板发起反倾销和反补贴调查。美国商务部称，发起这项调查是应美国硬木胶合板公平贸易联合会的请求。该联合会由位于北卡罗来纳州、纽约州和俄勒冈州的6家公司组成，调查可能导致美国对此种产品征收惩罚性关税。该联合会认为，中国出口到美国的硬木和装饰用胶合板倾销幅度为298.36%～321.68%，补贴幅度也超过2%的允许范围。江苏108家企业被调查，涉案金额3.3亿美元。

美国国际贸易委员会2013年11月5日宣布，从中国进口的硬木和装饰用胶合板未对美国相关产业造成实质性损害或威胁，否决了美国商务部此前要求对上述产品征收反倾销和反补贴关税的决定。

中国胶合板产业抗辩了一年多的美国“双反”调查最终以无损害结案，这个结果让中国胶合板产业长舒了一口气。然而，结果虽然理想，但贸易战终究是消耗战，持续一年多的“双反”调查仍然对中国胶合板的出口市场产生了影响。2013年前11个月，胶合板出口总量931.71万立方米，比上年同期只增长2.06%。其中，出口美国121.1万立方米，比上年同期下降16.36%；中纤板出口160.5万吨，比上年同期下降了6.36%。就在中国胶合板积极抗辩期间，印尼和俄罗斯的胶合板大量进入国际市场，使我国胶合板失去了市场优势。

四、生产成本能确定期货价格的“底部”吗？

商品的生产成本对产品价格有重要影响。一般来说，商品的生产成本会被认为是商品价格下跌的“底部”，但很多情况下，即使商品价格跌破生产成本，企业也会生产和销售。

（一）现货价格短时间波动剧烈

在讨论成本之前，我们需要先明确成本的定义。成本有很多分类，对于胶合板与纤维板生产成本来说，我们可以将生产成本分为变动成本和固定成本。通常我们所谈论的生产成本多数指产品的平均成本，即总成本除以产品数量，包括变动成本和固定成本。

根据利润最大化原则及边际收益递减规律，企业生产通常会保持边际收益大于或等于边际成本的产量，所以只要边际收益仍大于边际产量，企业就会尽量提高产量，从而使得产品价格降低。目前，我国胶合板与纤维板行业竞争激烈，特别是中小企业，其品牌知名度不高，定价能力较弱，如果市场遇到冲击，其产品价格通常会大幅降低，甚至使得其产品平均价格会低于产品平均成本，但是只要保持产品边际收益不小于边际成本，企业仍有生产销售的空间。

胶合板企业与纤维板企业生产成本具有较大差异。一般来说，胶合板生产线的投资成本远低于纤维板生产线投资成本。国内一条纤维板生产线往往高达上千万元，如果是国外进口生产线价格则更高；胶合板生产线成本则低很多，十几万元到上百万元不等。纤维板生产线自动化程度较高，人工成本和原材料成本较胶合板低很多。所以，纤维板企业固定成本较胶合板企业高很多，而变动成本要低于胶合板企业。

基于胶合板与纤维板生产成本的差异，在产品价格下跌、企业利润下降的时候，纤维板产量的降低幅度往往会小于胶合板，因为纤维板的边际利润较胶合板更高，只要边际利润仍为正值，企业就有保持生产和销售的动力。

延伸阅读

固定成本、变动成本、边际成本及边际利润的概念

固定成本，是指成本总额在一定时期和一定业务量范围内，不受业务量增减变动影响而保持不变的成本。但是，相对于单位业务量而言，单位业务量所承担的固定成本与业务量的增减呈反方向变动。因为在成本总额固定的情况下，业务量小，单位业务量所负担的固定成本就高；业务量大，单位业务量所负担的固定成本就低。

变动成本，是指成本总额随着业务量的增减变化而呈正比例增减变化的成本。但是，其单位业务量的成本保持不变。在产品制造成本中，直接人工、直接材料都是典型的变动成本。

边际成本，指的是每一单位新增生产的产品（或者购买的产品）带来到总成本的增量。这个概念表明每一单位的产品的成本与总产品量有关。

边际利润，指产品的销售收入与相应的变动成本之间的差额。边际利润是反映增加产品的销售量能为企业增加的收益。

（二）库存压力促使企业降低价格

胶合板与纤维板不宜长期存放，当短时间内下游消费需求大幅降低、行业由于信息不对称以及生产未能及时调整等原因造成库存压力增加时，企业会采取措施降低库存。

近几年来，我国人造板行业利润处于较低水平，出口受阻，国内市场需求增长速度较慢，尤其是纤维板行业由于前期投入规模较大，导致目前一些企业存在较大的库存压力。中国林科院木材工业研究所在2013年底对生产企业的调查中发现，南方地区已经有超过20%的企业停产；而相比南方板材企业的停产情况，北方的情况更不容乐观，目前已有60%～70%的中小

板材企业选择停产来缓解库存压力。

据卓创资讯统计，2013 年北方地区纤维板原材料每吨价格大幅波动，从 450 元/吨一度跌进 360 元/吨，而后又突破 500 元/吨的高位。原材料价格的大幅波动，给下游板材加工企业带来巨大压力，加之之前产能过剩引发的库存压力，不少企业被迫停产。

原材料价格不断上涨，而人造板价格长期保持稳定，特别是纤维板价格压力更大。此时，降价销售是较为有效的手段，胶合板与纤维板价格有可能会低于生产成本。

胶合板行业情况也不容乐观，胶合板种类众多，种类之间存在较大差异。细木工板行业也面临一定程度的库存压力。细木工板生产企业众多，前期产能投入较大，出口需求降低及国内消费偏好改变使得市场处于供过于求的状态。但是，由于细木工板生产企业生产线较容易调整，企业可以随便减少产量，同时通过改变产品类型以应对市场情况，细木工板市场供求情况要好于纤维板市场。

（三）未来预期可能导致期货价格低于成本

期货价格与现货价格最大的不同点就是反应的时间点不同。目前胶合板与纤维板活跃的期货合约通常为 4 个月之内到期，从上市以来期货价格曾多次低于现货成本，这些情况都属正常。

首先，市场对于产品未来需求情况判断可能比较悲观，产品未来会出现供大于求的情况。其次，由于胶合板与纤维板期货未对品牌做出要求，那么市场也会不断寻找低品牌附加值的产品，从而打压期货价格。最后，资金炒作也会导致一段时期内期货价格低于成本。

总而言之，价值决定价格，但价格会围绕价值不断波动，胶合板与纤维板的价值不仅受成本影响，也受供求关系的作用。由于期货的特点，期货价格的波动则较现货价格波动更为剧烈，在某些时候，期货价格会低于生产成本。

案例 6－1

胶合板破位上冲　4 月行情能否再现

（1）胶合板期货近期走势。2014 年 7 月初开始连续两周维持盘整，成交量不断小幅萎缩。自 7 月 9 日价格回调至短期低位后，持仓量又大幅减少转变为保持稳定，始终维持 55 000 手以上规模。7 月 25 日，伴随成交量及持仓量的大幅放大，价格直接突破 140 元/张位置，并向上冲击 145 元/张，前期楔形整理形态完全突破。之后交易日价格小幅上行，但缺乏成交量配合，而持仓量一直保持高位，但持仓量仍低于前期主力合约 BB1405 拉升阶段，多头主力并未完全发力。8 月 4 日，合约价格触及 150 元/张之后伴随持仓量下降，价格出现回调（见下图）。

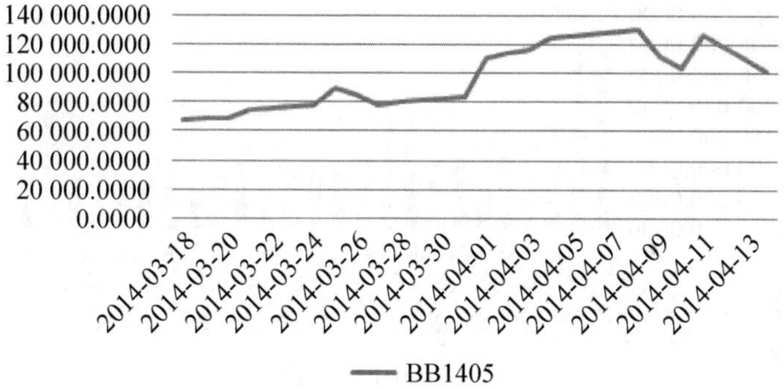

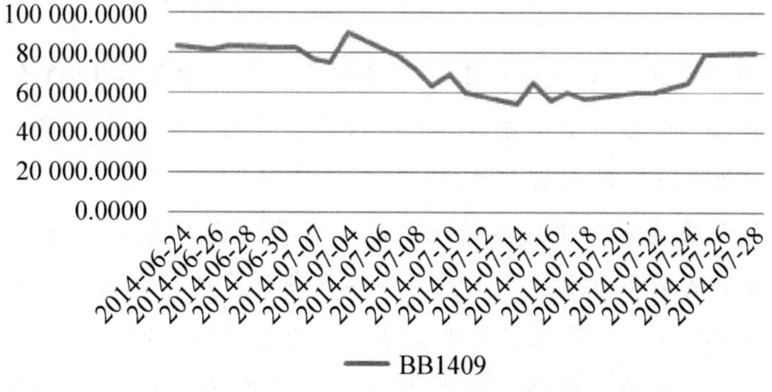

主力 5 月及 9 月合约拉升阶段持仓量走势

BB1409 合约在 7 月 25 日之后持仓量大幅增加，但仍明显低于 6 月持仓量，也无法比拟之前主力合约 BB1405 持仓量。虽然考虑到月底市场各品种出现了较大行情，但是目前持仓量对于空头的压力不可同日而语（见下图）。

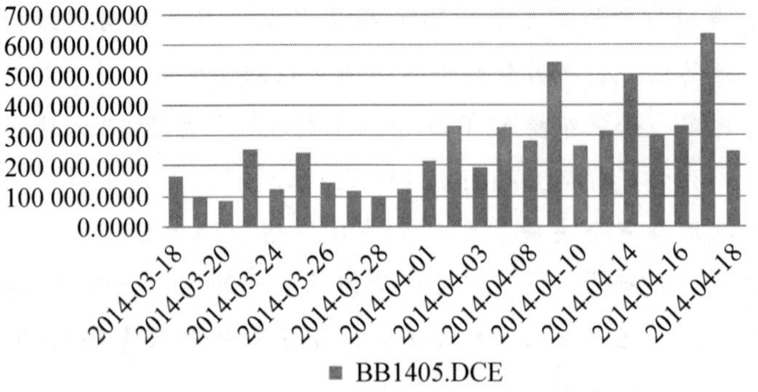

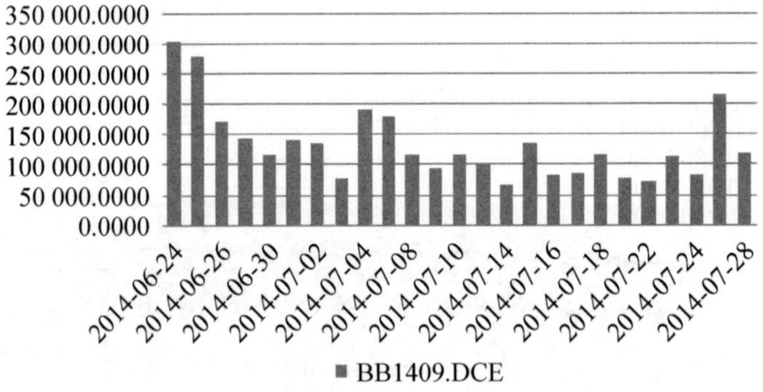

主力 5 月及 9 月合约拉升阶段成交量走势

BB1409 在 7 月底成交量也未有明显增长，相对于之前 1405 合约拉升阶段也大幅降低，市场多空双方信心相对较弱，特别是空头在价格大幅拉升后处于非常被动低位，缺乏有效抵抗。

（2）胶合板期货仓单成本情况。胶合板期货仓单成本一直是市场关注的要素。由于交割品与现货市场流通产品存在脱节现象，同时提供交割品的生产厂家数量较少，缺乏生产情况信息，企业生产成本存在较大差异，所以努力寻找价格更低的、符合质检要求的产品是市场参与者目前的主要任务之一。

从 7 月对山东产区部分生产企业的调研情况来看，有能力生产符合质检要求的细木工板企业数量仍然较少，同时交割品新增产能有限，各生产企业仅会增加一条生产线进行交割品的生产。从产量来看，前期南星的产量仍为市场最大，山东某大型胶合板企业也会生产，但产能每月仅提供不到30 000万张，其余企业产量更低。相对于目前80 000手以上的持仓量，未来可能注册仓单数量难以满足多头接货量。

从各企业仓单成本来看，山东地区产品价格较低，但生产注册仓单的成本也保持在135元/张至145元/张之间，数量较大的马六甲细木工板价格要高于140元/张，而未来供应数量较小的桐木细木工板成本在135元/张左右。市场也有传言某期货公司获得成本在125元/张左右的产品，不过基于产品成本来看，对此传言应保持严重怀疑态度。

在7月底，市场中放出将有大量注册仓单在8月初生产的消息。但此消息未对期货价格产生实质影响，反而在消息放出后不到一周内价格出现大幅拉升，显示市场多空双方信心有较大差异。

(3) 多空双方争议点。虽然胶合板期货价格相继轻松突破145元/张并触及150元/张位置，前期部分空头已出现认亏出局现象，但未来价格上涨仍存在一定阻力。

第一，产量增长有限，仓单增加杯水车薪。目前交割品预期产量会有所增加，但80 000手以上持仓量大幅高于目前胶合板企业交割品产能，未来一个多月时间，为数不多的生产企业能生产的交割品数量远不及目前持仓，4月行情有可能出现。同时，由于7月底需要注销仓单，前期仓单无法进入9月合约交割，而交割规则规定注册仓单的细木工板必须在生产日期60日之内，所以9月合约的交割品最早也得在6月之后才能生产。3个月的生产期加上前期生产企业极少，未来注册仓单增长幅度有限。

虽然期货市场上的细木工板价格需要进行大幅贴水才可销售，但11月月底前不需要注销仓单，即使交割接货也可以在1410或1411合约进行卖出。

1409合约与1410、1411合约价差自6月中旬开始升高，最高值不超过15元/张，即使多头未来交割接货，其卖出远月合约交割损失也不到18元/张，考虑到交割数量与持仓量的巨大差距，其仍有可观利润（见下图）。

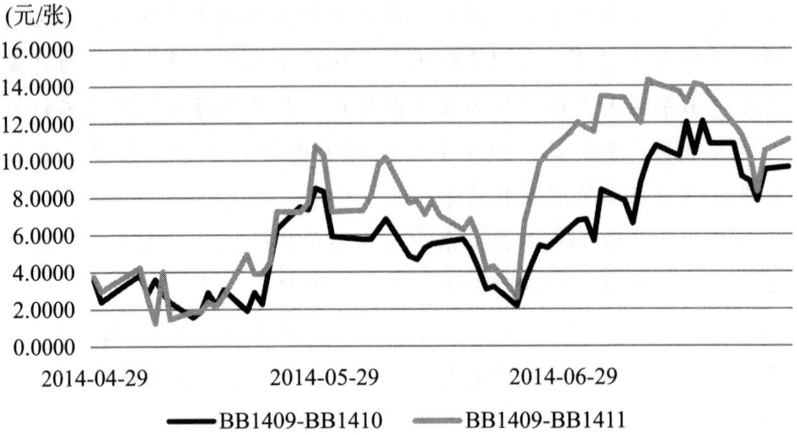

胶合板 9 月合约与远月合约价差

由于两板其他交割仓库存在较大幅度贴水情况，所以交割品一般运往江浙地区交割仓库。从仓库提供的两板库容情况来看，以提供的库容容积立方米折算成张数来计算，两板共有约 2 720 手库容，再加上 7 月底交易所新增加的 2 个交割仓库，总库容将增加，胶合板期货不存在由于仓库饱和而无法入库情况（见下表）。

江浙两板期货库容情况

镇江	约 36 万张
常州	约 40 万张
嘉兴	约 30 万张
海宁	约 30 万张
合计	约 2 720 手

第二，交割品成本降低，价格上涨激发生产企业参与热情。从各方面了解到，随着部分新企业参与交割品生产，细木工板交割品成本有所降低；同时对于现货成本来说，价格如果继续大幅上升，生产企业可能会增加交割品的生产量，更多的注册仓单有望生成。

7 月底胶合板期货价格突破 145 元/张位置，相对于生产企业的成本来说有客观利润空间，企业势必有扩大交割品产能的动力。同时，新近参与生产交割品的企业产量在前期没有体现，未来随着规模化生产后，成本势必会有所降低，产能将逐步增大。此外，市场传言某期货参与方寻找到较大数量低成本产品也可能对价格产生压制作用。

但是我们还需要注意，由于大部分新进入企业对于交割品的生产时间很短，产品质量控制存在一定风险，盲目扩大产能也会有产品质量下降的可能性，增加企业质检失败的风险，这不符合以稳健经营为主的人造板企业经营思路。

（4）4 月行情规模难以再现，价格波动恐将增大。此次上涨后缺乏量的配合，市场空方信心也在临近 150 元/张位置逐渐增强，市场对于未来交割品产量的增加仍存在较大争议。与之前 5 月合约相比持仓量明显下降，多头主力目前也有所顾忌。在突破 145 元/张位置后阻力增大，多头主力试探性进攻后开始趋于谨慎。

在进入 8 月之后，市场将围绕交割品产量和成本进行更加激烈的博弈，胶合板期货预计将出现更大幅度震荡。目前 145 元/张位置预计为后一阶段低位，后期随着市场争议点逐渐明朗，价格将会出现趋势性行情。

资料来源：大地期货研发中心。

五、期货价格是否会受到产品生产和销售周期性影响？

（一）商品价格周期性变化

随着生产商在期货交易中的参与程度日益深入，期货和现货价格联系也日益紧密，商品价格运动的周期性变化也越来越明显。供应淡季或者消费旺季时价格高企，而在供应旺季或消费淡季价格回落，成为商品期货价格波动的普遍规律。

同大多数商品一样，胶合板与纤维板也有生产和销售的周期性变化。一般来说，胶合板与纤维板生产和销售旺季在 3 月 ~6 月以及 9 月 ~12 月。此段时间正处于春节之后及国庆黄金周期间，国内家庭装修处于高峰期。而由于春节假期，每年的1月~2月是生产销售最淡季。

我们从鱼珠市场2012年及2013年价格指数可以看出，细木工板价格在一年中存在周期性变动规律，在3月、8月和11月会出现周期性的价格高峰，而2月、5月及9月会出现周期性的价格低谷（见图6－1）；而中密度纤维板价格缺乏明显的周期性规律，2012年和2013年各月份价格波动方向相关性较小（见图6－2）。

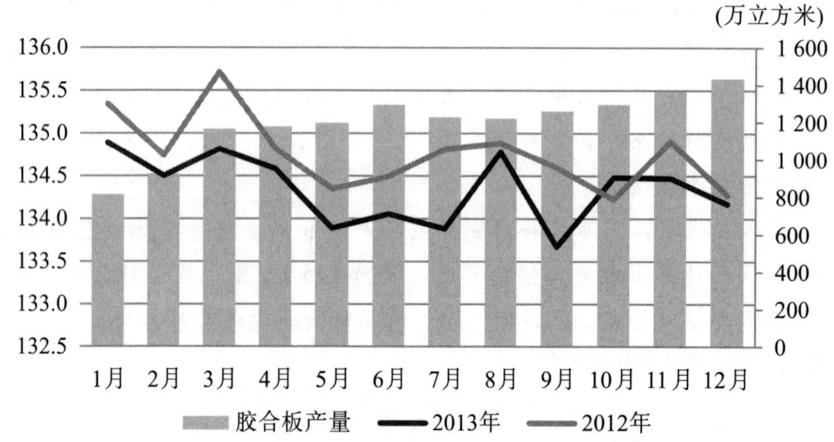

图6－1 2012年及2013年鱼珠细木工板指数

资料来源：广东鱼珠木材市场。

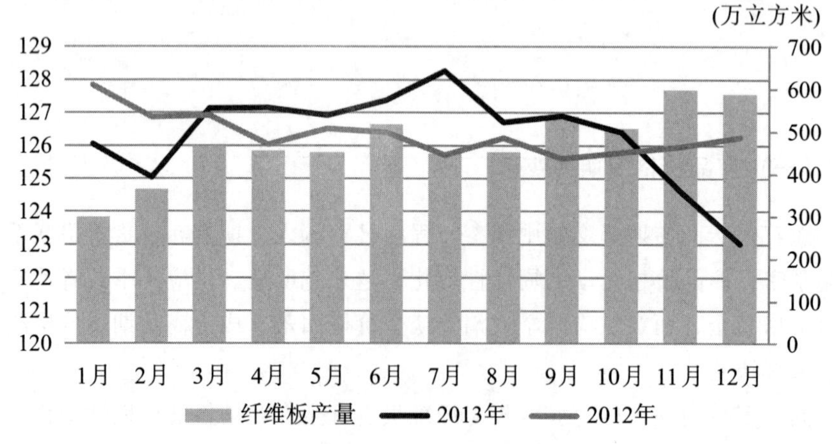

图6－2 2012年及2013年鱼珠中密度纤维板指数

资料来源：广东鱼珠木材市场。

从表6-1和表6-2可以看出，2012年和2013年细木工板价格在95%置信区间显著相关，而中密度纤维板价格则无显著相关性，说明细木工板年内的价格波动较纤维板价格周期性规律表现得更强。

表6-1 2012年及2013年鱼珠细木工板指数相关性

		2013年	2012年
2013年	Pearson相关性	1	.623*
	显著性（双侧）		.031
	N	12	12
2012年	Pearson相关性	.623*	1
	显著性（双侧）	.031	
	N	12	12

*. 在0.05水平（双侧）上显著相关。

表6-2 2012年及2013年鱼珠中密度纤维板指数相关性

		2013年	2012年
2013年	Pearson相关性	1	-.145
	显著性（双侧）		.653
	N	12	12
2012年	Pearson相关性	-.145	1
	显著性（双侧）	.653	
	N	12	12

（二）期货价格与商品价格的相关性

胶合板与纤维板期货自上市以来，其价格波动较为剧烈，特别是胶合板期货涨跌幅度较大。其主要原因是市场对于胶合板可交割品价格存在较大分歧；而纤维板的市场透明度较高，其价格波动幅度小于胶合板期货（见表6-3和表6-4）。

表 6-3　　胶合板期现价格相关性

		胶合板 1405	鱼珠 15 厘米细木工板
胶合板 1405	Pearson 相关性	1	-.146*
	显著性（双侧）		.350
	N	43	43
鱼珠 15 厘米细木工板	Pearson 相关性	-.146	1
	显著性（双侧）	.350	
	N	43	43

*. 在 0.05 水平（双侧）上显著相关。

表 6-4　　纤维板期现价格相关性

		纤维板 1405	鱼珠 15 厘米中纤板
纤维板 1405	Pearson 相关性	1	.528**
	显著性（双侧）		.000
	N	43	43
鱼珠 15 厘米中纤板	Pearson 相关性	.528**	1
	显著性（双侧）	.000	
	N	43	43

**. 在 0.01 水平（双侧）上显著相关。

可以看出，胶合板期货价格与鱼珠现货价格在 0.05 水平上存在显著相关性。纤维板期货价格与鱼珠现货价格在 0.01 水平上显著相关。其主要原因有以下两点：第一，胶合板交割品成本较难确定，质检标准对于其价格影响较大，而目前市场上大量胶合板产品质量难以达到交割标准。同时，由于纤维板企业规模较大，生产自动化程度高，质量控制优于胶合板，产品集中度高，期现价差较胶合板容易确定。第二，胶合板成本受上游木材价格影响较大，而近几年我国木材价格变化幅度较大，特别是不同树种之间价差不稳定，这也影响不同地区交割品的价差水平。

延伸阅读

时间序列预测未来波动

时间序列（Time Series）即指在一段时间内，通过对某变量定期等间隔测量而获得一组观察值的集合。利用数理统计方法及统计软件，通过收集分析时间序列数据，我们可以找到隐藏在其中的基本变化规律，建立数学模型定量描述序列特征、预测序列未来值。

胶合板与纤维板的产量与价格存在周期性的波动，那么我们可以试着对其未来波动情况进行预测，从而为分析价格和预测产量提供一定程度的参考。

建立模型的方法有多重，如指数平滑、自回归、ARIMA 模型、季节性分解。我们仅以 ARIMA 模型（考虑季节性变化）为例作出胶合板与纤维板未来产量走势的预测，得出的拟合值与实际观测值如下图所示：

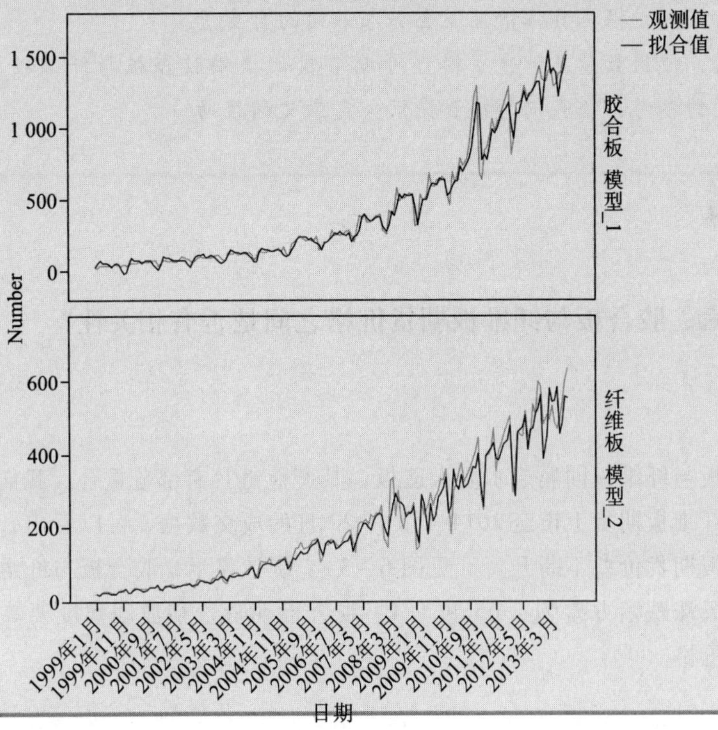

从下表可以看出，得出的拟合值与实际观测值存在较高的一致性，统计量中平稳的R方显示出模型的拟合程度，此模型纤维板拟合程度优于胶合板。

模型统计量

模型	预测变量数	模型拟合统计量	Ljung – Box Q (18)			离群值数
		平稳的R方	统计量	DF	Sig.	
胶合板 – 模型_ 1	0	0.192	35.449	17	0.005	0
纤维板 – 模型_ 2	0	0.514	17.481	15	0.291	0

当然，时间序列模型还需要进行多方面的模型检验。如：检验模型与实际数据的吻合程度，通过残差和可信区间序列来估计模型的准确性；用“标准误差”判断模型中参数的显著性；标准化P – P、标准化Q – Q判断残差分布是否为正态分布。不同类型的数据所使用的具体模型及方法都有所区别，根据具体情况还会加入不同的自变量。

总之，使用数量统计建立模型可以给我们提供胶合板与纤维板未来情况预测的参考，给我们的投资提供一定意义的帮助。

六、胶合板与纤维板期货价格之间是否有相关性?

胶合板与纤维板同属于木质人造板，其产业链具有部分重合。我们选取胶合板与纤维板期货上市至2014年5月22日的成交数据，可以看出，胶合板与纤维板期货价差不断升高（见图6 – 3）。统计显示，胶合板与纤维板期货价格每天涨跌幅方差为1.65和1.4，胶合板期货价格波动幅度要高于纤维板期货价格。

图 6－3 胶合板与纤维板期货价差

从表 6－5 可以看出，胶合板与纤维板期货价格涨跌幅在 0.01 水平上显著相关，相关系数为 0.51，两者期货价格走势具有显著的相关性。

表 6－5 胶合板与纤维板期货涨跌幅相关性

		BB1405. DCE	FB1405. DCE
BB1405. DCE	Pearson 相关性	1	0.510**
	显著性（双侧）		0.000
	N	110	110
FB1405. DCE	Pearson 相关性	0.510**	1
	显著性（双侧）	0.000	
	N	110	110

**. 在 .01 水平（双侧）上显著相关。

胶合板与纤维板期货的标的，即细木工板与中密度纤维板同属于木质人造板，其下游主要产品类似，从需求方面看，具有较高的替代性。此外，由于纤维板企业规模大、自动化程度高、质量控制严格，其产品市场价格较为透明；而细木工板企业参差不齐、品牌附加值高、原材料差异大，所以细木工板产品市场价格相差较大。虽然胶合板期货与纤维板期货价格显著相关，但是市场对于胶合板期货定价存在较大分歧，胶合板期货波动幅度更大。

随着我国胶合板行业不断发展、产品质量不断提高，胶合板期货价格中对于产品质量方面的分歧会越来越小，更多焦点将转向于市场供求情况。

七、林业资源稀缺对于胶合板与纤维板期货有什么影响？

林业资源稀缺是世界性的问题。随着人类生产活动的增加，对于自然资源的消耗正在加剧，特别是林业资源大幅减少，导致日益严重的生态问题。因此，世界各国都对原木的采伐和出口进行了限制。国外政府严格控制树木砍伐量，规定了严格的种植砍伐比例，在欧洲某些国家这一比例高达3∶1，使得世界木材供应量紧缺，木材价格不断上涨。

我国对树木砍伐也作出了严格规定；同时为了确保木材供应，我国积极开展了人工林工程的建设。其中，人工速生林是林业工业原材料的主要来源。2012 年我国人造板原料林造林面积为 148 862 公顷，主要树种为杉木、桉树、杨树及松木。

虽然世界人工林面积不断增加，但是木材产量的增速仍难以满足市场大幅增长的需求。我国进口原木数量和价格不断升高，国内原木价格也持续攀升，这对人造板行业成本造成较大压力（见图 6－4 及图 6－5）。

图 6－4 我国原木进口数量及单价

资料来源：国家海关总署。

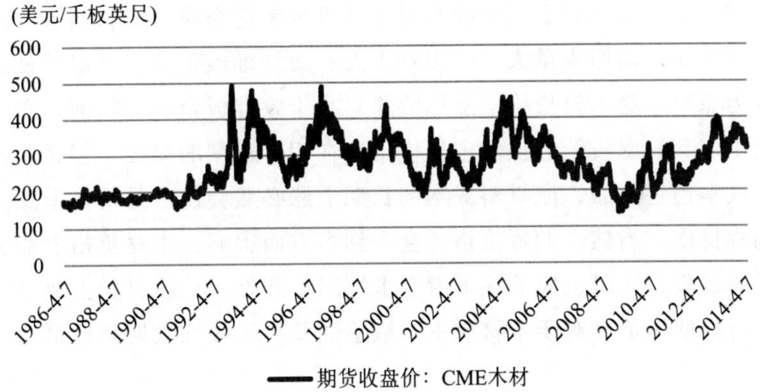

图 6-5　CME 木材期货收盘价

资料来源：Wind 数据库。

目前，我国胶合板原料以人工速生林为主，主要原因是速生林生长周期短，产量高，特别是南方气候温暖、降水量大的地区，速生林发展非常迅速。近十年来，广西、四川和湖南速生林造林面积增长速度较快，为我国人造板提供了大量的原料（见图 6-6）。其中，广西以桉树为主，湖南以杉木、柳木为主，四川以杨木为主。各地区速生林树木成材周期长短不一，大致在 5 年时间，有些南方地区最短可以在 3 年左右成材。虽然人工速生林大大缩短了树木成材周期，但是相对于其他作物来说，其生长周期漫长，并且砍伐后得重新种植，这就使得其培育成本中经营管护费及潜在风险较高，同时不断上涨的林地承包费也增加了成本。

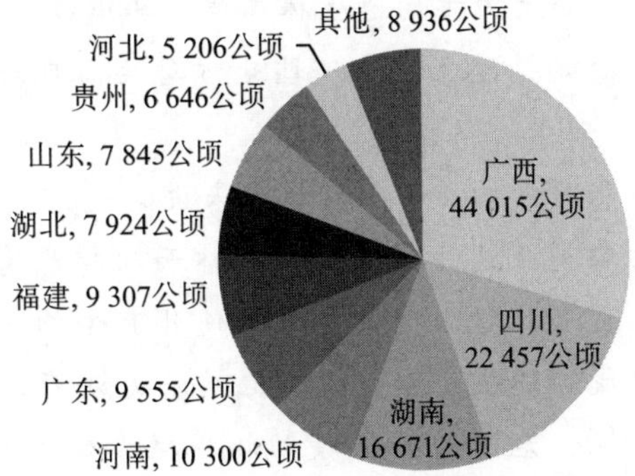

图6-6　2011 年我国人造板原料林造林面积

资料来源：《中国林业统计年鉴 2012》。

木材价格上涨无疑会提升胶合板及纤维板制造企业的原材料成本，特别是胶合板企业所需原木量大，受影响更大；而纤维板企业主要以枝桠材、三剩物等为原料，受木材价格上涨影响相对小于胶合板企业。目前，我国人造板企业生产利润率较低，虽然市场供给存在相对过剩的局面，但企业无法长期低于成本销售产品，原材料成本的长期上涨必然会使产品价格上涨，从而影响期货价格。当然，期货价格还会受到多方面影响，木材价格上涨也是一个缓慢的过程，同时也应关注下游需求情况。此外，从原材料占成本比重来看，胶合板期货价格对于木材成本的敏感性要高于纤维板期货价格。

延伸阅读

速生林为何没有树木丛生百草丰茂的景象

速生林作为高产量、短周期的用材树木已经成为南方速生林的主要树种，为我国人造板行业提供了丰富的原材料。

一般来说，树木可以调节气候、净化空气、防风降噪，防止水土流失、山体滑坡等自然灾害，同时树木可以制造氧气、粉尘过滤器甚至杀灭细菌。此外，树木还是天然水库、天然消声器和天然空调器。但是我们经常可以发现，在一些林地很难找到“泉眼无声惜细流，树阴照水爱晴柔”的意境。其原因就是速生林的特点使得林地难以形成真正的生态圈。

目前，我国南方正大力推动速生林工程，其中速生桉种植面积巨大，但与人们观念相反的是，速生桉在一些地方对生态环境产生了较大程度的破坏。

首先桉树有显而易见的排他性，简单来说就是“排他”和“克生”。有些地方在利益的驱使下，为发展速生桉林而砍掉原有的水源林，破坏原有的生态环境，形成物种入侵的态势，使具有生物多样性的原生态受到严重破坏。在砍伐后种植桉树林，其他植物无法存活，导致原生物种衰减、退化甚至灭绝，无法给大多数动物提供食物或适宜的栖息环境，生物食物链断裂，物种多样性将被破坏，地区的生态系统将面临崩溃的局面。速生桉具有很强的蒸腾作用，被称为“植物抽水机”“植物抽肥机”。速生桉水分利用率低，用水量大，严重影响水土保持。速生桉对土壤的肥料需求极大，桉树的凋落物不仅不能为其他树种增加养分，还适得其反，凡种植速生桉的，土地肥力下降乃至枯竭，原始植被因为得不到足够的肥料和养分而受到破坏，引发土地退化、土地贫瘠等现象。

八、胶粘剂的发展会如何影响期货价格？

胶合板与纤维板所需原材料除了木材之外就是胶粘剂。胶粘剂的情况往往会被期货投资者忽视，但是胶粘剂未来的发展同样会对胶合板与纤维板价格产生重要影响。

目前，我国人造板胶粘剂主要为脲醛树脂。脲醛树脂是尿素与甲醛反应得到的聚合物，其成本低廉，有较好的绝缘性和耐温性，但耐候性和耐水性较差。脲醛树脂主要用途是用作木材胶粘剂，占胶粘剂使用总量的80%以上。

当前，从供应总量上来看，依附于人造板或木制品生产工厂建设的胶粘剂车间仍占主导地位。近年来受国家增值税即征即退产业政策等外部因素的影响，部分独立胶粘剂工厂被收购或重组进入人造板工厂作为一个辅助车间，部分新建大型工厂产业链甚至延伸至甲醛生产。随着人造板产业集中度增强，企业平均规模扩大，产业链整合是必然趋势。一些人造板企业纷纷设立自己的制胶车间，这无疑将降低胶粘剂成本。人造板企业参与胶粘剂生产环节将会给人造板带来两方面的影响：

第一是产品成本降低。胶粘剂是胶合板与纤维板生产中主要原材料，特别是纤维板中胶粘剂成本占比较大，而目前我国人造板行业对于胶粘剂需求量及质量要求越来越高。大型企业整合胶粘剂生产，对于企业降低原材料成本具有积极影响，也为企业规避胶粘剂价格波动提供了帮助。

第二是有助于胶粘剂技术发展及人造板质量的提高。我国木工胶粘剂发展较国外发达国家落后很多，目前所用脲醛树脂及其生产工艺存在诸多不足之处，对于市场上胶合板与纤维板产品质量形成障碍。随着大型企业对胶粘剂生产的整合，胶粘剂研发投入将得到增加，生产工艺不断改进。同时凭借企业对于胶合板与纤维板的深入认识，木工胶粘剂的发展速度将得到提升。这不仅有助于胶合板与纤维板产品质量的提高，也有利于市场整体规格的提高。

胶合板与纤维板甲醛含量来源于其所使用的胶粘剂，低成本胶粘剂甲醛释放量较高，生产符合交割标准 E1 级别的人造板需要使用较高成本的胶粘剂。除了目前主要使用的脲醛树脂外，其他类型胶粘剂在人造板中的使用也具有广阔前景，如三聚氰胺树脂胶粘剂、聚氨酯胶粘剂、聚乙酸乙烯酯以及生物质胶粘剂等。虽然目前其他类型胶粘剂应用较少，但其中不乏比脲醛树脂更加环保、性能更好的产品。随着研发水平及生产技术的不断发展，未来符合国家标准的更优质低价的新型胶粘剂有希望出现。

由于期货交割只对甲醛释放量做出要求，未来随着胶粘剂的不断发展，一旦更加环保、便宜的胶粘剂实现量产并运用到胶合板与纤维板制造之中，那么符合质检标准的产品成本有望减少，产品合格率会进一步提升，最终将影响胶合板与纤维板期货价格。

延伸阅读

国内新型胶粘剂介绍

(1) 大豆蛋白基胶粘剂。大豆蛋白基胶粘剂是由豆粉或大豆分离蛋白，加入交联剂和助剂制备而成，是一种天然蛋白基胶粘剂。20 世纪 90 年代，美国大豆协会推动了大豆蛋白基胶粘剂研究，使其成为生物质胶粘剂领域新的研究热点。

目前，大豆蛋白基胶粘剂已经开始在国内进行推广应用，主要应用于胶合板生产，其胶合性能能够达到Ⅲ类胶合板要求，进行Ⅱ类胶合板生产时耐水性能不够稳定。在生产应用中常采用与其他胶粘剂混合使用的方法，以克服胶合不匀和耐水性较差等缺点。

（2）淀粉基胶粘剂。淀粉基胶粘剂是一种古老的天然胶粘剂品种，多用于纺织、造纸和包装等行业。由于其耐水性、韧性差等原因，不能直接应用于人造板行业，需通过改性处理。改性淀粉基胶粘剂制备工艺较为复杂，使其成本大幅提高，大规模应用受到限制。2009年浙江某公司推出了改性玉米淀粉胶人造板产品，包含细木工板、胶合板及地板。

（3）异氰酸酯类胶粘剂。异氰酸酯胶在木材工业中的研究和应用较为广泛。异氰酸酯胶的胶合强度高、耐水性能好，但也存在成本高、反应过快、能与水发生反应的问题。目前行业应用最广的是预聚体型双组分的水性异氰酸酯胶。很多国际知名胶粘剂厂商拥有其产品，如日本光洋公司、芬兰太尔、美国国民淀粉公司等；国内亦有众多企业从事其生产。

（4）塑性树脂胶粘剂。热塑性树脂胶应用最广的领域并非传统人造板领域，而是用作热熔胶基础共聚物粘接材料和挤出木塑复合。目前，国内一些机构正着手研发适用于人造板的塑性树脂胶粘剂。

九、造纸业对于原材料的需求是否会影响胶合板与纤维板价格?

造纸业原材料中部分为纸浆用木材。纸浆用木材是指切割并制造木浆和造纸的木材，通常来源于混合林伐木作业中的四种木质原材料。首先是树冠比较散的树，在树干低处有很多分叉，几乎不能用作木材。其次是死树或有病虫害的树木。第三是采伐用作原木的树的顶端和枝杈。第四是体积太小不能作为原木的树木。

有许多林木仅仅是为生产纸浆采伐的，没有考虑生产木材。这通常发生在林木为造纸公司所拥有或毗邻造纸厂。有的是造纸公司种植了林地，林地种植了单一品种的软木，以供纸浆使用。还有一种情况，就是自然森林的一些地区有很少或根本没有制造木材的价值，比如一些北方的杨树林。

国家发展和改革委员会、工业和信息化部、国家林业局发布的《造纸工业发展“十二五”规划》中，进一步强调了林纸一体化的重要性和建设原料林基地与提高木纤维比重的目标。规划指出：“从我国的实际情况出发，‘十二五’期间，木浆比重将由22.0%提高至24.3%，木浆增量约为700万吨，其中国产木浆比重由8.4%提高至10.3%，木浆增量约为400万吨。所需木材纤维原料依靠国内外两种资源，坚持严格保护天然林资源的原则，逐步实现造纸工业用材以原料林基地供应为主。”

我国纸浆产量持续下降，而进口量近两年则出现明显上升，2013年进口木浆已经超过国内产量（见图6－7和图6－8）。

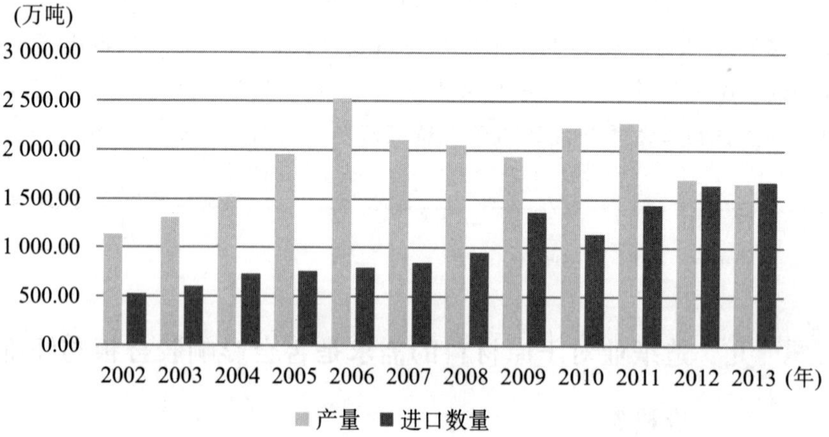

图6－7　我国纸浆产量及木浆进口量（2002～2013年）

资料来源：中国造纸协会。

据中国造纸协会统计，2013年我国木浆产量首次超越非木浆产量，非木浆中的稻麦草浆产量下滑明显（见图6－9）。木浆产量的上升对于纸浆用木材需求压力增加。

2013年全国纸浆消耗总量9 147万吨，木浆2 378万吨，占纸浆消耗总量26%，其中进口木浆占16%，国产木浆占10%；非木浆829万吨，占纸浆消耗总量9%，其中稻麦草浆占4.4%，竹浆占1.5%，苇浆占1.4%，蔗渣浆占1.1%，其他非木浆占0.7%。

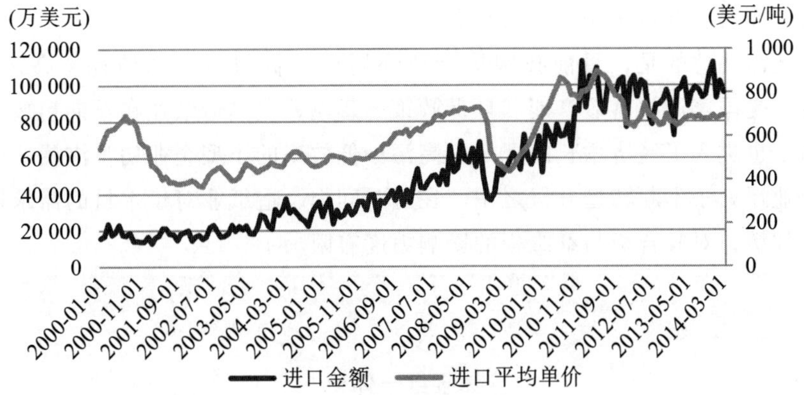

图 6－8　我国进口纸浆金额及平均单价

资料来源：国家统计局。

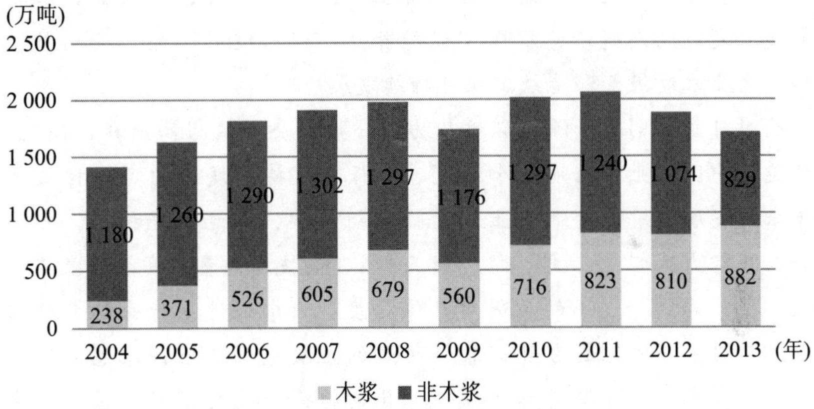

图 6－9　我国木浆及非木浆产量

资料来源：国家统计局。

木浆生产主要使用林业间伐材、小径材、加工剩余物和木片。随着我国木浆产量不断增加，其对原材料的需求也不断提升。胶合板所需木材为原木，受造纸业影响较小；纤维板的原材料与造纸业有较大程度重合，两者对于原材料的需求形成了竞争。随着林业资源日益紧张，木浆价格持续上升，对纤维板原材料的获得造成一定压力，提升了纤维板原材料成本。除此之外，部分林业用地种植纸浆用树种，为造纸厂提供原料，这也影响了胶合板原材料的供应。总体来说，造纸业对于原材料的需求对纤维板成本形成一定压力，而对胶合板影响则相对较弱。

还需注意的是，目前我国造纸业还属于“高投入、高消耗、高污染”行业，受国家淘汰落后产能和环保政策的影响，我国造纸业在长期粗放增长之后，也进入了经济增长的严冬。高污染低效率的小型企业初步淘汰，而大型企业还处于不断转型升级之中。在短时间内，造纸业对于木材的需求增速将会放缓，对胶合板与纤维板的影响力度有限。

延伸阅读

林浆纸一体化

林浆纸一体化是指在市场机制的促使下，将原来分离的林、浆、纸三个环节整合在一起，让造纸企业负担起造林的责任，自己解决木材原料问题，发展生态造纸，形成“以纸养林、以林促纸”的产业格局，促进造纸企业永续经营和造纸工业可持续发展。

面对日益加剧的资源和环境压力，一度被公众认为高消耗、高能耗、高污染的中国纸业，亟须一个绿色、环保、可持续发展的产业模式来引领未来的发展。中国造纸产业正面临重组洗牌，在这个过程中，一些优势企业正努力从“老三高”向“新三高”（高技术含量、高经济效率、高价值链条）转变。过高的原料对外依存度，让中国造纸行业越来越难以招架，林浆纸一体化成为解决原料问题的主要途径。值得欣慰的是，一些纸企一直在不断诠释着林浆纸一体化的概念。某大型国际企业在海南省和广西壮族自治区的两家工厂都是先有林、再有浆、再有纸。国内大型纸企也在林浆纸一体化发展中，积极寻找着公司可持续发展的道路。“以林促纸，以纸促养林，林纸结合”的良性循环是我国造纸业未来发展的道路。

在国家政策方面，随着我国林场改革，未来将形成大规模并且有竞争优势的集团，使造纸企业降低原材料成本，促进林浆纸一体化，使得林木拥有企业、林农以及造纸企业各方受益。

我国自提出林浆纸一体化概念至今已有三十年，推进林浆纸一体化过程中遇到了许多困难。正在实施林浆纸一体化的地域，大致集中在洞庭湖流域、珠江中上游、长江上游、福建武夷山、山东半岛等区域，而其中某些地方也正是我国水土流失最严重的地区。尽管林浆纸一体化是中国造纸工业解决原木浆供应瓶颈、改善纸品档次和竞争力的根本出路，但是由于人口压力，林地资源有限，一体化工程投入资本较高，原木供应周期较长等诸多不利因素，中国的林浆纸一体化工程未来几年很难达到在发达国家的行业贡献度水平。

十、其他类型人造板的价格变化会对期货产生影响吗？

人造板类型多种多样，细木工板与中密度纤维板只是其中的两种，各种类型人造板的用途既存在差异也存在相同点。某些人造板可以替代细木工板与中密度纤维板作为材料进行装修或生产家具，某些用在其他方面的人造板同样也会对细木工板与中密度纤维板的价格产生影响。

（一）细木工板与中密度纤维板替代品

随着我国经济的不断发展，人们对生活质量要求不断提高，作为装修、家具主要原材料的人造板种类逐渐丰富，细木工板及中密度纤维板的替代品也不断增多。市场上，其主要替代品有装饰胶合板（生态板）、木材层积塑料板和刨花板。其中，装饰胶合板（生态板）和木材层积塑料板都属于胶合板，而刨花板是与胶合板并列的另一大类人造板。

目前，市场上兴起了一种称为“生态板”的人造板或是免漆板，这种人造板表面用三聚氰胺浸渍胶膜纸贴面，所用基材为多层实木胶合板、细木工板的三聚氰胺饰面板。其实，这种人造板属于装饰用胶合板，还包括薄木贴面胶合板（俗称切片板）和不饱和聚酯树脂胶合板（俗称保丽板）。由于人民对于环保要求日益提高，这类板材在进行家庭装潢中不需要上漆，对于室内空气污染较小，受到消费者的喜爱，所以这类板材价格较细木工板更高，企业利润也更大。

刨花板是另一大类人造板，分类上与胶合板和纤维板并列。刨花板是由木材或其他木质纤维素材料制成的碎料，施加胶粘剂后在热力和压力作用下胶合成的人造板。

我国刨花板产量逐年提升，但2012年产量出现下降。在三大人造板中，我国刨花板产量占比最小（见图6-10），远低于世界37%的平均水平，主要原因是我国市场对于刨花板认可度较低，同时市场上的刨花板质量参差不齐，影响了消费者的选择。

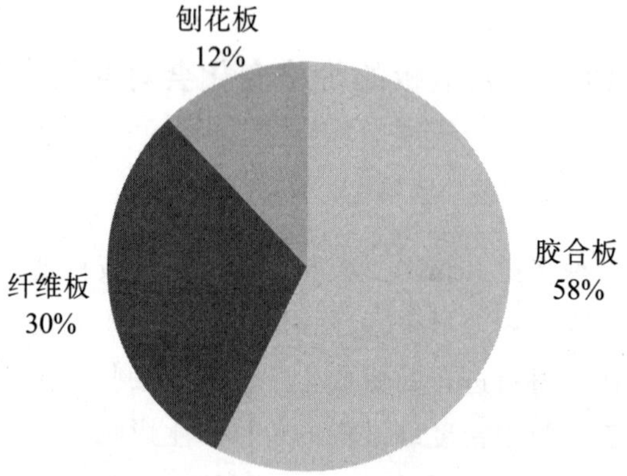

图6-10　2012年主要三类人造板产量比例

资料来源：国家统计局。

由于质量差和市场接受度低等原因，许多刨花板企业吸取教训，引进国外的先进生产线和提高工艺水平，使中国的刨花板质量有了明显提高，又重新被市场接受，许多家具生产企业又重新选用刨花板为原料。因此，近几年来，中国的刨花板需求量逐年上升（见图6-11）。

细木工板和中密度纤维板的替代品虽然逐渐增多，但是由于我国人造板生产布局和市场已经存在的消费习惯，短时间内细木工板和中密度纤维板仍将是我国装修、家具制造的主要材料。从长期来看，随着环保观念的提高、国家政策的落实以及消费意识的改变，其替代品将逐渐被市场接受。替代品在环保、性能和价格等方面都会对细木工板和中密度纤维板造成冲击，这同时会影响到下游需求，进一步对期货价格造成影响。

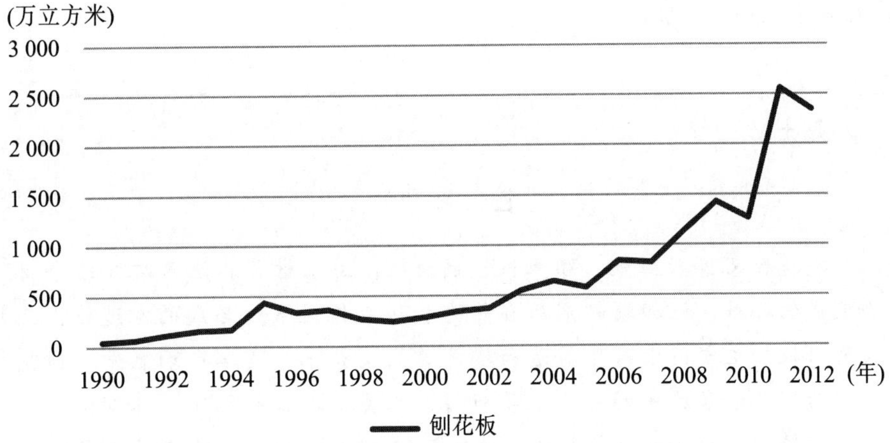

图 6－11 我国历年刨花板产量（1990～2012 年）

资料来源：国家统计局。

替代品的价格同样也会影响细木工板和中密度纤维板期货的价格。一般来说，其期货价格受到替代品价格的正向影响，但同时也应考虑到市场对于替代品的偏好等因素。

（二）非替代品的其他类型人造板

在众多人造板产品中，还有许多其他用途的人造板，这些产品对细木工板及中密度纤维板价格都会产生影响。

从原材料来说，除细木工板外其他类型胶合板对于原木的需求将影响细木工板原材料成本。如木质建筑模板，其使用旋切木皮进行压制胶合，产量占据胶合板产量绝大部分。此外，还有地板用胶合板、阻燃胶合板等等。这些胶合板的价格也会影响细木工板的价格。一般来说，其价格呈正向相关，主要是由于他们使用的原材料具有较大重合度。

中密度纤维板是纤维板中产量最大的品种。目前，国内出现以高密度纤维板为基材的强化地板，由于其原料类似，对中密度纤维板的价格同样会产生影响。

从下游来说，虽然这些非替代品与细木工板及中密度纤维板有一定区别，但是随着技术革新、产品创新以及市场偏好的改变，这些产品的应用范围在未来也将会更加广阔。

小贴士

刨花板

刨花板又叫微粒板、颗粒板、蔗渣板，由木材或其他木质纤维素材料制成的碎料，施加胶粘剂后在热力和压力作用下胶合成的人造板，又称碎料板。主要用于家具制造和建筑工业及火车、汽车车厢制造。刨花板作为人造板家族中的一个主要板种，与其他人造板相比，具有生产投资相对较少、能耗小、成本低、性能好以及对木材原料的质量要求不高等优越性。近几年在世界各地，尤其是在北美和欧洲刨花板成为发展最快的人造板板种之一。

目前，我国人造板产业的产品结构不尽合理，难以适应市场需求。木材利用率仅为50%的胶合板比例偏大，占人造板总产量的38%，高于30%的世界平均水平；而以采伐和加工剩余物为原料，木材利用率接近90%的刨花板比例偏小，远低于37%的世界平均水平。

刨花板质量提升，价格提高的转折已是必然趋势；行业整合速度加快，弱势的中小企业将会逐步被收购或退出市场竞争；刨花板产业面临巨大的产能压力，但刨花板所占比重会逐步增加。

我国刨花板产业发展经历阶段性密集投资，引发2012～2014年生产能力大幅增长，产品性能进一步改善，质量不断提升，产业发展势头良好。

总体来说，其他类型人造板从原材料的使用到下游消费需求，都会对细木工板及中密度纤维板产生不同程度影响。随着人造板种类日益丰富，其他类型人造板对于期货价格的影响将愈发复杂。

十一、国家政策对胶合板与纤维板期货价格影响有多大?

胶合板与纤维板的生产销售主要涉及两类政策：一个是我国林业政策；还有一个就是人造板行业促进政策。

（一）林业政策

我国林业政策是以生态文明为总目标，以改善生态、改善民生为总任务，加快发展现代林业，深化林业改革，加强生态建设和保护，提升林业产业发展的速度和力量，加大林区民生改善和林区基础设施建设力度。

我国林业政策主要包含以下三个方面：

第一，林业改革。目前，我国林业改革主要有集体林权制度改革和国有林场改革。集体林权制度改革，是把集体林地经营权和林木所有权落实到农户，确立农民的经营主体地位，将农村家庭承包经营制度从耕地向林地拓展和延伸，是对农村土地经营制度的丰富和完善，必将进一步解放和发展农村生产力。配套改革还包括林权抵押贷款、林业保险、林业合作组织建立和发展等等。国有林场改革是明确国有林场的功能定位，理顺国有林场的管理体制，创新国有林场的经营机制，完善支持国有林场发展的政策体系，已经在河北、浙江、安徽、江西、山东、湖南和甘肃7省试点实施方案。

第二，林业政策。我国出台了一系列林业专项规划，为林业发展指明了方面。同时，国家林业重点生态工程管理进一步规范，建设深入推进，包括天然林资源保护工程、退耕还林工程、京津风沙源治理工程以及速生林建设工程等。此外，中央财政对于林业发展支持力度不断加大，包括资金补贴范围进一步扩大、森林保险保费补贴的完善、公益林补偿补助的提高。中央政府还出台一系列专项产业政策，对于林木种苗和木本油料产业支持力度进一步加大。

第三，林业法制。我国林业法制建设不断加强，法律体系进一步完善，主要包括《森林法》《湿地保护条例》以及其他部门规章等。同时，林业执法及监督效率不断提高，林业普法工作进一步加强。

（二）人造板行业政策

我国人造板行业政策主要包括以下几点：人造板产品生产许可证制度、增值税即征即退政策、所得税优惠政策、人造板出口退税及进口设备免税政策、造林财政补贴和融资优惠政策。

具体可以分为以下三点：

第一，产业控制和支持政策。人造板产品生产许可证制度对企业规模、技术设备及原料林基地配置提出严格要求，对产业规模扩大和产业竞争力提升起到积极促进作用。《林业产业政策要点》进一步明确了非公有制林业的法律地位，同时推行税费政策、资源利用政策和投融资政策，为人造板企业经营创造了公平竞争的市场环境。

第二，产业鼓励和升级政策。针对林业产业发展的形势，经国务院批准同意，国家林业局组织制定了《林业产业振兴规划（2010－2012年）》，并联合国家发改委、财政部、商务部、国家税务总局颁发。对林业产业全面发展进行了产业规划，明确提出要把包括人造板体在内的十大林业产业作为支柱产业，确定了加大企业技术进步、促进产业升级、对人造板市场进行整顿与清理、对生产企业予以资金扶持的方针。此外，从木材节约导向出发，确定了纤维板、刨花板以及新兴板种成为人造板主导成品，对纤维板、刨花板和细木工板实施所得税与增值税优惠政策、降低林业行政事业性收费，对林业项目实行长期限、低利息的信贷扶持政策。

第三，行业监管体制。政府明确了政策的制定者责任范围，促进行业协会“桥梁”作用，积极制定并完善人造板产品国家及行业标准。

我国人造板产业政策对人造板产业竞争力的培育发挥了一定的外部助推与导向作用。与国际人造板产业发展思路一致，中国人造板生产的原料也是由天然林木材资源转向鼓励使用人工林木材资源和非木质原料。我国林业政策使得天然林在人造板原材料占比大幅降低，取而代之的是以速生林为主的人工林。速生林为我国人造板提供了大量原材料，其发展大大降低了人造板原材料成本。同时，林业产业制度改革大幅激发了林木种植的积极性，无论是单一林场还是人造板企业配套林场，其规模势必大幅扩张，这对于缓解原材料压力有促进作用，同时也会减缓因成本上升对期货价格的推动。

但是，需要注意的是，部分速生林的生态效益较低，某些产量较大树种对环境破坏很大，这是与我国林业政策相违背的，一旦政府对此类速生林进行限制，那么胶合板与纤维板成本势必会上升，期货价格也会因此走高。

从我国对人造板产业的政策来看，未来生产企业将走上规模化发展之路，产业链整合程度不断提高，技术及品牌附加值将得到增加，企业定价能力得以提高。这对于胶合板与纤维板行业的产品质量标准具有积极意义，也有助于企业提高盈利能力。对于期货价格来说，随着产品价格的提高，随着生产企业话语权的提升，期货价格也将有所提高。

案例 6－2

2014 年 4 月 1 日，黑龙江大兴安岭林区全面停止商业性采伐，实行封山育林，标志着 50 年的商业性采伐历史结束。黑龙江木材全面禁伐令更吹响了木材原材料一路走高的号角。同时，许多原木加工企业在 4 月 1 日前大量囤积原木，静观市场走向，也加剧了木材供应的短缺。虽然我国从俄罗斯进口木材力度加大，但是俄罗斯为保护自身利益，限制原木直接出口，原木在当地加工后才能出国门，因此价格较国内木材每立方米贵千元左右。

未来原材料价格的长期上涨将大大增加我国胶合板成本，从 2014 年 4 月开始，市场对此政策就做出了强烈反应，胶合板期货价格开始一路上涨，从 130 元附近一路飙升至 155 元价格，涨幅接近 20%。虽然胶合板期货价格此次上涨有其他原因，但是我国东北禁伐的规定对价格也产生较大影响，加剧了价格上涨幅度。从 2014 年 5 月开始，前期国家政策对于价格的利多影响逐步消化，胶合板期货价格开始大幅回落（见下图）。

胶合板期货价格走势

这一案例反映出期货市场对于国家政策的反应通常会较为敏感，特别是胶合板期货价格受成本支撑较强，对我国林业保护政策更为敏感，但有时也会出现矫枉过正的情况。投资者在密切关注国家政策的同时也应理性分析其对期货价格的影响程度，切莫受市场非理性情绪的影响。

十二、期货市场信息如何影响胶合板与纤维板期货价格？

期货价格的波动还受期货市场信息的影响，主要包括成交量、持仓量、仓单数量、多空力量对比、市场消息等，对于胶合板与纤维板期货更是如此。由于胶合板与纤维板期货标的物细木工板及中密度纤维板在目前所有期货品种之中属于市场规模较小的品种，期货价格对于期货市场信息的变化更为敏感。

目前胶合板与纤维板市场较为分散，企业规模偏小，并未形成较为统一的定价体系，加上期货交割品只对质检作出要求，未考虑品牌附加值，市场对于期货价格的判断一直存在较大分歧，加大了期货市场信息对期货价格的影响。

从胶合板与纤维板期货上市以来的价格波动可以看出，胶合板期货价格波动明显高于纤维板期货，主要是由于胶合板企业规模较纤维板企业小，产品标准差异大，使得市场对于胶合板期货的定价分歧更大。

成交量与持仓量可以用以大致判断期货行情的发展。成交量是推动行情发展的基本动力，成交量增加则价位变化趋于活跃，成交量减少则价位变化趋于缓和；持仓量是行情发展的内在动力，增仓是一段行情的开始，而减仓是一段行情的结束。

仓单数量也对胶合板与纤维板期货价格产生较大影响。从历史情况看，注册仓单的多少对于胶合板与纤维板期货多空双方的信心及预期产生较大影响。在上市初期，注册仓单数量较少，期货价格偏低，阻碍了生产企业参与期货的积极性，随后期货价格不断上升，特别是胶合板期货上涨速度非常迅速。

市场消息也是影响期货价格的重要因素之一，特别是胶合板与纤维板期货，其市场消息影响力度明显强于其他大宗商品企业。

上市初期，市场关注的胶合板与纤维板消息主要集中于符合质检标准的产品定价问题，特别是胶合板期货对于这类信息的敏感程度更高。而随着市场对于生产企业及其产品的不断了解，关注的信息转变为交割品产量及企业生产意愿的问题。这些市场所关注的消息对于短期期货价格走势将造成较大影响，其关注内容的变化也是市场对于期货定价分歧的焦点之一。

案例 6－3

2014 年 5 月 7 日开始，BB1409 合约在经历前期大幅上涨之后出现回调，价格一度逼近 135 元关口，在 5 月 30 日放量大幅跌破 135 元，随后一直下探 132 元（见下图）。那么为什么在不到一个月的时间里，基本面情况未发生变化，而胶合板期货价格下跌 13 元，跌幅近 10%呢？这就是期货市场信息对于多空双方的作用。

胶合板期货上市以来，多空双方就一直存在较大分歧，价格波动较大。

此次价格大幅下跌其中一个原因是，多头从期货市场拿货后，由于现货市场普遍流通的产品档次较期货品种低，所以对多头销售期货交割品产生不利影响，使其只能以现货的低价格进行销售。同时，由于期货标的物设置未要求板芯的材质，市场传言有期货空头发现存在更低价格的产品能通过质检进入交割。同时，2014 年胶合板销售形势并不理想，厂商整体有库存压力，房地产行业不乐观影响了下游消费需求。

而到了 6 月 5 日，BB1409 空头第一主力空单持仓在下午突然大幅减少，空头主力的离场使得合约价格迅速反弹。

多头的主要观点是，生产企业对期货价格与现货成本的价差没有太大参与动力。而从套保来看，细木工板价格波动幅度长期以来不是很大，并且由于其价格临近生产成本，价格难以短期大幅度下行。同时，由于利润原因，目前细木工板企业很多转产其他类型人造板，细木工板品牌集中度越来越高，大型企业品牌附加值提高，使得大型企业在现货卖出的价格远高于期货价格，而成本则低于期货交割品；小型企业由于技术水平原因，产品难以满足交割质检；中型企业则很多转产其他高利润人造板。这些原因使得 BB1409 合约仍有可能出现“逼仓”行为，而成本支撑使得现货价格难以下行。

从这一案例中可以看出，即使在基本面及未来预期未出现明显变化的时候，期货价格也可能因为市场信息而出现大幅波动。这反映了期货市场的高风险性及投资者对于信息的敏感程度，特别是对于胶合板与纤维板期货这样市场信息透明度相对较低、生产及流通市场差异较大的品种，投资者应尤为注意这类情况的发生。

自测题

一、填空题

1. 从胶合板与纤维板供求情况出发考虑，供给方面主要包括商品（　　）、（　　）和（　　）。需求方面主要包括（　　）、（　　）和（　　）。

2. 原材料成本主要包括（　　）、（　　）、（　　）、（　　）和（　　）等。

3. 胶合板与纤维板也有生产和销售的周期性变化。一般来说，胶合板与纤维板生产和销售旺季在（　　）以及（　　），此段时间正处于春节之后及国庆黄金周期间，国内家庭装修处于高峰期。而由于春节假期，每年的（　　）是生产销售最淡季。

4. （　　）是指在市场机制的促使下，将原来分离的林、浆、纸三个环节整合在一起，让造纸企业负担起造林的责任，自己解决木材原料问题，发展生态造纸，形成以纸养林、以林促纸的产业格局，促进造纸企业永续经营和造纸工业可持续发展。

5. 免漆板表面用（　　）贴面，所用基材为多层实木胶合板、细木工板的三聚氰胺饰面板。

二、判断题

1. 影响胶合板与纤维板价格的因素较多，既有国内外供给和需求变化，又有各国政策、原材料成本以及品牌附加值等影响，其中，最为重要的便是国内外供求情况。（　　）

2. 需求方面来看，由于家具制造消耗人造板约65%的供给，因此家具需求对人造板市场的影响较大。（ ）

3. 我国胶合板与纤维板主要出口欧美、中东及日韩，每个国家对于板材进口的政策和标准都不一样，这些出口国家并未增加对我国胶合板与纤维板的贸易壁垒。（ ）

4. 一般来说，胶合板生产线的投资成本远高于纤维板生产线投资成本。（ ）

5. 胶合板与纤维板价格较为平稳，价格基本不受周期性的影响。（ ）

三、单选题

1. 2012年3月26日，中国林产品指标机制由国家林业局林产品国际贸易研究中心正式启动运，但其目前发布的指数不包括（ ）。

A. FPI30指数　　B. FPI地板指数

C. FPI纤维板指数　　D. FPI胶合板指数

2. 目前，我国胶合板与纤维板市场特点同（ ）较为相似。

A. 完全竞争市场　　B. 垄断竞争市场

C. 寡头市场　　D. 完全垄断市场

3. 广西壮族自治区人工速生林以（ ）为主。

A. 杉木　　B. 柳木

C. 桉木　　D. 杨木

4. 据中国造纸协会统计，2013年全国纸浆消耗总量9 147万吨，其中木浆消耗总量占纸浆消耗总量比例是（ ）。

A. 20%　　B. 26%

C. 30%　　D. 36%

5. 替代品的价格同样也会影响细木工板和中密度纤维板期货的价格。一般来说，胶合板期货与纤维板期货价格会受到替代品价格影响的方向是（ ）。

A. 正向影响　　B. 反向影响

C. 无相关影响　　D. 等比例影响

6. 以下（ ）不是人造板企业参与胶粘剂生产环节带来的影响。

A. 产品成本降低　　B. 有助于胶粘剂技术发展

C. 有助于人造板质量的提高　　D. 行业集中度降低

四、多选题

1. 以下影响胶合板与纤维板价格的因素有（ ）。

A. 国内外供给和需求变化　　B. 各国政策

C. 原材料成本　　D. 品牌附加值

2. 目前细木工板与中密度纤维板的主要替代品有（ ）。

A. 装饰胶合板　　B. 木材层积塑料板

C. 刨花板　　D. 建筑模板

3. 期货价格的波动还受到期货市场信息的影响，包括（ ）。

A. 成交量　　B. 持仓量

C. 仓单数量　　D. 市场消息

4. 商品的生产成本对产品价格有重要影响。一般来说，商品的生产成本会被认为是商品价格下跌的“底部”，但很多情况下，即使商品价格跌破生产成本，企业也会生产和销售。以下可能使得产品价格低于生产成本的情形有（ ）。

A. 短时间价格波动剧烈

B. 企业库存压力促使企业降低价格

C. 未来预期可能导致期货价格低于成本

D. 原材料价格缓慢上升

5. 2012 年我国人造板原料林造林面积为 148 862 公顷，主要树种有（ ）。

A. 杉木　　B. 桉树

C. 杨树　　D. 松木

参考答案

一、填空题

1. 期初库存；产量；进口量；国内消费；出口量；期末库存
2. 木材成本；胶粘剂成本；加工成本；运输成本；税费
3. 3 月至 6 月；9 月至 12 月；1 月至 2 月
4. 林浆纸一体化
5. 三聚氰胺浸渍胶膜纸

二、判断题

1. √　2. √　3. ×　4. ×　5. ×

三、单选题

1. D　2. B　3. C　4. B　5. A　6. D

四、多选题

1. ABCD　2. ABC　3. ABCD　4. ABC　5. ABCD

第七章

企业如何利用胶合板与纤维板期货

本章要点

本章主要介绍企业如何利用胶合板期货与纤维板期货规避价格波动、锁定利润、指导企业生产经营及拓宽融资渠道，阐述人造板期货的作用、使用方法、注意点和风险控制，同时通过大量案例进行具体说明，使企业对如何运用期货工具有一个直观认识。

一、胶合板与纤维板期货能给企业带来什么帮助?

期货市场具备价格发现和风险规避的功能，企业可利用期货市场的权威价格指导生产经营，也可以利用套期保值工具，实现期货和现货市场交易损益抵补，避免价格大幅波动给经营带来的损失。

企业利用期货工具存在诸多益处，主要有以下几条：

第一，利用期货市场产生的权威价格指导生产经营。如原材料采购价格谈判、产成品销售定价、年度生产销售计划的安排等。

第二，规避价格风险，锁定企业成本及利润。如，生产企业在生产成本之上再加一定的利润，在期货市场上卖出套保，锁定合理的利润；加工企业套保依据订单的定价方式，在期货市场买进套保，锁定原材料成本。

第三，改进生产工艺，提高产品质量。越来越多的生产和加工企业利用期货市场来锁定成本和价格，它势必要求生产商的产品达到期货合约的交割标准，否则会影响套期保值操作的效果。企业须改进生产工艺，提高产品质量，以适应套期保值操作的需要。

第四，节约采购或销售成本。

当然，必须注意的是，企业开展套期保值操作之前，应做好充分思想准备。企业要参与期货市场的操作，实现稳健经营，必须在观念、制度、机构、人才等方面做全面细致的准备工作。

企业对现货市场非常熟悉，对产品基本面有深刻了解，而期货交易正是在现货交易基础上发展起来的，是通过在期货交易所内交易标准化期货合约的一种新型交易。企业参与期货具有得天独厚的优势。首先，企业有实物基础的优势，企业通过自身现货市场感受可以判断行情是否有利。由于自身从事现货行业，进行期货交易了结头寸既可选择对冲平仓，也可选择交割实物，这样企业更加容易消化掉交割的现货资源。其次，企业有现货的信息优势。普通投机者自己不参与经营，一般很难理解信息对商品市场的作用程度。企业可以根据市场情况直观感觉并判断买卖双方的心理预期。比如胶合板制造企业，如果连续几天没有人询问价格，基本上就可以判断当前的市场形势比较疲软，就可以在期货市场上做空，而投机者是无法第一时间得到这一信息的。然后，企业可以实现快速采购和囤货，节约资金和仓储费用。最后，期货可以指导企业实际经营，方便企业定价销售。

二、企业如何利用胶合板与纤维板期货规避产品价格波动风险?

期货市场基本的经济功能之一就是为现货企业提供价格风险管理的机制。为了避免价格风险，最常用的手段便是套期保值。套期保值交易的主要目的是将生产者和用户的价格风险转移给投机者。当现货企业利用期货市场来抵消现货市场中价格的反向运动时，这个过程就叫套期保值。

(一) 套期保值的基础

期货交易过程中期货价格与现货价格尽管变动幅度不会完全一致，但变动的趋势基本一致。即当特定商品的现货价格趋于上涨时，其期货价格也趋于上涨；反之亦然。这是因为期货市场与现货市场虽然是两个各自分开的不同市场，但对于大多数商品来说，其期货价格与现货价格主要的影响因素是相同的。这样，引起现货市场价格涨跌的因素，也同样会影响期货市场价格同向涨跌。套期保值者就可以通过在期货市场上做与现货市场相反的交易达到保值目的，使价格稳定在即定目标水平上。

现货价格与期货价格不仅在变动的趋势上相同，同时在期货合约到期时，两者价格将大致趋于一致。这是因为从理论上来说期货价格包含有储藏该商品直至交割日为止的一切费用，这样正常情况下远期期货合约价格较现货价格高。当期货合约临近交割日时，储存费用会逐渐减少乃至完全消失。这时，两个市场价格的决定因素实际上已经几乎相同了，交割月份的期货价格与现货价格趋于一致。这就是期货市场与现货市场的市场走势趋同性原理。

当然，期货市场并不等同于现货市场，实际的情况更加复杂，期货价格还会受一些其他因素的影响。因而，期货价格的波动时间与波动幅度不一定与现货价格完全一致，加之期货市场规定的交易单位与现货市场可能有一定差异，两个市场操作的数量往往不尽相等。这些原因就使得套期保值的操作在冲销盈亏时，有可能获得额外的利润，也可能产生小额亏损。因此，我们在从事套期保值交易时，也要关注可能会影响套期保值效果的因素，如基差、产品质量标准差异、交易单位差异等，使套期保值交易能达到满意的效果，从而为企业的生产经营提供有效服务。

（二）套期保值分类

按照在期货市场上所持的头寸，套期保值又分为卖出套期保值和买入套期保值。卖出套期保值（卖期保值）是套期保值者首先卖出期货合约，持有空头头寸，以保护在现货市场中的多头头寸，旨在避免价格下跌的风险，通常为农场主、矿业主等生产者和仓储业主等经营者所采用。买入套期保值是套期保值者首先买进期货合约，持有多头头寸，以保障在现货市场的空头头寸，旨在避免价格上涨的风险，通常为加工商、制造业者和经营者所采用。

1. 买入套期保值。针对于不同类型企业及其所处情况，应选择合适的套期保值类型。买入套期保值适用对象及范围有以下几种：第一，企业为了防止日后购进原料时价格上涨；第二，供货方已经跟需求方签订好现货供货合同，将来交货，但供货方此时尚未购进货源，担心日后购进货源时价格上涨；第三，需求方认为目前现货市场的价格很合适，但由于资金不足等原因，不能立即买进现货，担心日后购进现货价格上涨。

在选择好套期保值的方向之后，企业还需要确定买入套期保值的操作方法。买入套期保值者先在期货市场买入期货合约，预先在期货市场上持有多头头寸；然后，在现货市场上买入现货的同时，在期货市场上进行对冲，卖出原先买入的该商品的期货合约，当价格上涨时，用期货市场的盈利来弥补现货上涨的损失，锁定企业的生产成本，进而为其在现货市场上买进现货商品的交易进行保值。

2. 卖出套期保值。卖出套期保值适用对象及范围有以下几种：第一，直接生产商品期货实物的生产厂家、农场、工厂等手头有库存产品尚未销售或即将生产、收获某种商品期货实物，担心日后出售时价格下跌。第二，储运商、贸易商手头有库存现货尚未出售，或储运商、贸易商已签订将来以特定价格买进某种商品但尚未出售出去，担心日后出售时价格会下跌。第三，加工制造企业担心库存原料价格下降。

同理，企业还需要确定卖出套期保值的操作方法。交易者先在期货市场上卖出期货合约，其卖出的品种、数量、交割月份都与将来在现货市场卖出的现货大致相同，如果以后现货市场价格真出现下跌，其虽然在现货市场上以较低的价格卖出手中的现货商品，但是其在期货市场上买进原来的期货合约进行对冲平仓，用对冲后的盈利来弥补因现货市场出售现货所发生的损失，从而实现保值的目的。

（三）产业链各位置企业套期保值

1. 生产企业。对于生产企业来说，其作为产品的生产者和供应者，利用期货进行套期保值的主要目的就是避免胶合板或纤维板未来价格下跌产生损失，同时也提前锁定商品销售利润。生产企业一般采用卖出套期保值来规避价格波动风险。卖出套期保值是为了防止现货价格在交割时下跌的风险而先在期货市场卖出与现货数量相当的合约所进行的交易方式。

案例 7－1

5 月，某纤维板生产企业与下游客户签订合约，约定在 6 月中旬以市场价格提供 10 万张符合国家标准的中密度纤维板。该企业预计 5 月之后纤维板市场将可能出现供大于求局面，届时纤维板市场价格可能会出现一定幅度下跌，但 6 月原材料价格可能继续上涨，所以无法通过推迟生产时间来降低成本。为避免将来价格下跌带来的风险，该纤维板生产企业决定在大连商品期货交易所进行卖出套期保值操作。

5 月，符合国家标准 E1 级的中密度纤维板市场价格为 62 元/张，企业于期货市场进行套期保值，5 月 5 日卖出 200 手纤维板期货 FB1409 合约，卖出价格为 63.65 元/张。

6 月中旬，中密度纤维板市场价格下滑至 60 元/张，企业于 6 月 19 日交货，并在当天于期货市场进行平仓，平仓价格为 59.2 元/张。

该生产企业套期保值效果如下：

套期保值效果

	FB1409	现货价格
2014 年 5 月 5 日	63.65 元/张	62 元/张
2014 年 6 月 19 日	59.2 元/张	60 元/张
盈亏情况	445 000 元	-200 000 元
盈亏总计	245 000 元	

可以看出，如果企业不进行套期保值，那么其销售的产品利润将减少 20 万元；如果进行套期保值操作，那么其现货与期货市场合计盈利增加 24.5 万元。

案例 7-2

某年 11 月中旬，15mm 胶合板现货价格为 129 元/张。此时期货市场上的价格为 134 元/张。某胶合板生产商现有 5 万张库存，担心未来市场价格将走低，售价下跌将使自己利润亏损。因此，为防止未销售产品价格下跌带来的风险，该厂家决定利用期货市场为现有库存进行卖出保值，以弥补库存价格下降给企业带来的贬值损失。到次年 1 月，现货价格下跌至 120 元/张，企业将套期保值的胶合板在现货市场卖出，同时在期货市场进行平仓。

套期保值效果

	期货市场	现货价格
11 月 14 日	134 元/张	129 元/张
1 月 20 日	121 元/张	120 元/张
盈亏情况	650 000 元	-450 000 元
盈亏总计	200 000 元	

此例中，因现货价格下跌的影响，该企业的 5 万张库存亏损 45 万元，而又由于在期货市场上进行抛空后平仓获利 65 万元，期货市场上的盈利弥补了现货市场上的亏损，起到了保值的效果，从而锁定了企业的销售利润。

2. 贸易流通企业。人造板市场的贸易流通具有双重角色，其作为产品的需求者和供应者，通过买卖过程赚取差价。因此，无论市场价格涨跌，贸易流通企业都将面临较大的风险。一方面，相对于生产企业来说，贸易商作为买方希望价格越低越好；另一方面利用期货进行套期保值的主要目的就是避免胶合板或纤维板未来价格下跌产生损失，同时也提前锁定商品销售利润。

案例 7－3

浙江某人造板贸易企业在 6 月与家具企业签订远期供货协议，约定 8 月中旬交付一批中密度纤维板，价格为 60 元/张，数量为 50 000 张。该贸易商担心 8 月现货价格出现上涨，企业会蒙受损失，因此决定在期货市场上做买入纤维板期货合约进行套期保值，数量为 100 手。由于 8 月纤维板期货合约成交量极小，所以企业选择 9 月合约进行套期保值，期货合约买入价格为 58.9 元/张。到了 8 月，正如贸易商所料，现货价格出现了上扬，交货时纤维板现货价格已经涨至 63 元/张，而此时期货价格也已经涨至 63.5 元/张。于是，该贸易商在现货市场向生产企业买入 50 000 张中密度纤维板，价格为 63 元/张；同时，在期货市场以 63.5 元/张卖出 100 手 9 月合约进行平仓对冲，盈亏变化如下：

期货市场盈亏＝（63.5－58.9）×100×500＝230 000（元）

现货市场盈亏＝（60－63）×100×500＝－150 000（元）

盈亏总计＝230 000－150 000＝80 000（元）

套期保值效果

	期货市场	现货市场
2014 年 6 月 5 日	58.9 元/张	60 元/张
2014 年 8 月 7 日	63.5 元/张	63 元/张
盈亏情况	230 000 元	－150 000 元
盈亏总计	80 000 元	

可以看出，该企业在期货市场进行的是先买后卖套期保值操作。在反向市场中，基差在缩小，作为企业的买入套期保值操作，由于盈利大于亏损，保值者得到了完全的保护。由于该贸易商在期货市场上作了买入套期保值，利用期货市场的盈利弥补了现货市场的损失，也就是利用期货市场的套期保值操作，在弥补现货市场损失的同时，还获得了额外的盈利。这最终使该企业在现货市场上履行了合同，企业的信誉得到了保障。

案例 7－4

某人造板贸易商与上游胶合板生产企业签订了长期的供货合同购买细木工板，价格敲定在 130 元/张。假定该贸易商在 1 月需要 5 000 张细木工板，由于 1 月为家庭装修淡季，价格普遍偏低，因此贸易商 12 月 10 日在期货市场上以 132 元/张的价格卖出 10 手 1 月胶合板期货合约。到了 1 月，细木工板现货价格已经跌至 128 元/张，贸易商不得不高价从生产企业手中买下 5 000 张细木工板，同时在期货市场上以 126 元/张的价格买入 10 手胶合板期货合约平仓。套期保值盈亏变化如下：

期货市场盈亏＝（132－128）×10×500＝20 000（元）

现货市场盈亏＝（128－130）×10×500＝－10 000（元）

盈亏总计＝20 000－10 000＝10 000（元）

套期保值效果

	期货市场	现货市场
2013 年 12 月 10 日	132 元/张	130 元/张
2014 年 1 月 20 日	128 元/张	128 元/张
盈亏情况	20 000 元	－10 000 元
盈亏总计	10 000 元	

可以看出，该企业在期货市场进行的是先卖后买的卖出套期保值操作。在正向市场中，基差呈现了强势特征，从 12 月 10 日的－2 元上升到了 1 月 20 日的 0 元。企业的卖出套期保值操作，由于期货市场的盈利大于亏损，保值者得到了完全的保护。贸易商虽然在现货市场承受了相当的损失，但由

于其在期货市场上卖出套期保值，利用期货市场操作弥补了现货市场数万元的损失，同时还有一定盈利。如果贸易商不做套期保值，那么他要么承担损失，要么撤销合同失去信用，这都会令贸易商有所损失。

我们在看到价格变化对套期保值操作有利的一面同时，还要看到市场也存在价格反向变化的一面。比如到元旦前后，细木工板价格出现了上涨，那么该企业可能会最终实现用现货盈利来弥补期货亏损。这时，如果该贸易商没有在期货市场作卖出套期保值，而是在元旦前后直接购买现货，单一买入操作可能会给其带来暴利，但潜在的不确定风险同样是巨大的。

3. 下游企业。胶合板与纤维板下游企业主要是家具制造企业，本身对现货市场的供求关系有深入了解，往往可以提前把握原材料供求情况的变化。这些企业可以通过提前采购并储备原材料以应对未来价格上涨的风险，但是，提前储备原材料需要占用大量资金，还会产生额外的库存费用，尤其是板材的储存要求较高，长期储存势必影响产品质量。如果下游企业利用期货市场提前买入期货合约，只需要支付少量保证金就可以锁定成本，从而以低成本规避原材料价格上涨的风险。

案例 7-5

江苏某家具厂于 5 月 21 日签订了一份家具购销合同，将生产一批家具并于 11 月 25 日交货。假设这批产品需要 2 万张中密度纤维板作为原材料，按生产计划安排，加工周期约为 2 个月，中密度纤维板必须在 9 月底前准备好。5 月下旬，厂家所在地区中密度纤维板现货价格 72 元/张，期货价格 1409 合约 59.15 元/张。公司经过核算后发现，按订单价格，中密度纤维板采购价低于 70 元/张时公司有利润，高于此价格时将会产生亏损，公司担心 9 月为销售旺季，原材料可能出现上涨，于是利用期货市场进行买入套期保值。5 月 22 日，公司以 59.1 元/张的价格买进 9 月纤维板期货合约 40 手，合计 2 万张中密度纤维板。由于江苏为纤维板期货交割的非基准地，纤维板价格将升水 5 元/张，企业实际期货买入的价格为 64.1 元/张。

假设后面纤维板上涨，到 9 月初，纤维板期货价格上涨到 65 元/张，现货价格上涨至75元/张，那么就可以选择在期货市场65元/张全部卖出平仓，然后到现货市场按75元/张买进2万张纤维板，当然也可以选择把期货合约持有到交割，从交割仓库提取现货。

若选择期货平仓，买入现货，则总成本如下：

期货市场盈利 =（65 - 59.15）×20 000 = 117 000（元）

现货市场买入所需资金 = 75×20 000 = 1 500 000（元）

原材料实际成本 = 1 500 000 - 117 000 = 1 383 000（元）

若选择期货持有至到期交割，则成本如下：

出库费用为0.325元/张，运费假设为1.5元/张，则：

期货交割购买成本 =（59.1 + 5 + 0.325 + 1.5）×20 000
= 1 318 500（元）

对比两种方式可以发现，期货持有至到期交割来购买原材料成本更低，企业应选择这一方式。如果届时期货和现货价格与假设不一致，则应具体计算以确定最优方案。

除了提前锁定原材料成本外，期货市场保证金制度也有利于企业降低资金成本，缓解财务压力。如果按照72元/张的现货价格来计算，2万张中密度纤维板将占用144万元资金，那么4个月的银行利息就需要4万元左右。此外，日常的经营也需要占用大量流动资金。通过期货进行买入套期保值仅仅需要占用大约1.2万元的资金，大大降低了企业利息支出和资金压力。

（四）套期保值操作的注意事项

企业在进行套期保值时应严格遵守套期保值的原则，并注意套期保值操作中各个细节，否则将影响套期保值效果，严重的将造成巨大损失。

套期保值的一般原则是在期货市场上与现货市场上的交易行为必须遵循“数量相等，方向相反，同时进行”的原则，这也是避险与投机的根本区别。

企业在进行保值活动前，要对企业的资金状况及市场环境作充分的分析，套期保值活动必须以充分的市场行情分析为基础，套期保值活动必须以企业自身的资金条件为前提。

企业必须要作长期交易的准备，并且在移仓时不能进行头寸累加，必须向没有头寸的月份迁仓。企业必须严格按实际所需的现货数量进行期货操作，绝不能超仓入市。

无论期货持仓盈亏与否，在各合约到期进入交割月份之间必须平仓，并同时在现货市场购入与当月期货持仓数量相一致的现货。企业不能随意调整套保持仓计划，否则可能会加大实际操作风险。

延伸阅读

移仓换月

移仓是指以当前持仓合约的相同持仓方向和相同持仓量对所要移至的合约进行开仓，实现仓位的转移。

期货市场上同一品种不同月份的合约往往存在一定价差，有时远月合约价格可能会低于近月合约，在进行套期保值时要充分利用这种价差结构，每月在近月份平仓后，都能以更低的价格在下一月份买入，通过这种移仓操作，可以实现无风险的滚动利润。但是对于胶合板期货和纤维板期货而言，移仓时需要注意其仓单注销月份的规定。卖出套期保值企业进行移仓时应考虑到每年有3个月份需要注销仓单的规定，避免移仓后所持有的仓单被注销而导致套期保值失败。如果企业所做的套期保值未基于实物交割，那么移仓时尽量选取活跃合约，避免不活跃合约可能的价格大幅异常波动。

三、企业如何利用胶合板与纤维板期货指导生产和经营？

在市场经济中，价格机制是调节资源配置的重要手段。价格是在市场中通过买卖双方的交易活动而形成的，价格反映了产品的供求关系。与此同时，价格变化又影响供求的变动。现货市场中的价格信号是分散的、短暂的，不利于人们正确决策。而期货价格在一个规范有组织的市场通过集合竞价方式，形成具有真实性、预期性、连续性和权威性价格，再通过交易所的现货交割制度，使得期货价格和现货价格收敛。因此，期货价格能够比较准确地反映真实的供求状态及其价格变动趋势。

价格发现与套期保值是期货市场所拥有的独特功能。所谓价格发现功能就是指期货市场通过公开、公正、高效、竞争的期货交易运行机制，形成具有真实性、预期性、连续性和权威性价格的过程。期货市场的价格发现功能必须满足四个条件：第一，期货交易参与者众多；第二，期货交易中交易人士大都熟悉某种商品行情；第三，期货交易透明度高；第四，期货交割制度设计合理。

无论是生产企业还是贸易企业，或者是下游加工企业，期货价格发现功能都对生产和经营起到重要指导作用。

在期货交易和期货市场产生以前，企业经营者主要根据现货市场商品价格及其变动调整企业的经营方向和经营规模。在现实经济中，由于经济主体的非完全理性、信息的不充分以及市场结构的非完全竞争性，均衡价格在现实中往往不是常态，通常形成的价格是分散的，并且经常会高于或者低于均衡价格，这是在现实经济中普遍出现的情况。由此可见，现货市场在确定均衡价格形成方面具有很大的局限性，现货价格的基本特征在于其滞后性、不完全性和不确定性。

（一）生产企业

对于生产企业来说，胶合板与纤维板期货的价格发现功能可以帮助企业指导生产与经营，主要作用有以下几点：

第一，价格形成机制更加完善，对未来价格判断更加合理。胶合板期货与纤维板期货所形成的价格不是个别交易的结果，而是在一个集约化程度高、交易活跃、多空双方充分竞争的市场上形成的，可以比较真实地反映市场对未来价格的预期。期货的价格发现集合了现在与未来不同时间的市场供求情况，同时也充分体现了交易的成本，具有很强的标杆作用，为生产企业判断未来产品价格走向提供了重要的依据。

第二，胶合板期货与纤维板期货上市的合约包含了 1 年跨度所有月份，企业可以了解未来一年之内的合约价格，体现了期货市场的引导性，可以根据期货价格来安排未来的生产和经营计划，为企业未来规划安排提供了重要参考。

第三，尽管期货价格与现货价格同向波动，但由于市场影响因素和流动性的差异，在某些时候期货价格与现货价格可能会出现短期波动幅度差异较大、基差偏离正常区间的情况。如果能灵活利用期货市场，将实物库存与虚拟库存进行有效调配，则可以适当降低库存成本，扩大企业利润。

第四，国内胶合板与纤维板在期货上市以前缺乏较为权威的定价，虽然少数交易市场会发布其自身统计的价格情况，但是受地域性及市场容量的影响，价格难以作为产品在市场的标杆。期货除了具有价格发现的功能外，其价格权威性也是毋庸置疑的，胶合板与纤维板企业可以通过期货价格来制定当期和未来的现货销售价格，甚至还可以通过使用以期货价格为基础的点价交易来签订销售合同。

（二）贸易企业

对于贸易流通企业来说，胶合板与纤维板期货的价格发现功能可以帮助企业制定未来采购及销售策略。贸易流通企业所面对的风险既有产品价格上涨引起采购成本上升的风险，又有当产品价格下跌时库存产品价值减少的风险。由于贸易流通企业的风险敞口是双向的，那么就需要根据具体情况，灵活利用期货制定采购及销售策略。

（三）下游消费企业

对下游企业也可以利用胶合板与纤维板期货指导生产经营。胶合板与纤维板的下游企业所面临的风险主要是原料板材价格的上涨，可以利用期货市场获得公开权威的价格信息，有计划地调整原料库存，并使用期货市场的套期保值进行原材料成本的锁定。

四、企业如何利用胶合板与纤维板期货缓解库存或资金压力?

资金是企业从事一切生产经营活动的基本要素，是企业得以生存和发展的保障，资金管理贯穿于企业整个生产经营的始末。中国人造板产量多年来居世界第一，但同时也面临产能过剩、市场无序竞争和国外贸易壁垒等问题。特别是2010年之后，受国内融资结构不合理的影响，市场资金利率不断攀升，许多企业外部融资环境愈发严峻，资金紧张影响了企业各项生产经营活动的正常、有序开展，加大了企业的采购成本，影响了产品加工的正常进行，导致无法向购货方正常交货，造成企业间相互拖欠款项现象日益严重，企业效益进一步下滑，严重制约了其生存和发展。

期货市场延伸出来的其他功能也越来越受到企业重视，企业不再是被动参与，而是主动灵活地运用期货市场的这些功能，完善经营。

库存管理对企业来说极其重要，过多的库存不但给企业带来巨大的价格波动风险，也增加了巨大的持有成本以及资金占用成本；而过少的库存又可能无法满足企业的正常需求，导致生产脱钩、下游需求脱节。期货市场因有与现货价格同向波动的特点，可以成为企业库存管理的有效辅助工具。现货库存的实物，我们称之为实物库存；而企业根据生产经营情况在期货建立的买入持仓，则可以称之为虚拟库存。利用期货市场，有效配置企业的实物库存和虚拟库存，可以使企业在经营、库存管理上更加灵活。

企业可以通过期货市场转移库存，将企业的实物库存通过在期货市场买入等量同品种的期货合约，转化为期货市场的虚拟库存。企业在生产经营中，有时会面临不得不降低库存或销售产品的局面，如产品价格持续上涨而企业却必须执行之前签订的销售合同，此时企业可以将在现货销售的库存、产品同时在期货市场等量买入，以虚拟库存形式维持总量不变，从而获取更大收益。

由于胶合板与纤维板期货交易只收取10%左右的保证金，因此企业可以结合生产需要，合理利用期货适度缓解企业在生产经营中短期出现的资金压力。如企业远期有采购计划，但预期资金紧张，可通过期货市场买入交易，建立虚拟库存，以较少的保证金提前订货，同时锁定采购成本，为企业筹措资金赢得时间，缓解企业资金紧张局面。再如，企业或因扩大固定资产投资，或因还贷期限临近短期流动资金紧张，可将其常备库存在现货市场销售，同时在期货市场买入期货合约，将实物库存转为虚拟库存，以释放大部分资金，保障企业正常运转。待资金问题解决后，企业再通过反向运作，将虚拟库存转为实物库存。

企业可以通过期货市场，将库存产品注册为满足期货交割标准的仓单，并通过标准仓单质押融资获得一定的流动资金。通常对于人造板企业来说，期货交易所标准仓单作为质押品进行融资较其直接使用产品进行融资的质押率更高，这主要是由于期货标准仓单流动性要强于现货产品，同时期货价格作为标杆容易被市场接受。

延伸阅读

企业用标准仓单来减小资金压力

（1）标准仓单质押融资。标准仓单质押融资是指客户以其自身已经持有的或拟交割所得的标准仓单做质押向商业银行申请短期融资（包括各短期信用业务品种）的业务。

由于标准仓单对应货物所在的交割仓库是由交易所指定并受交易所监管，这大大降低标准仓单对应货物出现变质或灭失的可能性，安全性较高。同时，标准仓单具有的标准化特征使得其存在较高流动性的交易市场。标准仓单具有的高安全性和高流动性特点，能够大大降低银行的信贷风险，使得该业务受到各家商业银行的钟爱，授信获批的可能较大。

标准仓单质押融资业务可以有效缓解企业标准仓单带来的资金流动性问题。

目前，已与大连商品交易所签订有效协议并开通专用通道的银行包括：中国光大银行、兴业银行、广发银行、中国建设银行、平安银行、大连银行、中国民生银行。大连商品交易所在协助客户与商业银行办理标准仓单质押融资业务时，采用专用通道管理模式，即银行以总行名义向交易所申请取得质押登记及质权行使专用通道，用于办理标准仓单质押登记等业务。

(2) 充抵保证金业务。充抵保证金是指会员提出申请并经交易所批准，将持有的权利凭证移交交易所占有，作为其履行保证金债务的担保行为。权利凭证充抵保证金仅限于交易保证金，亏损、费用、税金等款项均须以货币资金结清。

客户以有价证券充抵保证金的，会员应当将收到的有价证券提交交易所。期货交易的相关亏损、费用、货款和税金等款项，应当以货币资金支付，不得以有价证券充抵的金额支付。

(3) 仓单冲抵。卖方会员标准仓单交到交易所后，其对应的交割月份合约持仓的金额交易保证金在结算后予以清退，盈亏由卖方会员承担。

(4) 实际可用充抵保证金额度的计算标准。

实有货币资金 = 昨日结算准备金 + 昨日交易保证金 - 昨日实际可用充抵保证金额度 + 当日出入金 + 平仓盈亏 + 持仓盈亏 + 交割差价 - 手续费 + 其他资金

最大充抵保证金金额 = 4 × 实有货币资金

充抵保证金金额 = 冻结仓单数量（张）× 上一交易日结算价（元/张）× 充抵保证金比率

当充抵保证金金额 ≤ 最大充抵保证金金额，实际可用充抵保证金额度 = 充抵保证金金额。

当充抵保证金金额 ≥ 最大充抵保证金金额，实际可用充抵保证金额度 = 最大充抵保证金金额。

实际可用充抵保证金额度变化量 = 当日实际可用充抵保证金额度 - 上日实际可用充抵保证金额度

五、下游企业通过期货市场进行采购有什么好处?

原材料采购是企业日常运营中必不可少的环节。传统采购行为通常仅局限于现货市场。随着经济的不断发展、市场不断复杂，仅仅采用传统的采购模式难以满足日常需要，采购过程中任何一个环节出现偏差，都会影响采购预期目标的实现，从而影响企业利润目标的实现。作为传统采购模式的递补和续延，期货市场发挥着有效防范和控制采购风险的作用。现货采购通过与供应商进行面对面的交流，采取“一手交钱、一手交货”的简单交易方式，采购成本较高且效率不佳。而现代采购行为不再将目光局限于现货市场，更多的是将目光放在具有价格发现功能的期货市场或中远期合约交易电子市场上。电子平台增强了信息的流通及透明度，通过它可以实现及时采购，进而拓宽采购的时间和空间范围。

相对于现货市场，企业通过期货市场进行采购具有以下优势：

（一）拓宽采购渠道，降低库存成本

传统采购行为主要为满足生产不断档，或者说是为库存而采购，导致采购缺乏主动性和灵活性，难以满足生产实时需求的变化。通过期货市场进行采购，把期货市场当作一个大的原料供应商，扩大企业采购选择范围，增加了采购渠道，提高了采购部门的主动性和灵活性，减少了不必要的采购，从而降低了库存成本。

（二）市场信息更加透明

传统采购行为中，对供应商的选择通常是通过“货比三家”来判断和确定，与供应商是临时的或短期的合作关系，供需双方之间存在疑虑和不信任，运作中不确定性较大。而现代采购行为对供应商的选择通常是在公开、公正、公平、信息透明的期货市场上，利用综合、全面的交易数据考察、评

估供应商，实现双方共赢。作为现代采购市场的重要组成部分，期货市场建立的是一种开放型、全方位、高效率的信息结构，运用的是最先进的电子计算机技术来传输信息，能保证最大流量信息的畅通交换，信息传递速度快，呈公开、公正、透明的爆炸式特点，其还不断投入巨资以改进信息显示系统。这些都是传统现货市场“叫卖式”信息传递所无法比拟的。

（三）期货市场产品质量有保障

传统采购行为往往过于注重采购价格，选取最低报价。质量和交货期的控制一般是通过签订合同、按标准条款验收、催交催运、到货复检、事后质量验证等方法把关，即对质量的控制是事后把关。而现代采购行为并不仅仅把采购报价作为唯一的主要考虑因素，其他质量、交货期也成为重要的参照标准。对质量的控制属于事前控制。尤其是期货市场对交易品种的交割等级、升贴水、交割期限等在上市交易前就有明文规定，违反将会受到严厉处罚。因此，现代采购行为除价格以外的采购风险明显小于传统采购行为。

（四）期货市场监管严格，安全性高

中国期货市场在借鉴国外同行经验教训的基础上，建立了适合中国国情特点的、较为完善的风险控制体系，确保期货市场规范、高效运行。首先，在市场运作风控机制方面，期货市场在交易制度、交易运行等方面进行了严谨和科学的设计，包括期货合约标准、保证金制度、当日无负债结算制度、涨跌幅度限制制度、强行平仓制度、强制减仓制度、持仓限额制度、大户持仓报告制度、信息披露制度、套期保值制度、交割制度等等都做了非常详尽的严格规定。

与现货市场违约成本相比，期货市场的违约者所承受的违约成本之高难以想象，这也是为什么在期货市场上几乎没有交割违约现象发生的原因。正是由于这种市场化的风险控制手段，使得现货市场上常见的供应风险、质量风险、信用风险、欺诈风险以及道德风险无所遁形（见表 7 -1）。

表 7-1　　　　传统现货市场与期货市场采购风险对比

采购模式 / 风险类别	传统现货市场采购	期货市场采购
供应风险	存在	几乎不存在
质量风险	存在	几乎不存在
价格风险	存在	存在且波动剧烈
技术风险	存在	存在
信息风险	存在	存在
信用风险	存在	几乎不存在
欺诈风险	存在	几乎不存在
道德风险	存在	几乎不存在

资料来源：韩明丹、韩雷明："企业运用期货市场进行原材料采购管理方式探讨"，《当代经济》2013（1）。

（五）期货价格具有权威性，锁定原料成本确保加工利润

企业可以将期货价格作为现货采购的定价基准，帮助企业以多种形式进行大宗商品定价管理，企业利用期货市场锁定原料成本，确保企业加工利润的实现。

目前较为通用的期现组合立体定价模式应首推"期货价格+升贴水"的定价模式。这是国内外贸易商将期货市场应用到现货贸易定价体系中形成的一种行之有效的定价方法。该定价模式的优点在于既公平又合理。

对于生产加工企业，尤其是订单式加工企业来说，最为担心的是在签署了产品加工合同后的加工生产期间原材料采购价格持续上涨，陷入销售产品价格确定而原材料价格成本却不断攀升的尴尬境地。为解除这种后顾之忧，锁定生产成本，实现预期利润，从而专心致志进行加工生产，企业可以考虑利用期货市场套期保值功能，对需购进的原材料先在期货市场进行买入套期保值操作。

延伸阅读

不同经济周期阶段运用期货市场采购管理的不同策略

经济周期一般由复苏、繁荣、衰退和萧条四个阶段构成。研究发现，商品市场在经济周期的繁荣阶段和滞胀阶段的表现较为理想，而在衰退和复苏阶段的表现不佳。与其相对应的经济运行的不同阶段，按照通货膨胀程度也被划分为通货膨胀初期、通货膨胀高位运行期、通货紧缩初期、通货紧缩低位运行期四个阶段。

(1) 通货膨胀初期期货采购活动的控制。通货膨胀初期，期货市场特征比较明显。商品期货价格不断上涨，然后就是现货价格的跟随上涨。企业决策层或物资采购部门应充分分析价格趋势，在现货价格上涨前就为生产经营储备充足的生产原材料，以控制成本。一旦现货价格形成上涨趋势，在短短的几个月内是很难逆转的。但是，它在上涨的过程中会有回调，每次的回调都是购进的良机。此阶段采用期货工具采购（买入）较为适宜。

(2) 通货膨胀高位运行期期货采购活动的控制。当经济处于通货膨胀高位运行期，商品期货价格在上涨到一定高位后会滞涨，或在高位运行一段时间但不会很长，如果不是生产急用的原材料、成品、半成品则不宜急于采购，待价格从高位回落后再进行采购。此阶段就不宜采用期货市场进行原材料采购（买入）管理。

(3) 通货紧缩初期期货采购活动的控制。商品期货价格经过一轮又一轮的上涨后，就会产生泡沫，政府为了控制通货膨胀，会采取一系列收紧银根的宏观调控措施，此时商品期货价格指数将会作高台跳水式的调整。作为企业采购部门就要把宏观政策分析透彻，结合商品期货价格先行指标，严格控制高位采购活动，规避高价购进的风险。此阶段是非常不适宜在期货市场进行采购（买入）活动的。

(4) 通货紧缩低位运行期期货采购活动的控制。商品期货价格经过硬着陆后，原材料、成品、半成品等现货价格也会跟随一起调整下来，调整到位后会很长一段时间在一个区间上下触底波动，其波动本身就有高有低，作为企业采购供应部门可根据生产的需用量组织低价购入，减少企业项目的采购支出，并可以考虑运用期货市场进行采购，为企业未来生产锁定采购成本早做打算。

六、企业如何利用基差交易规避风险？

基差交易是指以某月份的期货价格为计价基础，以期货价格加上或减去双方协商同意的基差来确定双方买卖现货商品价格的交易方式。这样，不管现货市场上的实际价格是多少，只要套期保值者与现货交易的对方协商得到的基差，正好等于开始做套期保值时的基差，就能实现完全套期保值，取得完全的保值效果。如果套期保值者能争取到一个更有利的基差，套期保值交易就能盈利。

基差交易的实质，是套期保值者通过基差交易，将套期保值者面临的基差风险通过协议基差的方式转移给现货交易中的对手，套期保值者通过基差交易可以达到完全的或盈利的保值目的。基差交易是基于期货市场，随着期货市场的不断完善发展而产生的，与期货市场功能的发挥有着莫大的关系，期货市场功能发挥越充分，基差交易的运用则更广泛且成熟。

基差交易在国外运用已很广泛。由于期货价格现在已被视为反映现货市场未来供求的权威价格，现货商更愿意运用期货价格加减基差作为远期现货交易的定价依据。特别是在一些大型交易所中，许多会员都有现货经营业务，他们参加期货交易的主要目的就是套期保值，会员之间进行基差交易已有可能。基差交易大都是和套期保值交易结合在一起进行的。

根据确定具体时点的实际交易价格的权利归属划分，基差交易可分为买方叫价交易和卖方叫价交易。如果确定交易时间的权利属于买方，则称为买方叫价交易；若权利属于卖方，则为卖方叫价交易。

小贴士

点　价

点价是指买卖双方约定以某期货交易所对应品种某个时间点或时间段的期货价格为基价，加上双方协商同意的升贴水来确定最终现货结算价格的交易方式。基价可以是期货的结算价、期货的月均价或其他公允的市场现货价格。升贴水是指现货实物交易价格与期货价格的差，实物交易价格高于期货价格称为升水，反之称为贴水。升贴水主要由商品的现货供求基本面状况决定。

（一）基差变化与套期保值效果

基差是指某一特定商品在某一特定时间和地点的现货价格与该商品在期货市场的期货价格之差，即：基差 = 现货价格 - 期货价格。

套期保值可以规避现货市场价格波动风险的前提条件是：期现货价格变动趋势一致；随合约到期日临近，基差趋零。这两个条件的存在，使得期现货价格变动方向基本一致，然而变动幅度并非一致，即基差是变化的。基差的变动使得现货套期保值并不一定完全将风险转移，对套期保值效果存在不同影响（见表 7 - 2）。

表 7 - 2　　基差变动与套期保值效果

基差变动情况（ΔB）	买入套期保值	卖出套期保值
基差不变，ΔB = 0	盈亏平衡	盈亏平衡
基差趋负，ΔB < 0	盈利	亏损
基差趋正，ΔB > 0	亏损	盈利

在正向市场条件下，当基差不变的时候，期现货价格平行变动，锁定了套期保值上原来的利润，无论是买入保值还是卖出保值，保值效果整体上都是盈亏平衡的。当基差变宽时，买入保值盈利，卖出保值亏损；相反，当基差变窄时，买入保值亏损，卖出保值盈利。

（二）基差交易原理

以买方叫价交易为例，用 P、F 表示现货价格和期货价格，用 B 表示基差，$B = P - F$。B_0则表示供应商套期保值建仓时的基差，$B_0 = F_0 - P_0$；相应的 P_1、F_1表示买方确定期货合约价格时的现货和期货价格；B_1为套期保值平仓时的基差；ΔB 表示基差的变动。则：

$B_1 = P_1 - F_1$

$\Delta B = B_1 - B_0$

由此可以得出：

$\Delta B = (P_1 - F_1) - B_0$

$P_1 = F_1 - (\Delta B + B_0)$

现货贸易中最终履行现货合同时，买方购进实物的现货价格由期货价格 F_1决定。此时，贸易中报价协议的现货升贴水 B'为：

$B' =$ 预期利润 $- (\Delta B + B_0)$

最后得出基差交易公式为 $P_1 = F_1 + B'$。由基差交易公式可以看出，基差交易中，最终交接现货的价格等于在期货合约的价格加上事先协议的升贴水即基差 B'。

利用基差定价进行交易的基差交易是建立在期货价格基础之上的，只有当期货市场真正体现出价格发现的功能，市场各方对期货价格高度认可和接受时，基差交易才会自发形成，才会被生产、加工以及贸易商等经营主体运用到现货贸易中。同时，基差交易模式的运用包括了两个部分，以某一月份期货合约价格为基础加上或减去基差，即包括期货价格和基差。期货合约价格之所以能被用来对现货商品贸易定价，是因为期货市场功能的有效发挥。期货市场的两大功能——价格发现和风险规避（套期保值）的充分发挥才能使期货市场更好地服务于国民经济，提升期货市场在国民经济中的地位，同时又反过来进一步促进期货市场功能的发挥，促进期货市场的完善发展。

广东某纤维板流通企业利用基差交易与下游家具企业达成买卖协议，买方先把货款以高于市场价格支付给流通企业，等到货物到达销售区后以约定协议中约定时间内任何一天的期货收盘价加上约定的升贴水作为成交价格。利用点价和升贴水交易，下游企业和贸易商可以很好地减小所面临的价格风险，促进了企业资金流动。

以房地产为导火索爆发的金融危机仍影响着世界经济，随着国外市场需求减少，国内需求增速放缓，我国纤维板处于产能过剩的局面，纤维板价格持续低迷。许多下游企业担心未来现货价格将持续下跌，不敢下订单。对于纤维板贸易企业来说，其面临着较重的资金压力，打开产品销路是首要任务，某流通企业选择以基差交易的方式与下游客户进行交易。

案例 7-6

假设某年4月，某纤维板贸易企业与家具企业签订远期点价协议，规定在5月底以纤维板期货合约 FB1409 的价格进行点价交易，成交价格在期货价格基础上加上3元/张，家具企业必须在货物到达约定交易地点后5个交易日内的某天选择点价来购买中密度纤维板20 000张。家具企业先以65元/张的现货价格支付货款，待20 000张纤维板到达接货地后再确定成交日期。纤维板贸易企业担心到5月需求下滑纤维板价格将出现下跌，于是生产企业选择通过期货市场进行套期保值，卖出40手纤维板期货 FB1409 合约，卖出价格为61.8元/张，基差为3.2元/张。4月底，流通企业收到买方的货款后开始发货，5月12日所有纤维板货物到达交易地点。买方选择5月16日进行交易，此时 FB1409 合约收盘价为60.1元/张，加上基差价格，实际成交价格为63.1元/张。同时，流通企业在5月16日以60.1元/张的价格将所有期货合约平仓，期货获利34 000元。

此次交易流通企业在现货方面每张纤维板亏损1.9元，但是由于在期货市场进行了卖出套期保值，每张纤维板获利1.7元，期货与现货合计每张亏损仅为0.2元。对于下游家具企业来说，此次采购每张纤维板成本减少了1.9元，合计共减少38 000元采购成本。通过基差与点价交易，买卖双方都较好地回避了现货价格下跌的风险，将价格风险转移至期货市场其他投资者，实现了双赢的局面。

案例 7-7

2014年4月初，某流通企业购入了一批高质量细木工板。当时房地产情况不容乐观，家庭装修对细木工板需求偏弱，现货价格较低，产品销售情况不畅。因此，该流通企业打算通过期货市场进行套期保值，规避价格风险。

1 月初，胶合板期货主力合约价格在 130 元/张附近徘徊，该企业为了避免产品价格下跌需要进行卖出套期保值操作，但是如果按照当时的期货价格来计算，现货价格高于期货价格，处于反向市场，基差在 5 元/张以上。此时进行卖出套期保值操作将面临较高的亏损风险，所以企业选择等待时机。

4 月底，期货价格一路上冲至 141 元/张上方，此时期现货基差达到 -6 元/张。企业经过对以往期现货价差分析发现，基差小于 -5 元/张时通过期货市场进行卖出套期保值操作可以获得较好的保值效果。于是该企业在 4 月 30 日以 141 元/张价格卖出 BB1409 合约，卖出合约数量与所需要套期保值的细木工板相互匹配。5 月下旬，该企业分两次销售了细木工板，同时在期货市场按卖出数量进行平仓，平仓基差分别为 -1 元/张和 0 元/张。虽然该企业卖出细木工板时现货价格有所下跌，但是通过基差来对库存进行套期保值操作，在期货市场获得盈利，期货与现货总体保持盈利。

（三）胶合板与纤维板期货基差交易存在的问题

胶合板期货与纤维板期货上市时间不长，许多地方还有待完善，只有当期货市场功能充分发挥，现货市场完善健全，基差交易在贸易中才能得以充分运用，发挥作用。

期货市场的社会认知度不高制约对期货市场的利用。虽然近年来我国期货市场不断规范，功能有所体现，但社会对这个市场的认知和认同仍然需要一个长期的调整和适应过程，甚至重新认识。这样会大大影响实际需求主体参与和利用期货市场的程度，从而影响期货市场功能的进一步发挥，制约着生产、经营的企业主体运用基差定价进行交易。

现货市场的不完善制约着期货市场和基差交易的发展。完善的现货市场有助于期货市场功能的发挥，而目前我国的现货市场还很不完善，相比欧、美、日等成熟的市场体系还有一定的差距，现货流通的人造板产品质量普遍不高，特别是胶合板尤为严重。

市场参与者结构不合理，制约期货市场功能的发挥。市场参与者结构的不合理，会扭曲市场的发展或使得市场不平衡，制约期货市场功能的有效发挥，从而影响需求主体对基差运用。目前，我国胶合板期货与纤维板期货市场仍存在参与者不合理的现象，其主要体现在套期保值比重小，企业参与程度低，机构投资者少，中小散户多。

七、期货市场对品牌企业有什么积极影响?

在全球经济不景气的大环境下，人造板及装饰建筑材料行业也受到了巨大影响，原材料价格上涨，为抑制房价过快上涨而出台的房地产市场调控政策，对相关联的下游产业或多或少会造成影响，加剧行业竞争。这些因素促使人造板及建筑、装饰装潢材料行业进行大洗牌，淘汰一部分低档次、劣质的无市场竞争力的企业，行业将逐步向规模化、品牌化方向迈进。人造板行业将由以往粗放型经营模式，逐渐转为精细型。品牌的建设将成为行业竞争的焦点。在人造板产品同质化程度越来越高的今天，提升品牌知名度、信誉度，加强产品服务管理，从各个细节提高产品在消费者心目中的形象与地位，丰富营销手段将成为未来行业竞争的重中之重。

2014 年消费者权益保护日期间，除央视曝光的胶合板企业虚标质量标准外，吉林、浙江、江苏等多地工商局和质检机构也公布了当地人造板商品质量抽查结果。其中，吉林省质监局的检测结果显示，不合格率为 82.22%。“劣币驱逐良币”效应在国内人造板市场表现尤其明显。尽管国家规定了人造板质量标准，但在市场实际执行过程中，很多企业并不完全按照国标生产，而是通过材料、工艺等各种途径降低生产成本，再低价供给市场。在此市场格局下，很多企业迫于市场竞争压力，纷纷降低产品品级，导致当前市场大部分存量胶合板实际仅为 E2 级水平，达到 E1 级标准的胶合板相对较少，产品性能和寿命也有折扣。

由于缺乏专业知识，消费者在购买人造板时只能以品牌为首要评判标准，知名度高的人造板品牌往往会受到消费者的青睐。通过目前的人造板市场可以发现，细木工板与中密度纤维板产品附加值不断提升，知名品牌与普通品牌同质量档次的产品价格差距不断扩大，如15mm厚度E1级细木工板，浙江某知名企业价格比普通品牌普遍要高20元，多的可以达到40元差价。即使企业品牌溢价较高，下游消费者仍对知名品牌趋之若骛，使得知名品牌企业在行业整体环境不佳的时期仍保持较高的盈利水平。

胶合板期货上市交易以来，为国内人造板市场品质重塑提供了机会。因为期货市场对交割标的物实行严格质量标准，对参与双方带有强制性。为确保商品符合合约规定的质量标准要求，交易所指定了第三方质检机构为纤维板、胶合板期货交割品的指定检验机构，设计了标准的检验方法。不符合交割标准的板材将无法生成仓单而进入交割环节，使质检机构不再缺位市场，确保了纤维板和胶合板期货交割品的质量符合交割质量标准。特别是在当前国内人造板市场走向规范的转型阶段，期货市场严格的质量标准和严格的检验要求，正在树立人造板市场的期货质量品牌，也是对期货市场发展的新要求。

参与胶合板期货或纤维板期货对于企业的品牌树立具有积极作用。企业产品若能够通过严格的质检并注册生成仓单，则表明其质量有充分保障。相对于电视、报纸或网络媒体，利用期货市场为企业进行宣传更具有实际说服力，其成本费用也大大低于直接投放广告。如果企业可以持续参与期货市场，对于其品牌知名度有着长久的提升作用。

随着人们环境保护观念及生活质量要求的提高，消费者对人造板质量要求更加严格，同时由于人造板质量好坏的判断较为复杂，消费者最直接、最方便的判断就是企业产品知名度和口碑。企业参与期货市场有利于品牌的推广，提高产品的品牌附加值，增加企业的长远利益。

延伸阅读

大连商品交易所胶合板期货首批仓单生成

大连某知名品牌人造板企业通过某期货公司期货席位生成胶合板1404

期货合约首批仓单。大连商品交易所仓单日报显示，该首批仓单数量为11手，生成交割库位于常州奔牛交割库。而在清明节前最后一个交易日，该仓库继续生成3手胶合板仓单。

“随着过去一周胶合板期货价格的上涨，按照国标质量要求生产的胶合板已经有一定的利润空间，开始吸引现货企业积极参与套保，这也是注册仓单开始生成的重要原因。”企业负责人对记者说道。

在此之前，国内胶合板行业一直对胶合板现货能否满足期货交割检验存在分歧。尽管大连商品交易所胶合板期货交割品质量标准完全依照国标制定、并不高于国标，而且国标的推行已多年。

企业负责人还认为：“市场分歧主要表现在对国标中规定的板芯宽厚比的理解，部分市场投资者认为目前国内大部分板材难以满足板芯宽厚比1:3.5的要求，而部分市场投资者则认为该项指标并不能对企业生产构成影响，只要价格合适，企业是完全能够按照国标要求生产并且符合期货交割标准。”

据了解，国内胶合板现货市场粗略可以划分为两个市场：一个是以东北地区为主的东北市场；一个是江苏、浙江、山东等地区为主的华东市场。东北市场主要大型企业多年来均按照国标要求，从产区林木加工、运输、分割以生产加工等整个流程进行严格控制。华东市场则由于多年来的历史沉淀和市场需求、成本控制等因素影响，整个产业链条在按照国标标准生产方面存有一定的瑕疵，主要表现即是板芯宽厚比指标。

“部分华东市场胶合板生产厂家板芯宽厚比指标难以满足国标要求，是因为上游原料供给时存在问题。”企业董事长表示，当前市场主流板材原料供给方供给的木材一般都大于国标要求的1:3.5，这也是长期的市场历史习惯造成的。

对市场阶段性供给能力和板材能否符合国标要求的分歧已经开始反映到期货市场价格方面。上周五，胶合板主力合约1405报收于141元/张，创出该合约上市以来的最高收盘价格；同时，该合约持仓总量攀升至124 040手，市场多空两方分歧明显。

通过胶合板1404合约交割检验流程来看，当前，东北地区胶合板生产企业按照正常生产工艺流程已经完全可以通过检验满足期货交割质量要求，市场担忧的胶合板现货板材难以满足交割标准的问题已经得到解决。而且从当前期货市场运行情况来看，期货市场价格已经基本反映了按照国标要求生产的胶合板现货价格的水平，市场价格发现功能得到体现。在此价格附近，企业已经有一定的利润空间，这也是过去一周胶合板注册仓单开始增加的原因。

另据了解，除了国内东北地区大小兴安岭生产的杨木速成林提供胶合板生产原料之外，从国外进口的马六甲木材生产的芯板也是国内市场生产的重要原料渠道。此两类原料都能够满足国标产品的生产需要，企业只要不偷工减料降低生产工艺标准，生产出的产品完全能够达标。

市场人士认为，当前国内人造板市场的关键是国标的强制性要求没有体现，质检没有跟上，以致市场上存在以次充好、低劣产品卖出高价的情况，使企业缺乏产品质量控制的内在动力。据市场人士介绍，与国内市场产品质量混乱对应的是，在质量标准要求严格的欧美市场上，国内产品占有相当的份额，这反映出国内企业对产品质量的实际控制能力及在生产中执行的两套标准。而怎样让企业将国标标准推行下去，进而规范国内人造板市场，期货市场因质检环节的存在，使其被赋予新的期望。

资料来源：大连商品交易所。

八、企业参与胶合板与纤维板期货需要注意哪些问题？

企业参与期货交易不同于普通投资者，其有一套更加严格的制度和规定。此外，企业参与期货时往往资金量巨大，即使一个小疏忽都很有可能造成较大损失。

（一）坚持以套期保值目的进行交易

企业参与期货市场的方式是套期保值，套期保值对于企业的作用就相当于为企业的原材料、产成品买了保险。企业规模越大越需要这种保险，原材料或产成品的价格波动率越大越需要这种保险。期货市场最初的发展，就是为市场上的大贸易商转移和回避价格风险而设立的，企业参与期货市场就是来转移和抛售风险的，这就是套保在企业生产经营中的定位。

因此，套期保值交易更应看作是防御性措施，不应希望通过套期保值来获取厚利。作为企业参与套期保值者的目的就是通过转移价格风险，将生产成本或者销售利润固定，从而能够安心将主要精力用于经营，保证企业稳定持续的发展。

但从国内实际情况来看，现在国内许多企业在套期保值操作中掺杂了投机心理，在进行套保时抱有一种“赌”市场的心态。企业在套期保值道路上“偷鸡不成反蚀米”的案例并不罕见，个别企业的套期保值交易与现货的规模、方向、期限不相匹配，其交易目的已经背离了对冲和控制风险，而是企图通过套保交易来获取高额利润，这实际已经属于投机。

对期货套期保值的认识上，有些企业存在一些不正确的观点，认为在建立了套期保值头寸之后，哪怕现货亏光了，只要期货账面上有盈利就算是套保成功；不管现货赚了再多，只要期货账面亏损，就认为是套保失败，从根本上否定了套保的本意。这势必影响企业对期货的看法，往往很多企业因为这样的心理而将期货作为一项投机工具，企业因此造成了巨大损失。

（二）根据自身情况合理制定套期保值方案

套期保值原理虽然简单，但是在实际操作过程中，不同的企业、时间及品种都会影响套期保值效果。企业应根据自身情况，与期货公司共同制定套期保值方案，并在实际操作过程中根据制定的方案严格执行，以达到预期的套期保值效果。

随着期货行业的不断发展与创新，越来越多的企业套期保值模式也陆续出现，企业在制定套期保值方案时可以根据实际情况推陈出新，在不违背套期保值原则的基础上确定更符合自身和市场的新型模式。

（三）注意期货合约细节

企业在进行套期保值时应注意胶合板期货与纤维板期货合约的某些规定，如标准仓单在每年的3月、7月及11月将注销，注册仓单的产品不得超过生产日期60天，期货交割品未对板芯树种作要求等。合约的这些细节对实物交割有较大影响，企业应认真阅读，避免产生不必要的损失。

案例7-8

五大航空公司“套保门”

国内几大航空公司2008年度业绩出现巨亏，截至2009年4月30日，国航、东航、南航、海航、上航五大航空公司年报无一盈利，亏损总额高达305.79亿元，在全球230多家航空公司中，中国五大航空公司的亏损总额就占到了56%。这五大航空公司主要亏损业务为非主营的燃油套期保值业务。国航2008年亏损91.49亿元，其中燃油套期保值预计亏损达74.72亿元，这几家航空公司并没有按照套期保值的规律来进行套期保值业务，定性为是一部分套期保值，大部分是投机。

对于航空公司来说，为了规避原油价格上涨的风险，适度开展一些套期保值，以对冲现货市场的价格涨跌，本无可厚非。但参与套期保值要不得投机心态，一旦有投机的成分在里面，很容易让自己陷入狼狈不堪的境地。

九、企业参与胶合板与纤维板期货如何控制风险？

套期保值是企业转移价格风险的方式，是规避现货交易风险为目的的风险投资行为。虽然参与套期保值的企业可以将价格风险转移到期货市场其他投资者身上，但是企业还需要在进行套期保值时注意风险的控制。

（一）企业套期保值中会面临的风险

企业在套期保值中同样面临着风险，可以分为体制风险、管理与运营风险、基差风险、期货价格风险、流动性风险、交割风险、现货市场风险等。

企业期货管理体制风险来源于三方面：一是企业本身体制性缺陷；二是企业期货管理体制的缺陷；三是企业期货交易内控机制不完善。期货市场套期保值管理体制的滞后和缺乏创新对企业套期保值的影响是整体性的、全局性的。它对套期保值的影响表现在：企业应做套期保值，但由于政策和体制限制未进行保值，在相关产品的市场中，有时不保值就是最大的冒险，由此带来的机会损失是极大的；由于体制性缺陷而使企业套期保值转变为投机的风险；企业为了规避管制，从事灰色甚至违法违规交易，从而导致保值成本升高或保值风险加大。

管理与运营风险是指企业套期保值日常管理与运作过程中可能遇到的风险，主要包括资金管理风险、决策风险和价格预测风险。

流动性风险是指套期保值者在期货市场上因交易合约缺乏流动性而引起的风险。通常情况下交易场内的期货合约具有很好的流动性，但有时由于期货市场内外环境的突然性变化，会出现流动性暂时大为降低的现象。

企业套期保值按入市时在期货市场操作方向（买或卖）的不同可分为买入套期保值和卖出套期保值；按出市时期货头寸的了结方式不同可分为平仓式套期保值和实物交割式套期保值。当企业欲进行平仓式套期保值而因种种原因被迫实物交割，或者进行实物交割式套期保值而因种种原因无法完成交割，就产生了交割风险。

与期货投机者和套期图利者不同的是，套期保值企业还面临着现货市场的风险。现货市场的风险是多种多样的，如信誉风险、资金管理风险等等，这些风险是任何企业都面临的风险，而不论该企业是否参与套期保值。

期货代理风险是指套期保值企业在选择期货经纪公司确立经纪委托关系过程中产生的风险。

（二）建立风险控制制度

建立健全风险控制制度是企业套期保值制度设计的核心内容，以风险控制为基点的风险管理制度包括以下几个方面：

第一，完善的组织机构设置。合理的组织结构设置是企业套期保值正常运作的基础性保证。由于不同企业套期保值的目标定位、策略选择和方案实施不同，这三者之间的地位及关系也是不同的。

第二，明确风险控制分工及相互制衡关系。为体现企业套期保值过程中风险控制要求，在套期保值小组各个职能岗位相互独立的同时，要强调交易、资金调拨、风险控制和监督岗位的相互制约，以实现交易与风险控制的交叉监督和双重控制效果。

第三，严密、审慎的授权审批制度。风险控制制度要求在执行套期保值计划时，每一笔交易都必须经过授权，建立严格的授权与审批制度：套期保值方案的审批由套期保值领导小组经过讨论、评估、认证后审批通过；套期保值修正方案由期货交易部提出，由套期保值领导小组审批；套期保值期货保证金总体预算审批由套期保值领导小组向公司总经理申请，总经理审批，期货交易部经理根据具体操作需要向财务部申请，财务部在预算内进行划拨；每日套期保值交易额度由期货交易部经理根据套期保值实施计划进行审批，交易员实施具体操作；对突发行情需要即时改变套期保值交易额度的，由期货交易部审批，交易员实施具体操作。

第四，建立健全财务管理。控制参与期货交易的总资金和规模，保证其建立在采购、销售总量基础之上，单笔最大亏损额度和总亏损额度应该在公司财务承受范围之内。同时，建立风险准备金制度。当出现较大的盈利时，可以将本年份的盈利存入风险准备金当中；而在出现较大的亏损时，则可以从风险准备金中划出一定的资金来弥补，这样就可以保证公司财务的稳定性。

（三）风险控制的实施

一个严密的套期保值及风险控制方案制定好之后，执行是另外一个非常重要的环节。事实上，主观的错误判断以及违规操作是引起风险的一个重要因素；大部分十分重大的风险损失，都是由投机心理、过度自信而引发的违规操作所导致的，加上监督不完善，就很容易使小问题、小损失逐步演变成大的以致不可挽回的灾难性损失。首先，在环境没有发生变化时一定要坚持

“没变化就是没变化”的思想，不能主观想象要涨了、要跌了，从而萌发投机的念头和操作。其次，不能因一个可投机的现象重复出现就放弃保值的策略而去尝试投机。金融市场中，一个能赚钱的现象重复出现必然引起关注，当很多人都去做时这种利润就会消失。由于保值操作所能产生的盈利很少甚至亏损，因此很容易促使实际操作者投机操作。因此，保值策略的执行力很重要，不要保值到最后成了投机操作。最后，如果出现环境变化或者将要变化的明显证据，那么应积极研究对策，调整操作策略，不能死守原先策略，导致损失。

在进行套期保值操作时，应当在每天结束交易后，核对当天所有交易是否合规，并核对所有现货头寸和期货头寸是否都符合实际登记的数量，防止错误的风险暴露。

由于保值所经历的时间很可能很长，在很多长单交易当中，甚至要进行一年的保值，因此在保值途中发生重大基本面的改变很难避免。保值在多数情况下，都会遭遇或大或小的基本面和市场的改变，在有些情况下可以通过调节头寸来化解，但在另一些时候就必须在损失还很小的时候及时止损，尤其是市场价格发生巨幅波动而原因不明的时候，就需要及时限制损失，等事态明朗后再进行调整，以避免突发性事件造成保值头寸遭受较大的损失。

企业的套期保值活动不但是一个技术性、操作性很强的活动，还要求有很高的策略性以及完善的管理，任何一个组成部分比较弱或者缺失都将导致企业套期保值活动变成一个高风险活动。因此，在进行套期保值时，不能仅仅依靠技术、经验，还需要强有力的管理和监督体系配合，最终使企业的套期保值活动达到良好的效果。

案例 7-9

某企业套期保值内部控制制度大纲

企业在制定套期保值控制制度时应结合自身实际，充分考虑到套期保值中面临的各方面风险，与专业期货公司一起谨慎制定控制制度。对可能的所有风险安排具体部门，专人负责，同时安排专门的风险监督部门对日常工作进行监督，确保期货交易的每一步骤都有专人负责、专人监督。下面为某企业套期保值内部控制制度大纲：

第一章　总则

第二章　组织机构及职责

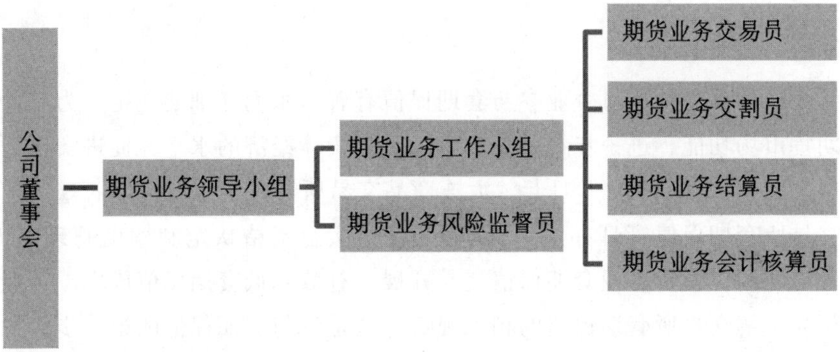

第三章　授权制度

第四章　期货交易业务申请与批准制度

第五章　业务流程

第六章　期货业务财务处理制度

第七章　风险管理制度

第八章　报告制度

第九章　档案管理制度

第十章　监督与保密制度

第十一章　稽核检查制度

第十二章　应急处理预案控制制度

第十三章　法律责任

第十四章　附则

十、企业如何参与套期保值？

大连商品交易所对企业参与套期保值有着一系列详细的规定。为有效发挥期货市场功能，进一步提升期货市场服务实体经济的水平，促进实体经济发展，自2012年10月8日起，大连商品交易所开始实施新制定的《大连商品交易所套期保值管理办法》。新套期保值实行资格认定和额度管理制度，极大地便利，现货企业套期保值交易开展、有效降低套期保值成本。企业需要认真了解交易所套期保值的相关规定，这是参与套期保值的第一步。

（一）客户如何参与套期保值交易

企业若要参与胶合板期货或纤维板期货的套期保值必须符合大连商品交易所的相关规定。申请套期保值资格的企业客户需要符合两个条件：一是客户是单位客户；二是客户具备相关品种生产经营资格或者具备特殊法人、资管账户等财富管理账户资格，以及客户为期货公司风险管理子公司等。交易所根据客户营业执照所标注的经营范围来判断企业套期保值资格、经营范围涉及的品种等。比如从事纤维板生产、加工、贸易的企业可以申请拥有纤维板期货的套期保值资格，从事胶合板贸易的客户可以申请拥有胶合板期货品种的套期保值资格。

客户首先应通过期货公司会员向交易所提出套期保值交易资格申请（见图7－1）。获批套期保值资格后，客户即可进行套期保值交易。套期保值客户持仓限额不足时可向交易所提出申请增加套期保值额度（见图7－2）。

期货公司会员需要通过会员服务系统为客户办理套期保值业务，客户相关材料保留在会员处。但申请资格的营业执照复印件和申请仅用于交割月份前第一个月第十个交易日至交割月份前第一个月最后交易日的临近交割月份套期保值增加额度的申请表，须以传真或邮件方式发给交易所（见表7－3）。

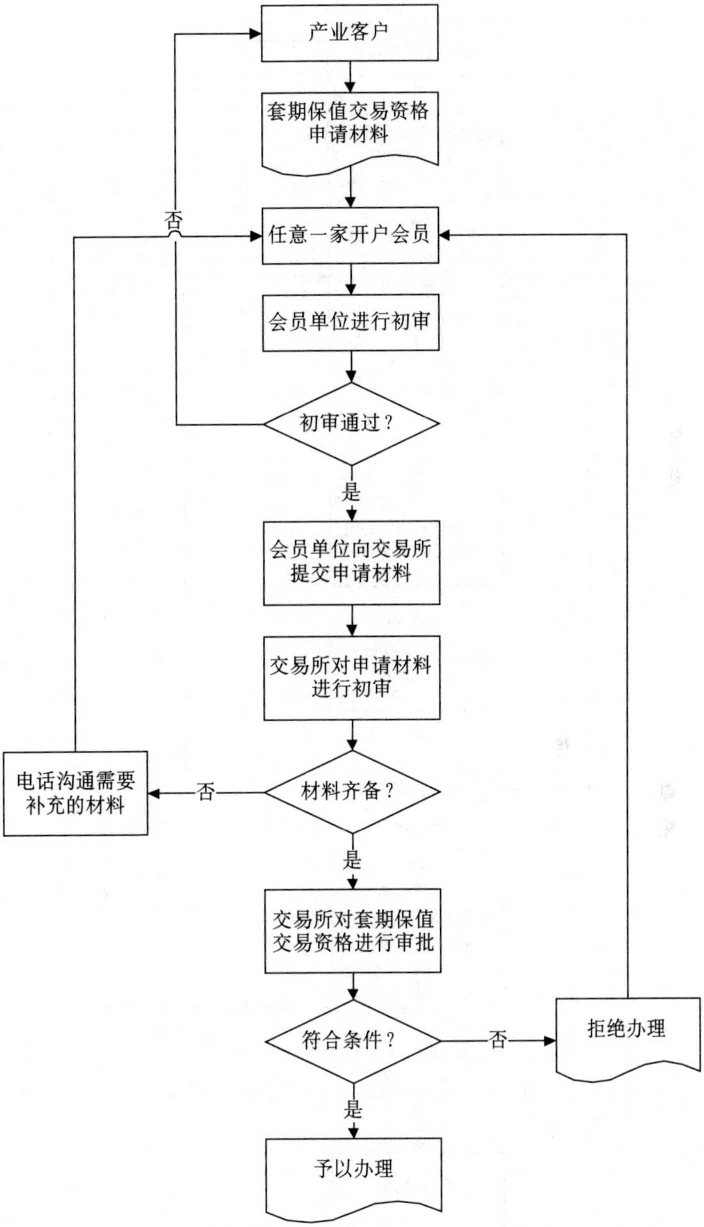

图 7-1　套期保值交易资格申请及审批流程

资料来源：《大连商品交易所套期保值操作指南》。

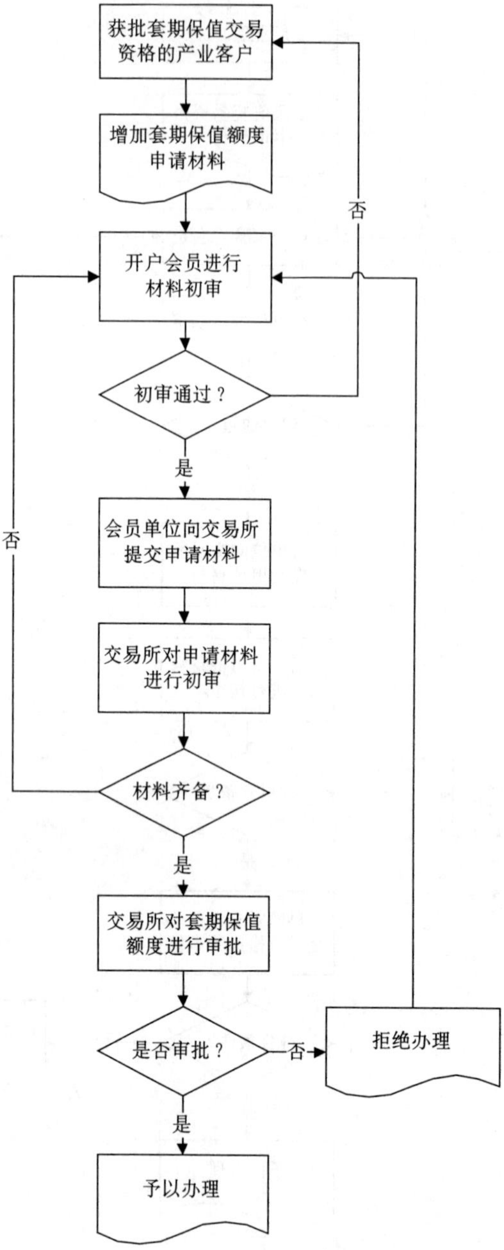

图 7-2　增加套期保值持仓额度申请及审批流程

资料来源：《大连商品交易所套期保值操作指南》。

表 7－3　　多个合约套期保值增加额度所需申请表

	同一品种多个合约	多个品种多个合约
一般月份	一张申请表	多张申请表
临近交割月份	不可以申请	不可以申请

（二）套期保值额度

获批套期保值增加额度后，套期保值客户持仓限额为投机持仓限额与套期保值增加额度之和。此时对于客户的限仓要求是：投机持仓不得超过投机持仓限额，保值持仓不得超过投机持仓限额与套期保值增加额度之和，投机和保值持仓之和不得超过投机持仓限额与套期保值增加额度之和。

获批套期保值增加额度后，当套期保值客户投机持仓超过投机持仓限额，或者保值持仓超过投机持仓限额与套期保值增加额度之和，或者投机和保值持仓之和超过投机持仓限额与套期保值增加额度之和则出现超仓。

非期货公司会员和客户可在套期保值合约交割月份前第二个月的最后交易日前提出申请增加一般月份套期保值持仓额度。在一般月份套期保值增加额度批准日至交割月份前第一个月第九个交易日期间可自行建立套期保值持仓。

非期货公司会员和客户可在套期保值合约交割月份前第一个月的最后交易日前提出申请增加临近月份套期保值持仓额度。获批的交割月份前第一个月第十个交易日至交割月份前一个月最后交易日的套期保值增加额度，只能在增加额度批准日至交割月份前第一个月最后交易日前自行建立套期保值持仓。获批的交割月份前第一个月第十个交易日至最后交易日的套期保值增加额度，可以在增加额度批准日至交割月最后交易日自行建立套期保值持仓。

套期保值额度在有效期内不受重复使用的限制，即非期货公司会员和客户在套期保值持仓平仓后，在套期保值额度范围内仍可以继续新建套期保值持仓。

（三）套期保值交易资格有效期

交易所暂时未规定客户获批套期保值交易资格的有效期。非期货公司会员和客户在企业情况发生重大变化时，或者有影响套期保值交易资格的情况发生时，应及时向交易所报告。交易所也会定期或不定期对套期保值客户资格进行必要的核查。

延伸阅读

大连商品交易所套期保值管理办法

（大商所发〔2012〕204号）

套期保值实行资格认定和额度管理制度。套期保值持仓额度分为一般月份（自合约上市之日起至交割月份前第一个月第九个交易日）套期保值持仓额度和临近交割月份（交割月份前第一个月第十个交易日至交割月份）套期保值持仓额度。

资格认定：

从事套期保值交易的非期货公司会员和客户应当具备与套期保值交易品种相关的生产经营资格。

从事套期保值交易的非期货公司会员和客户，应当向交易所提交下列申请材料：

（一）套期保值交易资格申请表，主要包括申请人基本信息、申请品种及交易所要求的其他信息；

（二）企业营业执照副本复印件；

（三）交易所要求的其他材料。

客户应当通过期货公司会员提交申请，其申请资料经期货公司会员审核后，由期货公司会员代客户按本办法向交易所办理申报手续；非期货公司会员直接向交易所办理申报手续。

交易所在收到完整的申请材料后5个工作日内进行审核并予以答复。

持仓额度：

非期货公司会员和客户取得套期保值交易资格后，可以在相关品种上进行套期保值交易。

非期货公司会员和客户套期保值持仓与投机持仓合计不得超过交易所规定的投机持仓限额。

非期货公司会员和客户可以申请增加套期保值持仓额度。

申请增加套期保值持仓额度的客户应当向其开户的期货公司会员申报，经期货公司会员审核后，由期货公司会员代客户按本办法向交易所办理申报手续；申请增加套期保值持仓额度的非期货公司会员直接向交易所办理申报手续。

申请增加一般月份套期保值持仓额度的截止日为套期保值合约交割月份前第二个月的最后交易日，逾期交易所不再受理增加该合约一般月份套期保值持仓额度的申请。申请人可以一次申请增加多个合约的一般月份套期保值持仓额度。

申请增加临近交割月份套期保值持仓额度的截止日为套期保值合约交割月份前第一个月的最后交易日，逾期交易所不再受理该合约临近交割月份套期保值持仓额度的申请。

对增加一般月份套期保值额度的申请，交易所在收到完整的申请材料后5个工作日内进行审核并予以答复。对增加临近交割月份套期保值额度的申请，交易所在收到完整的申请材料后，于该合约交割月前第一个月的第一个交易日起进行审核，并在5个交易日内予以答复。

十一、企业如何利用期货公司提供的创新风险管理服务？

期货公司通过设立子公司的方式开展以风险管理服务为主的业务，它围绕期货市场定价和风险管理，为实体企业提供仓单服务、合作套保、定价服务、基差交易等风险管理服务（见图7－3）。

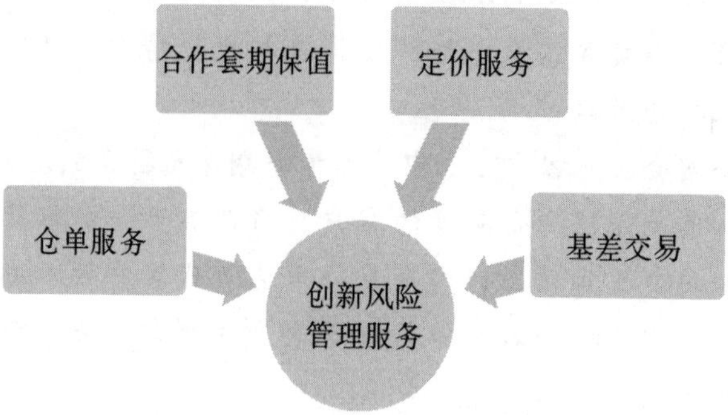

图 7－3　创新风险管理服务细分内容

（一）仓单服务

仓单服务，指主要由子公司为实体企业客户提供仓单串换、仓单回购、仓单收购、仓单销售等业务。子公司还可为企业特别是中小企业，提供“一对一”套期保值服务，可以在基差贸易的基础上为现货企业提供点价交易、均价交易、远期和互换等个性化的定价和风险管理工具。

1. 仓单串换。仓单串换业务源于客户需求，期货公司多年来一直将其作为个性化服务项目来操作，可以说是期货公司为客户搭建了一个服务平台，将客户的资源和需求进行对接。根据客户的不同目的，可以分成两种操作方式：一种是以交换非通用仓单交割仓库为目的，称为仓单交换的平台；另一种是以仓单购销为目的，称为仓单交易的平台。子公司开展仓单串换业务，可以充当期货公司的角色，也可以取代其中一方客户的角色。

由于胶合板期货与纤维板期货并未设有厂库交割，但不排除未来有增设厂库仓单的可能性，那么我们以大连商品交易所已经完成的豆粕期货仓单串换业务来举例说明。

大连商品交易所客户通过交割买入集团所辖交割库的豆粕厂库仓单后，与集团签署串换协议，客户可实现异地提货（简称“仓单串现货”）或由集团为其注册该集团其他交割厂库的仓单（简称“仓单串仓单”）。仓单串现货：让有实际需求接货的客户接到某集团的厂库仓单后，到该集团的其他工厂就近提货。仓单串仓单：让有需要其他地点厂库仓单的客户接到某集团的厂库仓单后，串换为该集团的其他厂库的仓单。

案例 7-10

中国粮油控股有限公司和嘉吉投资（中国）有限公司（以下简称“试点集团”）与大连商品交易所合作试点仓单串换业务，这意味着国内期货市场上交割买方经常面临的交割地点不确定性难题在豆粕品种上有了新的解决之道。

根据通知，客户在最后交割日买入的试点集团所属厂库豆粕标准仓单，可申请在该集团其他厂库提取现货（简称为“仓单串现货”）或者串换为该集团其他厂库的标准仓单（简称为“仓单串仓单”）。通知规定：在交易所规定的一个仓单有效期内，单个交割厂库的串换限额为该交割厂库可注册标准仓单最大量的20%，具体串换限额由交易所代为公布。仓单串换费用由期货升贴水、串换价差、仓单串换库生产计划调整费用三部分组成。此次仓单串换试点期限为通知发布之日起至2014年5月30日。

据介绍，在具体操作上，客户可在交割后通过会员提出串换申请，按照试点通知中规定的非厂库客户优先和时间优先的原则，由交易所代为将串换申请排序后通知客户与试点集团进行谈判。

资料来源：大连商品交易所。

2. 仓单回购。仓单回购业务，是指仓单转让企业将仓单出售给仓单受让企业时同时签订回购协议，约定回购相关条款，然后由受让方根据协议支付首付款，双方完成仓单所有权的过户后，受让方在扣除一定比例仓单价值波动风险押金以及仓储费等其他费用之后支付余款的业务模式。

对于生产加工型企业而言，仓单回购业务可以缓解企业生产期间因持续收购原材料而导致的流动资金紧张问题；对于贸易型企业而言，仓单回购业务可以解决大量库存商品占压流动资金的问题。

仓单回购业务之所以受市场青睐，是因为仓单持有人在提货后要把货物通过现货渠道销售出去。如果能直接卖给厂家，让厂家通过自己现成的销售渠道把货物卖出去，方便仓单持有人消化库存。

（二）合作套期保值

即期货公司子公司可以根据实体企业实际的生产经营需求，为企业，特别是中小企业，提供“一对一”的套期保值服务及风险管理产品。该项业务与定价服务在现货业务试点推出伊始就备受期货公司关注。合作套期保值重点凸显了“一对一”的服务模式，相比期货公司传统的套期保值，更侧重在与企业结成利益关联方的基础上，通过更深入了解客户的经营环节，共同参与套期保值流程的制定和操作，为企业量身定做更贴心的套期保值服务，避免了目前企业在套期保值中完全依赖自身，在专业、人力、制度等方面频频遇阻的困境，大大提升企业套期保值的实际效果和风险管理水平。

合作套期保值主要是为客户提供全面风险管理方案，为客户的采购、销售、库存等环节进行风险评估、风险量化、风险监控；并与客户合作保值，以提高客户的套期保值操作水平和资金使用效率。合作套期保值为实体企业在期货市场的套期保值提供部分资金支持以及交易、风险控制等方面的指导，能减小实体企业的资金压力，弥补其操作经验方面的不足，有利于套期保值目标的实现。

合作套期保值业务根据合作的程度可以划分为三种类型，即：资金支持型、专业服务型以及业务产品化型。资金支持型合作套期保值业务，是指合作公司提供部分资金支持，客户负责套期保值操作，合作公司委托期货公司监控客户风险。专业服务型合作套期保值业务，是指合作公司提供部分资金支持，合作公司为客户提供交易与风控指导。业务产品化型合作套期保值业务，是指客户购买合作公司的风险管理产品，将套期保值操作整体打包给合作公司来操作。

案例 7-11

假设某纤维板生产企业需要在 2014 年 8 月初对其销售的产品进行套期保值，此时纤维板远期合同价为 60 元/张，按此价格销售，很难确保盈利。此时 FB1501 合约价格约为 63 元/张，企业在期货市场进行套期保值，可盈利 2 元/张，但需交纳保证金。为减小资金压力，生产企业向某期货公司风险管理子公司提出合作套期保值需求，即由风险管理子公司卖出 100 手

FB1501合约。生产企业与风险管理子公司签订合约，规定期货持仓成本为62元/张，则风险管理子公司以63元/张价格持有的卖出合约获得无风险基差收益为1元/张，生产企业盈利2元/张。生产企业在尽可能少占用期货保证金的前提下获得较大收益，同时也提高了销售量，降低了库存压力。

（三）基差交易

基差交易指以某月份的期货价格为计价基础，以期货价格加上或减去双方协商同意的基差，来确定双方买卖现货商品价格的一种交易方式。基差交易在海外期货市场中的运用极为广泛，主要是与套期保值联合运用。此番推出现货交易新业务，监管层或许正是想通过借鉴海外成熟经验，推动期货公司子公司加强在基差交易上的实务操作能力，使之形成一种可复制推广的成功模式和示范效应，帮助实体企业进一步加强套期保值效果，并最终引导企业更好地利用期货市场，完善定价机制与风险管理。这说明基差交易同时也是在为定价服务打下基础。

基差贸易是一种低风险的贸易模式，通过期货套期保值将商品的绝对价格波动风险转化为相对价格波动风险，即基差波动风险，大大降低了贸易过程中承担的风险，提高贸易企业经营的稳定性和可持续性。

（四）定价服务

定价服务可以看成基差交易的衍生。期货公司子公司可以在基差贸易的基础上，为现货企业提供点价交易、均价交易、远期和互换等个性化的定价和风险管理工具。现货业务子公司可以在定价服务中，主动把基差报价这种模式引导给企业，使其逐渐摈弃以往繁琐不透明的传统定价模式，帮助企业在基差交易中更好地降低价格波动带来的经营风险。这一服务与基差交易密不可分，实际上也是互为工具，需要期货公司前期做好做实基差交易服务的经验积累与推广。

定价服务是由于信息不对称和市场不完全导致大量投资机会的存在。一方面，定价服务有利于增加市场活跃度，提高市场有效性；另一方面，现货子公司、产业客户和银行可以合作利用定价服务为现货企业采购、销售实现有利的买卖价格，设计具有多种风险收益特征的理财产品。

（五）企业参与创新风险管理业务的意义

经纪业务只是为产业企业提供一个通道，让其参与到期货市场中来对冲风险，即使一些研究和咨询服务，也都是流于表面。而创新风险管理业务则是实实在在地把服务实体产业落到了实处。

1. 满足多样化风险管理需求。当前，我国现货市场体系不发达，现货企业和金融机构对期货工具的认识掌握还不够充分，但实体企业对期货市场风险管理的需求又非常急迫。实体企业参与期货创新风险管理业务既充分借鉴国际成熟市场经验，又符合我国实际情况，有利于促进期货与现货结合、完善价格形成机制，有利于满足实体企业多样化的风险管理需求。

2. 为企业量身定做个性化服务。作为期货公司的一项创新业务，风险管理子公司肩负的使命就是基于期现货市场、场内外市场，设计出满足实体企业个性化需求的衍生产品，帮助这些企业管理好市场风险。风险管理子公司业务，是给企业提供专业的定价、套保等服务，为企业“量体裁衣”。企业通过参与创新风险管理业务，可以获得期货公司为其量身订制的个性化服务，增加了企业参与期货市场时的灵活性和针对性，提高了企业运用期货工具的效果。

3. 专业化服务，提高管理效果。期货公司风险管理子公司在期货风险管理方面具有专业的知识背景及丰富的经验。企业通过与风险管理子公司合作，可以弥补企业自身期货管理风险专业能力不足的缺陷，提高企业期货风险管理的实施效果，降低企业因期货专业人才不足而造成的操作风险，从而达到实体企业和期货公司共赢的局面。

案例 7－12

杭州某期货风险管理子公司完成第一单业务

2013 年 5 月 9 日，某期货有限公司的风险管理子公司——浙江济海贸易发展有限公司完成了第一单交易，这是国内期货公司风险管理创新业务具有历史意义的首单。

浙江济海贸易发展有限公司于买进 200 吨天然橡胶仓单，并在期货上做了保值交易。这是目前公开信息所知道的国内期货公司风险管理子公司的第一单业务。

客户方是浙江本地的天然橡胶贸易商，因为手中有天然橡胶现货，而且后续有约800吨的现货，客户考虑到资金压力和现货的跌价风险。因此选择先将200吨的天然橡胶注册成仓单转让给浙江济海贸易发展有限公司，由济海贸易在期货市场上进行套期保值，客户将选择合适时机进行回购。

“为了更好地为产业客户服务，创造期现结合的创新模式，公司大量引进优秀的具备现货产业人才和交易人才。目前的服务的优势产品以能源化工类为主，主要品种为天胶、甲醇、塑料、PTA等，同时在基金属、贵金属、农产品、金融产品等各个类别引进优秀人才。”浙江济海贸易发展有限公司副总经理表示。

资料来源：和讯网。

延伸阅读

虚拟库存

企业在进行期货交易时通常会碰到“虚拟库存”这个词。由于期货合约代表着相应的实物量，企业增加库存只需要买入相应的期货合约即可，用买入期货的方式来代替实物库存，可以节约资金和仓储成本。而在现货市场卖出现货，企业能够获得短期资金，而且可以省下仓储成本。虚拟库存的货物存放在交易所的交割仓库中，或者仍在生产企业的生产过程中。这种库存的虚拟性，使其管理比实体库存要方便得多。

对于企业来说，先卖出现货，同时建立期货多单，在期货市场进行实物交割买现货有时可能会比直接持有现货更加划算。

案例7-13

某企业在2014年7月考虑将所持有的纤维板实物库存转变为虚拟库存：7月4日FB1409合约收盘价为59.5元/张，华东地区现货价格为62元/张。

交割手续费0.01元/张，出库费0.325元/张（平板汽车运输），资金利息按一年贷款利率6%计算。在期货市场买入期货合约，建立虚拟库存，则：

到期交割总价=建仓价格+资金占用利息成本+交割费+出库费=59.5+59.5×10%×6%×2/12+0.01+0.325=59.9（元/张）

虚拟库存持有成本=59.9-59.5=0.4（元/张）

所以，在现货市场以62元/张卖出现货，同时在期货市场买入9月合约到期交割，可以获得62-59.9=2.1（元/张）的无风险收益。

如果企业在现货市场买入现货并持有到期，华东地区现货报价62元/张，持有到9月15日，其最终价格为：买入价+资金利息成本+仓储费用。仓储费按交易所0.01元/张·天计算。

持有现货到期价=62+62×6%×2/12+0.01×60=63.22（元/张）

现货持有成本=63.22-62=1.22（元/张）

从期货市场建立虚拟库存，不仅获得了无风险收益，且持仓成本较低。

自测题

一、填空题

1. 按照在期货市场上所持的头寸，套期保值又分为（　　　　）和（　　　　）。

2. 套期保值的一般原则是在期货市场上与现货市场上的交易行为必须遵循（　　　　）的原则，这也是避险与投机的根本区别。

3. （　　　　）与（　　　　）是期货对生产企业、贸易企业及下游加工企业的最主要功能。

4. （　　　　）是指以某月份的期货价格为计价基础，以期货价格加上或减去双方协商同意的基差来确定双方买卖现货商品的价格的交易方式。

5. 期货公司通过设立子公司的方式开展以风险管理服务为主的业务试点方案，围绕期货市场定价和风险管理为实体企业提供（　　　　）、（　　　　）、（　　　　）、（　　　　）等风险管理服务。

二、判断题

1. 基差是指某一特定商品在某一特定时间和地点的现货价格与该商品在期货市场的期货价格之差，即：基差=现货价格-期货价格。（ ）

2. 参与胶合板期货或纤维板期货对于企业的品牌树立具有积极作用。企业产品若能够通过严格的质检并注册生成仓单，则表明其质量有充分保障。相对于电视、报纸或网络媒体，利用期货市场为企业进行宣传更具有实际说服力，其成本费用也大大低于直接投放广告。如果企业可以持续参与期货市场，对于其品牌知名度有着长久的提升作用。（ ）

3. 对于生产企业来说，其作为产品的生产者和供应者，利用期货进行套期保值的主要目的就是避免胶合板或纤维板未来价格下跌产生损失，同时也为了提前锁定期商品销售利润。生产企业一般采用买入套期保值来规避价格波动风险。（ ）

4. 在正向市场条件下，当基差不变的时候，期现货价格平行变动，锁定了套期保值上原来的利润，无论是买入保值还是卖出保值，保值效果整体上都是盈亏平衡的。当基差变宽时，买入保值盈利，卖出保值亏损；相反，当基差变窄时，买入保值亏损，卖出保值盈利。（ ）

5. 申请套期保值资格的企业客户需要符合两个条件：一是客户是单位客户；二是客户具备相关品种生产经营资格或者具备特殊法人、资管账户等财富管理账户资格，以及客户为期货公司风险管理子公司等。（ ）

三、多选题

1. 企业利用期货工具存在诸多益处，主要有（ ）。

A. 利用期货市场产生的权威价格指导生产经营

B. 规避价格风险，锁定企业成本及利润

C. 改进生产工艺，提高产品质量

D. 节约采购或销售成本

2. 原材料采购是企业日常运营中必不可少的环节。相对于现货市场，企业从期货市场进行采购的优势包括（ ）。

A. 期货价格具有权威性，锁定原料成本确保加工利润

B. 市场信息更加透明

C. 期货市场产品质量有保障

D. 期货市场监管严格，安全性高

E. 拓宽采购渠道，降低库存成本

3. 仓单服务主要包括（　　）。

A. 仓单串换　　B. 仓单回购

C. 仓单收购　　D. 仓单销售

4. 企业参与创新风险管理业务的意义有（　　）。

A. 满足多样化风险管理需求　　B. 为企业量身定做个性化服务

C. 专业化服务，提高管理效果　　D. 增加企业成本

5. 企业参与胶合板与纤维板期货需要注意（　　）。

A. 坚持以套期保值目的进行交易

B. 根据自身情况合理制定套期保值方案

C. 适时进行投机操作

D. 注意期货合约细节

6. 企业套期保值中面临的风险有（　　）。

A. 体制风险　　B. 管理与运营风险

C. 基差风险　　D. 期货价格风险

E. 流动性风险　　F. 交割风险

G. 现货市场风险

7. 交易所根据客户营业执照所标注的经营范围来判断企业套期保值资格，经营范围涉及的品种以及相关品种企业均可以申请套期保值。那么下列（　　）客户可以进行纤维板期货套期保值申请。

A. 纤维板生产企业　　B. 板式家具生产企业

C. 纤维板贸易企业　　D. 胶合板生产企业

E. 家庭装修公司

8. 以下（　　）情况下，企业可以使用纤维板期货卖出套期保值。

A. 纤维板生产企业预计未来纤维板价格将会下跌，库存货物需要保值

B. 纤维板贸易企业预计未来价格上涨，未来想购买纤维板产品

C. 纤维板下游加工企业计划在 3 个月后采购一批货物，担心未来价

格上涨

D. 纤维板贸易企业预计未来价格下跌，希望降低库存，但货物销售需要数月时间

9. 对于生产企业来说，下列（　　）是胶合板与纤维板期货的价格发现功能对企业指导生产与经营的帮助。

A. 价格形成机制更加完善，对未来价格判断更加合理

B. 企业可以根据期货价格来安排未来的生产和经营计划，为企业未来规划安排提供了重要参考

C. 将实物库存与虚拟库存进行有效调配，则可以适当降低库存成本，扩大企业利润

D. 企业可以通过期货价格来制定当期和未来的现货销售价格，甚至还可以通过使用以期货价格为基础的点价交易来签订销售合同

参考答案

一、填空题

1. 卖出套期保值；买入套期保值
2. 数量相等，方向相反，同时进行
3. 价格发现；套期保值
4. 基差交易
5. 仓单服务；合作套保；定价服务；基差交易

二、判断题

1. √　2. √　3. ×　4. √　5. √

三、多选题

1. ABCD　2. ABCDE　3. ABCD　4. ABC
5. ABD　6. ABCDEFG　7. ABC　8. AD　9. ABCD

第八章

个人投资者参与胶合板与纤维板期货

本章要点

本章介绍个人投资者如何参与人造板期货和纤维板期货交易，主要从人造板期货和纤维板期货品种特点、风险、分析方法进行阐述，同时介绍各种套利模式、技术分析及投资注意事项，并通过大量案例帮助个人投资者了解胶合板期货与纤维板期货交易。

一、胶合板与纤维板期货作为投资品种有哪些特点？

（一）价格波动较大

胶合板与纤维板期货品种上市以来，其价格波动就较为剧烈。胶合板期货第一份主力合约 BB1405 在上市初的 4 个月内，价格在 136 元/张 ~ 117 元/张之间反复震荡，在主力换月前价格冲上 156 元/张，日内价格波动幅度也非常大，经常触及涨跌停板。纤维板期货第一份主力合约 FB1405 则从上市初最高 76 元/张一路下跌，主力换月前逼近 60 元/张价格，4 个月时间跌幅超过 20%。

对比两个品种期货价格走势，胶合板期货价格波动幅度更为剧烈，市场多空双方争夺经常趋于白热化。

（二）交易规模增长迅速

自 2013 年 12 月上市以来，胶合板与纤维板期货交易规模增长迅速，成交量稳步放大，交易活跃。两个品种合约日均成交量均突破 26 万手，胶合板期货日均成交额达到 180 亿元，纤维板期货合约日均成交额达到 86 亿元。胶合板与纤维板期货成交量大、流动性充裕，给期货投资者提供了非常丰富的投资机会。

（三）品种十分年轻，炒作题材丰富

胶合板与纤维板上市时间较短，现货市场生产企业、流通企业及下游企业比较分散，市场产品价格差别较大。此外，由于我国林业正处于高速发展和改革时期，人造板行业也处于洗牌阶段，期货价格影响因素比较复杂，市场炒作题材丰富，不同投资者对于价格判断也存在巨大差异，这就使得胶合板与纤维板期货价格对于消息题材更加敏感。无论是生产成本改变、产品销售情况变化，还是仓单的变化、国家政策调整等都会引起市场参与者的关注，多空双方对于题材的解读也存在着分歧。

案例 8-1

胶合板仓单生成　空方一只靴子落地

2014 年 4 月 2 日，市场传出消息，胶合板首张注册仓单生成，所入库胶合板为沈阳鹏鸿细木工板，仓单量为 11 手。

受此影响，胶合板期货价格在午后大幅回落，14 点成交量开始迅速放

大（见下图）。前期胶合板价格大涨，主要原因是4月BB1404合约临近交割，期货价格大幅低于现货，空头开始出现恐慌，近月合约大幅上涨。而此次胶合板仓单生成后，市场的第一只靴子——符合质检产品已经入库，使得市场对于符合标准交割品的疑问得到部分消除。同时，空头也找到价格回调的理由，即市场已经出现可交割产品，前期对于产品质量的疑虑消除。

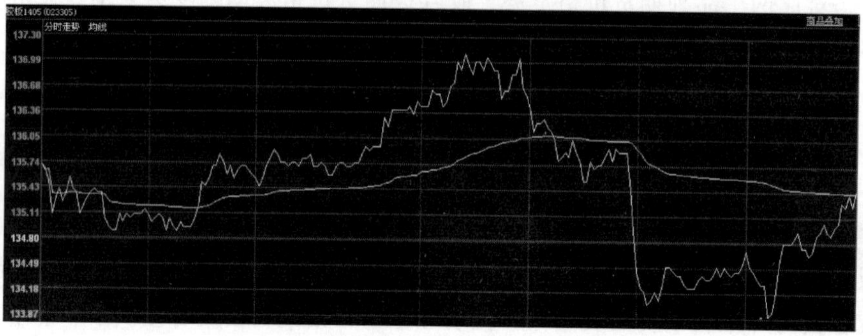

2014年4月2日胶合板期货1405合约走势

但是我们需要关注的是此次入库胶合板是否能够在市场上直接获得。我们不排除入库的胶合板是为了首批入库而依照交易所交割质检标准特别定制。此批入库的11手胶合板数量十分有限，仅仅5 500张，总值也不到100万元，入库的象征意义大于实际意义。

2014年3月12日鹏鸿的细木工板现货报价为147元，高于目前期货价格12元左右，而作为首批交割的产品，其质检要求应该较为严格。其生产成本和售价可能会比较高，所以此次胶合板期货价格在大幅上涨时突然回落存在不理性操作。

在4月2日价格收出十字星之后，胶合板期货便开始连续大涨至156元，短期的消息虽然有一定利空，但其实际对于价格利空的影响非常有限，在理性分析过后，4月2日价格突然回落是继续做多的有利机会。

二、期货高风险体现在哪里？

对于个人投资者来说，期货投资意味着高风险与高收益，甚至许多人认为期货市场经常存在着一夜暴富与一夜输光的情况。那么，期货市场究竟是什么样的，投资者在市场中交易的情况是怎样的呢？

期货投资的高风险与高收益，其主要原因就是保证金制度。比如胶合板期货合约保证金比例在某一段时间设置为7%。也就是说，投资者在胶合板期货价格在130元位置买入或者卖出一手胶合板期货，其仅仅需要付出7%的货物保证金（130×500×7% =4 550元）。这样就使得期货交易存在较大的杠杆效应，使得投资者可以以小搏大。

我们以价格在120元/张时的胶合板期货为例，对比在不同保证金比例下胶合板期货占用资金及相同价格上涨幅度时的收益率（见表8-1）。

表8-1　　不同比例保证金收益对比

胶合板期货价格（元/张）	保证金比例（%）	占用资金（元/手）	价格上涨5%后收益率（%）
120	5	3 000	100.00
120	7	4 200	71.43
120	10	6 000	50.00

从表中可以看出，每一手胶合板期货在相同价格买入后相同上涨幅度带来的收益率与保证金比例成反比，即保证金比例越小，收益率越大。如果开仓时为卖空，那么价格上涨后将出现亏损，亏损比例与保证金比例成反比。一般来说，期货公司会在交易所最低保证金比例之上再加上一定比例的保证金。如果交易所保证金比例为7%，那么期货公司可能会加收2%~4%的保证金比例，即客户实际保证金比例为9%~11%。期货价格的小幅波动会通

过杠杆而放大对收益的影响，加上期货的T+0交易机制，使得期货风险较其他投资产品更大。

在理解了期货交易杠杆原理之后，我们就应将期货风险控制作为头等大事。“不要把鸡蛋放在一个篮子里”是期货交易的不二法则，我们在参与每一笔期货交易之前，首先应做的就是评估自己的风险承受能力，根据自身的具体情况来建立期货头寸。

对于胶合板与纤维板期货来说，其自身特点使得期货价格在许多时候会出现较大幅度的波动，特别是胶合板期货价格上下波动更加剧烈。价格大幅波动在给投资者带来较大投资机会的同时，也带来了更大的风险。参与胶合板与纤维板期货交易应时刻保持警惕，注意风险的变化，严格把控自己的头寸。

三、个人参与胶合板与纤维板期货应如何控制风险？

期货交易的重要基础就是控制风险，那么对于个人投资者有哪些常用的风险控制手段呢？

（一）保持风险意识

期货市场是一个充满风险的投资场所，是典型的零和游戏，高利润伴随着高风险。作为商品期货市场的投资者，一定要有必要的风险意识，因为任何投资市场都是有风险的，都不可能稳赚不赔。风险意识，也就是投资者在进行期货决策和交易行为时对市场可能出现的不利情况的一种自我防范意识，这种意识是不可缺少的。

在期货交易中主要有以下几种风险：

1. 资金管理风险，即资金来源的合法和合理性，资金分配运作等风险。

2. 流动性风险，即由于市场流动性差，期货交易难以迅速、及时、方便地成交所产生的风险。在期货交易中要选择自己熟悉、有把握和交易活跃的品种，在选择好品种后要参与交易量大、持仓量大的合约月份。

3. 强行平仓风险。期货交易实行由期货交易所和期货经纪公司分级进行的每日结算制度。在结算环节，由于公司根据交易所提供的结算结果每天都要对交易者的盈亏状况进行结算，所以当期货价格波动异常、保证金不能在规定时间内补足的话，交易者可能面临强行平仓风险。这就要求交易者合理分配交易保证金，切忌满仓操作。

4. 交割风险。期货合约都有期限，当合约到期时，所有未平仓合约都要配对进行实物交割。有的交易所不允许个人投资者进入交割月，在交割月前一个月或者两个月就要增加保证金。因此，不准备进行交割的投资者应在合约到期之前将持有的未平仓合约及时平仓，以免于承担交割责任。

5. 市场风险。客户在期货交易中，最大的风险来源于市场价格的波动。这种价格波动给客户带来交易盈利或亏损的风险。因为杠杆原理的作用，这个风险是被放大了的，投资者应时刻注意防范。

风险与机会是期货市场的一对孪生兄妹，高风险孕育着高回报，关键在于投资者如何认识、规避市场风险，捕捉时机，取得理想的回报。对期货市场的风险要有一个正确的认识，因为惧怕风险而放弃期货投资是一种“逃跑主义”，当然也就失去了成功的机会。因为害怕风险而盲目从众交易，也是错误的选择。强调风险是为了正视风险、防范风险和控制风险。其实在期货市场中，首先考虑的不是期望有多大的回报，而是怎样把风险降到最低，只要控制了风险，盈利已经握在手中了。

（二）控制交易规模

资金是交易者在市场中的生命，而风险控制就是在保护生命。风险控制水平的高低直接决定着一个交易者的市场生命会持续多久，所以资金管理的好坏将直接决定投资者的生死存亡。对交易者来说，只要不被踢出市场就有成功的机会，如果资金管理不到位，被踢出局了，连一点机会都没有，就不会有成功的可能。也就是说，有严格执行资金管理的措施，才有可能在期货市场上生存下来，而生存是发展的前提条件。决定生存的权力恰恰就掌握在交易者自己的手里，那就是资金管理。从这个意义上来说，怎样强调资金管理的重要性都不为过。

资金管理主要有两个方面：资金来源和资金分配。资金来源要合法、合理。无论是法人投资者还是个人投资者，如果投入到期货市场的资金不合法，就得不到法律的保护，相反还会受到法律的制裁，还没有出手就败局已定。对于个人投资者而言，投入市场的资金要求是自有的闲散资金。如果投入到期货市场的资金是投资者借来的或者是养老、治病救命、给下一代教育、成家的钱，那么就会对投资者带来极大的心理压力，隐藏着极大的后患，这是一种赌徒心态，结果可想而知。俗话说“吃饭穿衣论家当”，在自有的闲散资金当中也要进行合理的分配，使用适当比例的资金进行期货投资，要以不影响正常的生活和将来的发展为原则。投资成功，就是锦上添花；交易失败，也不会影响日后正常的生活和发展。

资金管理主要是对投入到期货市场的风险资金进行合理的分配和控制。对于新入市的新手来说，除了要掌握分析技术和交易策略之外，资金管理也相当重要，管理不当的话，满仓操作或者亏损后死扛，也许会很幸运地获利，但终究会被市场无情地淘汰。因此，新手要积极学习使用资金管理，才能保护好自己，更快、更早获得必需的技能。

（三）止损与止赢的设置

无论在何时交易都应严格执行保护性止损措施。亏钱的单子止损要快；赚钱的单子则可以留着跟大势走，把亏损限于小额，让利润充分增长。最重要的一点是，永远不要在赔钱的单子上加码。止损是在市场中控制风险和扩大利润的有效手段。

在期货交易中，风险与获利的比率至少应该是3∶1。也就是说，如果单子赔钱的潜在风险是1 000元，那么获利的潜在目标应该达到3 000元。在期货交易中，止损非常重要，是保命的手段。“砍仓砍不死，拖仓能拖死。”所以投资者应根据自己的特点、喜好选择适合自己的止损方式。

（四）对交易品种有清晰的认识

任何投资都需要对投资的产品有所了解，期货投资尤其如此。实际交易时，一些投资者对于其所投资的期货品种并不熟悉，只通过技术面或他人的分析预测来进行交易，一旦市场出现突发情况，投资者往往措手不及，但又未能拥有足够认识来理性分析，导致大幅亏损。

胶合板与纤维板期货所对应的市场规模低于其他大宗商品，市场影响因素更加复杂，市场信息透明度更差，这就要求投资者对于品种有清晰的认识，明白品种的基本知识，了解产业链情况，把握住关键的价格影响因素。一切技术手段的风险控制都需要以对品种有着深刻的了解为配合，只有对胶合板与纤维板期货与现货情况做好充足的功课，才能在风险管理上更上一层台阶。

四、胶合板与纤维板期货如何进行套利?

期货套利简单来说就是同时买进和卖出两张同种类期货合约，交易者买进自认“便宜”合约同时卖出些“高价”合约，从两合约价格间变动关系获利进行套利获得合约之间相互价格变化的收益。

（一）套利方式

套利一般分三类：跨期套利、跨市套利和跨商品套利。

跨期套利交易普遍利用同商品同交割月份之间正常价格差距出现异常变化时进行对冲而获利，又分牛市套利和熊市套利两种形式。进行牛市套利时，买入近期交割月份合约，同时卖出远期交割月份合约，希望近期合约价格上涨幅度大于远期合约价格上涨幅度；而熊市套利则相反，即卖出近期交割月份合约，买入远期交割月份合约，并期望远期合约价格下跌幅度小于近期合约价格下跌幅度。

跨市套利，是指在某个市场买入（或者卖出）某一交割月份的某种商品合约的同时，在另一个市场上卖出（或者买入）同种商品相应的合约，以期利用两个市场的价差变动来获利。做跨市套利时应注意影响各市场价格差价因素，如运费、关税、汇率等。

跨商品套利，指利用两种相关联商品之间价差进行交易。两种商品之间具有相互替代性或受同供求因素制约。跨商品套利交易形式为同时买进和卖出相同交割月份同种类商品期货合约。

（二）套利成本

套利成本是套利成败与否的关键因素之一，是投资者必须关注的焦点，包括交易成本、资金成本、冲击成本，并且构建现货组合与指数间的跟踪误差、到期基差不收敛情形都是形成套利成本的因素。套利成本主要包括交易成本、资金成本和冲击成本。

交易成本：包括建仓时的交易成本和平仓时的交易成本，主要是交易手续费。

资金成本：套利交易中所涉及的资金成本主要来自于购买现货所需资金、期货合约头寸的保证金、预留的风险保证金、建仓时产生的交易费用等资金所产生的利息。

冲击成本：是指在套利交易中需要迅速而且大规模地买进或者卖出期货合约，未能按照预定价位成交，从而多支付的成本。冲击成本同样包括建仓时期和平仓时期的冲击成本。

相关参考资料见表 8－2、表 8－3 和表 8－4。

表 8－2　　期货成本　　（单位：元/张）

	运输	入库	仓储	质检	出库	交割手续费	交易手续费
胶合板	1	0.3～0.325	0.035	2	0.3～0.325	0.01	0.01%
纤维板	1	0.3～0.325	0.035	2	0.3～0.325	0.01	0.01%

表 8－3　　现货成本　　（单位：元/张）

现货胶合板	运输	入库	仓储	检疫费	出库
	1	0.325	0.035/天	0.25	0.325
	交易手续费	交收手续费	延期交收补偿金	质检	制单费
	0.06%	0.03	0.05%	1.5	0.1

表 8－4　　华东林产交易所胶合板现货升贴水

厚度与板芯	替代品升贴水（元/张）
15mm	－10
桐木	－20

（三）期现套利

跨市套利中使用最频繁的就是期现套利。期现套利是指某种期货合约，当期货市场与现货市场在价格上出现差距，从而利用两个市场的价格差距，低买高卖而获利。理论上，期货价格是商品未来的价格，现货价格是商品目前的价格，按照经济学上的同一价格理论，两者间的差距，即“基差”（基差 = 现货价格 - 期货价格）应该等于该商品的持有成本。一旦基差与持有成本偏离较大，就出现了期现套利的机会。其中，期货价格要高出现货价格，并且超过用于交割的各项成本，如运输成本、质检成本、仓储成本、开具发票所增加的成本等等。期现套利主要包括正向买进期现套利和反向买进期现套利两种。

我国人造板市场产品种类众多，每种人造板又拥有不同规格，对于胶合板与纤维板而言，目前，期货交割品只限于 15mm 和 18mm 厚度的细木工板和中密度纤维板，普通大宗商品的一般套利模式并不完全适用。此外，我国人造板生产企业集中度低，缺乏具有定价权的大型企业，而现货交易流通市场非常分散，地域差异较大，企业品牌附加值较高。这些因素都导致个人投资者进行胶合板与纤维板期现套利存在较大困难。

案例 8 - 2

2014 年 4 月 21 日开始，胶合板期货与现货价差开始扩大。胶合板期货活跃合约价格 137.4 元/张，华东林产交易所现货价格 149.55 元/张，按照 15mm 厚度桐木价格进行贴水后，现货价格折计 119.55 元/张，期现价差上涨至 19.2 元/张。某投资者按以往平均价差认为市场有可能出现了期现套利机会，可以进行买入现货、卖出期货的交易，待价差回落后进行平仓获利。那么我们根据期货与现货的交易和交割成本来计算一下套利成本，与期现价差进行比较，分析是否存在套利机会。

（1）首先，计算套利成本。胶合板期货在每年 7 月需要注销仓单，那么投资者最早在 8 月初进行仓单注册，所以思路为现货市场买入后持有至 7 月底进行交收，之后进行期货仓单注册并入库。

交易手续费：按照双向收取手续费来计算，期货交易手续费0.02元/张，现货交易手续费为0.14元/张，合计0.16元/张。

交割手续费：期货市场交割手续费为0.01元/张，现货交收手续费为0.03元/张，合计0.04元/张。

期货注册仓单费用：期货市场注册仓单时各家质检机构收费标准不一，市场3 000张质检成本在7 000元以上，那么取2.5元/张质检费。各仓库期货入库费用没有统一规定，那么我们选择与现货交易市场距离较近的浙江仓库为参考，入库费用为0.325元/张。

期货仓单仓储费：期货市场胶合板标准仓单仓储费为每天0.035元/张，即从8月1日到9月交割为止，仓储费用为1.645元/张。

运费：由于华东林产交易所胶合板交收仓库在浙江省湖州市，与胶合板期货在浙江的交割仓库距离较近，根据已发生的期货仓单注册运输成本来估算，运费约为1元/张。

增值税：增值税率为17%，若按照20元/张的价差来计算，增值税为3.4元/张。

资金成本：资金成本按照上海证券交易所GC028质押式回购当时的利率来计算，一个月期的年化资金成本为3.9%。

华东林产交易所胶合板合约占用保证金比例为20%，保证金为29.64元/张。若大连商品交易所胶合板期货保证金比例按10%收取，考虑到风险控制，那么按照15元/张计算，资金总的成本 $=29.64\times3.9\%/4+15\times3.9\%/3+149.55\times3.9\%/12=0.97$（元/张）。

延期交收补偿费率：交易商的净订货量方向与交收申报少的一方方向一致时，该交易商应交补偿费，并且按量平均分摊总补偿费。若按照极端情况，买入现货持有至7月底，每天均需要支付延期交收补偿费，那么成本 $=0.05\%\times102\times148.2=7.56$（元）。

预计交易总成本 $=0.16+0.04+2.5+0.325+1.645+1+3.4+0.97+7.56=17.6$（元/张）

（2）继续等待时机。按照此时19.2元/张的实际期现价差，17.6元的套利成本显然没有太大吸引力，此投资者在分析完各方面情况之后，选择继续等待价差的扩大。在2014年5月6日，价格扩大至23.35元/张，投资者认为此时存在较大的套利空间，买入现货、卖出期货进行期现套利。

（3）利润估计。套利组合的预期收益为23.35元/张，预期最大成本为17.6元/张，则预期利润＝23.35－17.6＝5.75元/张。

在期货合约到期后，可以通过交割来实现预期利润，预期的利润率＝5.75/（29.64＋15＋149.55）×100%＝2.96%，此利润率为减去资金成本后的收益率。

由于此投资者并不希望持有至交割，同时其对资金流动要求较高，所以在2014年5月27日，期现价差回落到套利成本附近就进行对冲平仓。此时收益为两个市场的资本利得：

现货市场亏损＝151.95－149.15＝2.8（元/张）

期货市场盈利＝145.3－136.25＝9.05（元/张）

扣除手续费后两个市场合计盈利＝9.05－2.8－0.16＝6.09（元/张）

现货市场资金使用量为29.64元/张，期货市场资金使用量为15元/张，合计资金使用量为44.64元/张，期现套利的收益率＝6.25/44.64×100%＝13.6%，套利周期为11天，年化收益率为451.2%。

从以上的期现套利的案例中可以看出，期现套利实施要求较高。首先是计算套利成本，从简单的手续费、质检费、交割费用到需要按照时间来计算的仓储费与延期交收补偿费等，都需要非常细致的计算。特别是需要注意仓单注册与注销的时间要求，很多时候时间的改变将对期现套利造成巨大影响。其次是个人投资者的持仓不允许进入交割月，个人也不具有实物交割的条件。因此，案例中的投资者基于实物交割出现的套利成本进行建仓后，选择了市场对冲平仓，其操作方式中仍具有到期前期现价差不能趋于成本的风险。然后是期现套利投资者需要详细了解期货交易所与现货交易所的交易规则和交割规则，也要考虑到现货交割品的设置与期货交割品要求是否一致。最后是在市场上风险加大时，交易所将提高保证金比例或使用其他降低风险的措施，这不仅将提高资金成本，也有可能提高政策性风险。

（四）跨期套利

跨期套利是套利交易中最普遍的一种，利用同一商品但不同交割月份之间正常价格差距出现异常变化时进行对冲获利。

合理价差的运用在正向市场中有效，即远月合约价格大于近月合约价格。在正向市场中，以相邻月份为例，远月比近月的价格高出的部分主要包括仓储费成本、交易手续费成本、交割费用、增值税和资金占用利息成本。

延伸阅读

正向市场

在正常情况下，现货价格低于期货价格，或近期月份合约价格低于远期月份合约价格，称为正向市场。正向市场又称为正常市场。

正向市场分为两种情况：一是期货价格高于现货价格；二是远期合约价格高于合约价格。因为期货市场多了未来的持有成本，理论上期货价格应该高于现货价格，远期合约的价格也相应高于合约的价格。正向市场是套期保值交易的理想环境。

反向市场

反向市场（又称逆向市场）是指在特殊情况下，现货价格高于期货价格，或者近期月份合约价格高于远期月份合约价格，基差为正值。

出现这种情况有两个原因：一个对某种商品的需求非常迫切，远大于产量及库存量；二是预计将来该商品的供给会大幅度增加。

1. 牛市套利（Bull Spread）。在正向市场上，如果供给不足，需求相对旺盛，则会导致近期月份合约价格的上升幅度大于远期月份合约，或者近期月份合约下降幅度小于远期合约，交易者可以通过买入近期月份合约的同时卖出远期月份合约而进行牛市套利。

正向市场中，牛市套利最突出的特点是套利者的损失有限而获利潜力巨大，因为首先只有在价差扩大时才会出现损失，即远期合约对近期合约的升水扩大，而由于存在套利的可能性，这一升水不会超过从近期合约交割月到远期合约交割月间的持仓成本。其次，无论价格是上升还是下降，只要价差缩小即可获利。而近期合约对远期合约的升水取决于近期市场供需状况，不受到其他限制。反向市场上则只要价差扩大，交易者就获利，而价差缩小则出现净亏损。

投资者在进行胶合板期货或纤维板期货跨期套利时需要特别注意的一点是，胶合板与纤维板期货在每年的3月、7月与11月底都将注销仓单，仓单注册时，产品应为生产日期60日之内，即离生产日期超过60天的产品无法注册仓单，那么如果是正向套利至交割时，应特别注意交易所的此项规定。

案例8－3

牛市套利

进行胶合板期货或纤维板期货正向市场套利中，有两种了结方式：一种是期货市场对冲平仓；另一种是实物交割。在计算套利成本时，一般以实物交割的成本作为标准。

(1) 胶合板期货跨期套利成本分析：仓储费：0.035元/天·张；交割手续费：0.01元/张；交易手续费：0.01%；增值税：减仓与交割结算价差×17%；根据上市以来情况来看，胶合板期货活跃合约一般为1月、5月与9月，那么跨期套利可以选择4个月期限。

(2) 胶合板期货5月与9月套利成本分析：

仓储费＝0.035×120＝4.2（元/张）

交割手续费＝0.01×2＝0.02（元/张）

交易手续费＝130×0.01%×2＝0.03（元/张）

增值税：增值税是按照交割配对结算价计算，因此其是变动的。计算中以2元价差计算，则：

增值税＝2/1.17×0.17＝0.29（元/张）

若当时的资金市场利率为4%，则：

资金成本＝130×4%×4/12＝1.73（元/张）

胶合板期货5月与9月合计的套利成本 =4.2 +0.02 +0.03 +0.29 +1.73
=6.27（元/张）

从以上计算可以得出，当5月与9月胶合板期货合约价差大于6.27元时，理论上存在正向无风险套利机会。

（3）纤维板期货跨期套利成本分析：仓储费：0.035元/天·张；交割手续费：0.01元/张；交易手续费：0.01%；增值税：减仓与交割结算价差×17%；资金成本：根据上市以来情况来看，胶合板期货活跃合约一般为1月、5月与9月，那么跨期套利可以选择4个月期限。

（4）纤维板期货5月与9月套利成本分析：

仓储费 =0.035×120 =4.2（元/张）

交割手续费 =0.01×2 =0.02（元/张）

交易手续费 =60×0.01%×2 =0.01（元/张）

增值税：增值税是按照交割配对结算价计算，因此其是变动的。计算中以2元价差计算，则：

增值税 =2/1.17×0.17 =0.29（元/张）

若当时的资金市场利率为4%，则：

资金成本 =60×4%×4/12 =0.8（元/张）

纤维板期货5月与9月合计的套利成本 =4.2 +0.02 +0.01 +0.29 +0.8
=5.32（元/张）

从以上计算可以得出，当5月与9月纤维板期货合约价差大于5.32元时，理论上存在正向无风险套利机会。

从胶合板期货与纤维板期货跨期套利成本的计算中可以看出，仓储费用占重要比例。虽然两个期货品种价差较大，但跨期套利成本相差不到1元/张，这主要还是由于两个品种的仓储费用相同且在套利成本中占大部分比例。

在具体的实施过程中，会出现两种情况。第一，如果跨期价差在交割前缩小，那么可以选择对冲平仓方式了结，实现利润；第二，如果跨期价差在交割前或预期时间段内未有明显缩小，那么可以通过现货交割方式了结。但是对于胶合板期货与纤维板期货来说，第二种方式需要特别注意每年3月、

7月和11月需要注销仓单，如果选择交割了结，那么必须重新注册仓单，还需要多付出质检、入库等费用。此外，由于大连商品交易所规定注册仓单的产品必须在生产日期60日之内，而之前通过交割获得的产品基本无法符合此要求，所以以交割了结来进行跨期套利的方式在实际实施中存在很大难度。因此，我们建议投资者还是以对冲平仓方式了结所谓胶合板期货与纤维板期货跨期套利的选择。

2. 熊市套利（Bear Speard）。熊市套利在做法上恰好与牛市套利相反。在正向市场如果近期供给量增加，需求减少，则会导致近期合约价格的跌幅大于远期合约，或者近期合约价格的涨幅小于远期合约，交易者可以通过卖出近期合约的同时买入远期合约进行熊市套利。

正向市场上熊市套利可能获得的收益有限而蒙受的损失可能是无限的。因为此种套利获利的前提是价差扩大，而在正常市场中价差最多只能扩大到和持仓费相等的水平上。另外，近期合约价格却可能大幅上升致使其价格水平远在远期合约价格水平之上，所以可能的损失也就没有了上限。

反向市场上，市场近期对某种商品的需求非常迫切，远大于近期产量及库存量；或是预计将来该商品的供给会大幅度增加，从而导致近月合约价格高于远月合约价格。由于胶合板与纤维板存在一定的季节性特点，如国庆之后的消费旺季、春节前或夏季炎热天气的消费淡季等，市场供求关系导致季节性的价格波动，这给熊市套利提供了机会。

案例8-4

熊市套利

2014年3月开始胶合板期货与纤维板期货5月合约与9月合约从正向市场开始转为反向市场，至4月反向价差达到高位。某投资者在细致分析之后，于4月9日进行熊市套利操作，分别卖出5月合约，并买入相同数量的9月合约。在4月22日，投资者对此持仓进行平仓。

投资者套利操作主要情况见下表：

胶合板期货跨期套利情况

	胶合板 BB1405（元/张）	胶合板 BB1409（元/张）	价差（元/张）	操作	手续费	资金情况
2014－04－09	144.3	133.85	－10.45	卖出 50 手 BB1405 合约，同时买入 50 手 BB1409 合约	50×500×（144.3＋133.85）×0.01%＝695.38（元）	5 月合约占用保证金＝50×500×144.3×10%＝360 750（元） 9 月合约占用保证金＝50×500×133.85×10%＝334 625（元） 合计：695 375 元
2014－04－22	143.05	137.2	－5.85	双边同时平仓	50×500×（143.05＋137.2）×0.01%＝700.66（元）	5 月合约盈亏＝50×500×（144.3－143.05）＝31 250（元） 9 月合约盈亏＝50×500×（137.2－133.85）＝83 750（元）
收益率	（31 250＋83 750）/695 375×100%＝16.34%					

注：大连商品交易所对跨期套利提供保证金优惠，每日具体优惠参数可以查询交易所网站，若以优惠后的保证金来计算，则套利收益率将更大。

纤维板期货跨期套利情况

	纤维板 FB1405（元/张）	纤维板 FB1409（元/张）	价差（元/张）	操作	手续费	资金情况
2014－04－09	67.45	64.25	－3.2	卖出100手FB1405合约，同时买入100手FB1409合约	100×500×（67.45＋64.25）×0.01%＝658.5（元）	5月合约占用保证金＝100×500×67.45×10%＝337 250（元） 9月合约占用保证金＝100×500×64.25×10%＝321 250（元） 合计：658 500（元）
2014－04－22	62.85	63.55	0.7	双边同时平仓	100×500×（62.85＋63.55）×0.01%＝632（元）	5月合约盈亏＝100×500×（67.45－62.85）＝230 000（元） 9月合约盈亏＝100×500×（63.55－64.25）＝－35 000（元）
收益率	（230 000－35 000－658.5－632）/658 500×100%＝29.42%					

注：大连商品交易所对跨期套利提供保证金优惠，每日具体优惠参数可以查询交易所网站，若以优惠后的保证金来计算，则套利收益率将更大。

从以上案例可以看出，在反向市场中价差不断缩小，甚至转变为正向市场，那么熊市套利即可以获得利润。同理，在正向市场中，如果两个合约价差继续扩大，熊市套利也可以获得利润。与基于套利成本作为主要依据的牛市套利比较，熊市套利更注重于价差变动的研究，其政策风险、市场风险和资金风险更高。从历史运行情况来看，胶合板的价差波动较纤维板期货更加剧烈，特别是主力合约的波动常常远高于次主力合约，这也加大了熊市套利的难度。

3. 蝶式套利。蝶式套利是跨期套利另一种常用的形式，它是利用不同价格月份的价差进行套期获利，由两个方向相反、共享居中交割月份合约的跨期套利组成。蝶式跨期套利的原理是：套利者认为中间交割月份的期货合约与两旁价格月份合约之间的相关关系将会出现差异。

可见，蝶式套利是两个跨期套利的互补平衡的组合，可以说是“套利的套利”。其特点是：

（1）蝶式套利实质上是同种商品跨交割月份的套利活动。

（2）蝶式套利有两个方向相反的跨期套利构成：一个卖空套利和一个买入套利。

（3）连接两个跨期套利的纽带是居中月份的期货合约。在合约数量上，居中月份合约等于两旁月份合约之和。

（4）蝶式套利必须同时下达三个买空/卖空/买空的指令，并同时对冲。

蝶式套利与普通的跨期套利相比，从理论上看风险和利润都较小。

对于胶合板期货和纤维板期货来说，蝶式套利在实际实施过程中可能出现一些困难，影响蝶式套利的建仓和操作效果。首先，胶合板和纤维板两个期货品种在运行时，通常仅存在一个主力合约和一个次主力合约，要寻找第三个较为活跃的合约存在困难，这就大大增加了套利操作对价格的冲击成本；其次，主力合约与次主力合约一般为1月、5月和9月合约，寻找剩余的可交易并有一定流动性的合约一般在主力合约前一个月或后一个月，这就导致蝶式套利三个合约之间时间跨度差异较大，影响减仓时对未来价差走势的判断。

案例8-5

蝶式套利

2014年4月，某投资者在对比胶合板5月、7月与9月合约并分析未来情况之后，认为5月与7月合约价差过小，而7月与9月合约价差偏大，于是该投资者采取蝶式套利进行交易。因为当时5月合约为主力合约，流动性强。在4月11日，5月、7月和9月合约价格分别为145.95元/张、133.65

元/张和134.8元/张，投资者卖出10手5月胶合板期货合约，买入15手7月胶合板期货合约，并同时卖出5手9月胶合板期货合约。在4月23日，三个合约价格差达到投资者预期，投资者同时将三个合约平仓。在此次蝶式套利操作中，投资者盈亏状况如下表：

胶合板期货蝶式套利情况

	胶合板 BB1405（元/张）	胶合板 BB1407（元/张）	胶合板 BB1409（元/张）	手续费	资金情况
2014-04-11	145.95	133.65	134.8	(145.95×10+133.65×15+134.8×5)×500×0.01%=206.92(元)	保证金占用=(145.95×10+133.6×15+134.8×5)×500×10%=206 875（元）
2014-04-23	144.5	138.5	140.35	(144.5×10+138.5×15+140.35×5)×500×0.01%=211.22（元）	
合约盈亏情况	(145.95−144.5)×10×500=7 250(元)	(138.5−133.65)×15×500=36 375(元)	(134.8−140.35)×5×500=−13 875(元)	418.13(元)	
收益率	(7 250+36 375−13 875−418.13)/206 875×100%=14.18%				

注：大连商品交易所对跨期套利提供保证金优惠，每日具体优惠参数可以查询交易所网站，若以优惠后的保证金来计算，则套利收益率将更大。

案例8-6

蝶式套利——纤维板

2014年5月，某投资者在对比纤维板期货7月、9月与1月合约并分析未来情况之后，认为7月与9月合约价差偏大，而9月与1月合约价差偏小，预计7月与9月合约价差将会缩小，9月与1月合约价差将会放大，于是该投资者采取蝶式套利进行交易。5月16日，7月、9月和1月合约价格分别为52元/张、60.1元/张和61.05元/张，投资者买入10手7月纤维板期货合约，卖出20手9月纤维板期货合约，并同时买入10手1月纤维板期货合约。在6月11日，三个合约价格差达到投资者预期，投资者同时将三个合约平仓。在此次蝶式套利操作中，投资者盈亏状况如下表：

纤维板期货蝶式套利情况

	纤维板 BB1407（元/张）	纤维板 BB1409（元/张）	纤维板 BB1501（元/张）	手续费	资金情况
2014－05－16	52	60.1	61.05	（52×10＋60.1×20＋61.05×10）×500×0.01%＝116.53(元)	保证金占用＝(52×10＋60.1×20＋61.05×10）×500×10%＝116 625（元）
2014－06－11	53.45	59.35	60.85	（53.45×10＋59.35×20＋60.85×10）×500×0.01%＝116.5（元）	
合约盈亏情况	（53.45－52）×10×500＝7 250（元）	（60.1－59.35）×20×500＝7 500（元）	（60.85－61.05）×10×500＝－1 000（元）	233.03（元）	
收益率	（7 250＋7 500－1 000－233.03）/116 625×100%＝11.59%				

注：大连商品交易所对跨期套利提供保证金优惠，每日具体优惠参数可以查询交易所网站，若以优惠后的保证金来计算，则套利收益率将更大。

（五）跨商品套利

跨商品套利指利用两种具有高度替代性或受相同供求因素影响的期货商品合约存在的价差进行交易。主要特点是：商品期货合约不同，但相互关联性较大，两种商品期货的交割月份相同。跨商品套利可分为两种情况：一是相关商品间的套利，某些商品期货价格之间存在较强的相关关系，可利用它们之间的价差进行套利；二是原料与成品间的套利，利用原材料和它的制成品之间的价格关系进行套利。

由于胶合板期货的标的物为细木工板，与纤维板期货标的物中密度纤维板同属于家具制造和家庭装潢的原材料，其下游需求具有较强的相似性，具有相互替代作用，所以其可以作为跨商品套利的选择。

一般来说，对于上下游商品的价格关系较容易确定，而对于替代品的价格关系则较难判断。从上市以来交易数据看，胶合板期货与纤维板期货价格存在显著的相关性，其现货市场价格也具有相关性。但是，由于这两种板材主要原材料存在差异，生产加工过程迥异，若以成本来估算价差则较为困难，那么我们以历史经验法来进行价差的估计。

从历史价差走势可以看出，相同月份的胶合板期货与纤维板期货合约价差在大部分时间保持 50～80 元/张区间的震荡（见图 8－1）。当 5 月合约临近交割月份时，其价差则出现大幅波动，9 月合约价差也有小幅上升。主要原因是当时胶合板期货“逼仓”行情，而未来随着胶合板期货市场日趋成熟，期现货联系更加紧密，“逼仓”可能性将越来越小。

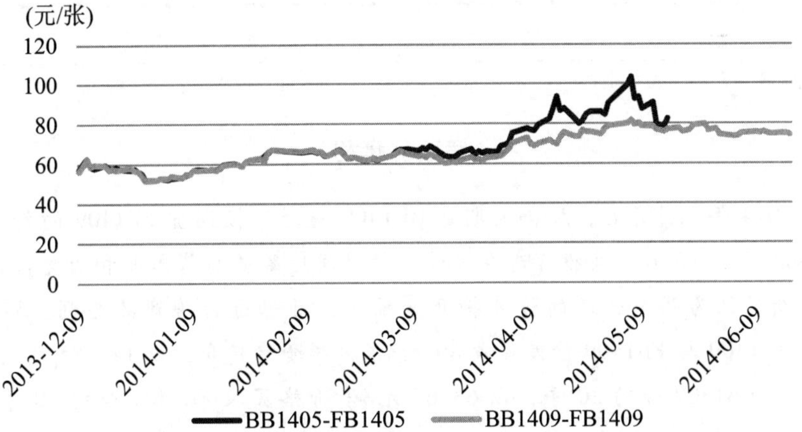

图 8－1　胶合板与纤维板同月份合约价差

延伸阅读

逼　仓

逼仓是指交易一方利用资金优势或仓单优势，主导市场行情向单边运动，导致另一方不断亏损，最终不得不斩仓的交易行为。一般分为多逼空和空逼多两种形式。逼仓是一种市场操纵行为，它主要通过操纵两个市场即现货市场和期货市场逼对手就范，达到获取暴利的目的。

（1）多逼空。在一些小品种的期货交易中，当操纵市场者预期可供交割的现货商品不足时，即凭借资金优势在期货市场建立足够的多头持仓以拉高期货价格，同时大量收购和囤积可用于交割的实物，于是现货市场的价格同时升高。这样当合约临近交割时，迫使空头会员和客户要么以高价买回期货合约认赔平仓出局；要么以高价买入现货进行实物交割，甚至因无法交出实物而受到违约罚款，这样多头头寸持有者即可从中获利。

（2）空逼多。操纵市场者利用资金或实物优势，在期货市场上大量卖出某种期货合约，使其拥有的空头持仓大大超过多方能够承接实物的能力，从而使期货市场的价格急剧下跌，迫使投机多头以低价位卖出持有的合约认赔出局，或出于资金实力不能接货而受到违约罚款，从而获利。

案例 8－7

跨商品套利

2014 年 4 月开始，胶合板期货 BB1409 与纤维板期货 FB1409 的价差开始不断扩大。5 月，某投资者在经过一段时间追踪并对基本面和历史价格进行分析后认为两个合约的价差将开始缩小，开始进行跨商品套利。5 月 5 日，BB1409 与 FB1409 价差突破 80 元/张，投资者建仓，以 143.85 元/张价格卖出 BB1409 合约 20 手，以 63.65 元/张价格买入 FB1409 合约 20 手。6 月 18 日，两合约价差回落至 75 元/张下方，达到该投资者预期，投资者选择平仓。

在此次跨商品套利操作中，投资者盈亏状况如下表：

胶合板期货与纤维板期货跨商品套利情况

日期	胶合板 BB1409 （元/张）	纤维板 FB1409 （元/张）	价差 （元/张）	操作	手续费	资金情况
2014-05-05	143.85	63.65	80.2	卖出 20 手 BB1409 合约，同时买入 20 手 FB1409 合约	20 × 500 ×（143.85 + 63.65）× 0.01% = 207.5（元）	占用保证金 = 20 × 500 ×（143.85 + 63.65）× 10% = 207 500（元）
2014-06-18	133.55	59.2	74.35	双边同时平仓	20 × 500 ×（133.55 + 59.2）× 0.01% = 192.75（元）	
盈亏情况	（143.85 − 133.55）× 500 × 20 = 103 000（元）	（59.2 − 63.65）× 500 × 20 = −44 500（元）				
收益率	（103 000 − 44 500 − 207.5 − 192.75）/207 500 × 100% = 28%					

注：大连商品交易所对跨品种套利提供保证金优惠，每日具体优惠参数可以查询交易所网站，若以优惠后的保证金来计算，则套利收益率将更大。

此案例中，胶合板期货与纤维板期货跨商品套利的开仓比例为 1∶1，只是使用了两个品种的简单价差来进行计算，而实际情况往往要更加复杂。由于胶合板期货与纤维板期货属于替代品关系，不同于焦煤、焦炭或是大豆、豆粕这样的上下游关系，很难以简单的生产制造比例来进行跨商品套利的计算，如何进行跨商品套利开仓比例的确定值得投资者未来进一步分析和研究。

五、如何利用基本面和技术分析进行胶合板与纤维板期货交易？

基本面分析和技术面分析是进行期货投资必不可少的两种分析方法，两者的理论基础不同，实际使用方式有较大差异。投资者应将基本面分析和技术面分析相结合来对期货品种未来情况进行判断，提高对未来预测的准确性。

（一）基本面分析

基本面分析法是通过分析商品的供求状况及其影响因素，来解释和预测期货价格变化趋势的方法，具体的基本面包括商品的产量、消费量和库存量等。相对于技术分析，基本面分析主要研究的是期货市场的中长期价格走势。

长期来看，商品的价格必然是市场上供求双方力量的均衡点。所以，商品供求状况对商品期货价格具有基础和决定性的作用。期货价格有时会产生大幅偏离，但是最终还是得回归。基本面分析法主要分析的是商品供求关系，商品供求关系的变化与价格的变动是互相影响、互相制约的。商品价格与供给成反比：供给增加，价格下降；供给减少，价格上升。商品价格与需求成正比：需求增加，价格上升；需求减少，价格下降。在其他因素不变的条件下，供给和需求的任何变化，都可能影响商品价格变化。一方面，商品价格的变化受供给和需求变动的影响。另一方面，商品价格的变化又反过来对供给和需求产生影响：价格上升，供给增加，需求减少；价格下降，供给减少，需求增加。

在期货市场中，期货价格不仅受商品供求状况的影响，而且还受其他许多非供求因素的影响。这些非供求因素包括：经济周期因素、货币因素、政治因素、天气气候因素、投机因素、心理预期等。因此，期货价格基本因素分析需要综合考虑这些因素的影响。

1. 商品供给因素分析。供给是指在一定时间、一定市场上，生产者愿意并可能提供的某种商品或劳务的总和。决定一种商品供给的主要因素有：该商品的价格、生产技术水平、生产成本、其他商品的价格水平等等。商品市场的供给量则主要由期初库存量、本期产量和本期进口量三部分构成。

（1）期初库存量。期初库存量是指上一期积存下来可供消费的商品实物量。根据存货所有者身份的不同，可以分为生产供应者存货、贸易商存货和政府储备。我国胶合板与纤维板的库存主要是生产企业的存货和贸易商存货。这类存货可根据价格变化随时卖出，可视为市场商品可供量的实际组成部分。由于胶合板与纤维板商品缺乏战略意义，暂无政府储备。目前胶合板与纤维板市场较为分散，所以企业库存和贸易商库存数据收集难度较大，特别是细木工板这类品种库存量的较为准确数据更难以获得。一般来说，细木工板生产企业库存量保持较低水平，其产量可以根据销售情况随时调整；而中密度纤维板生产企业由于成本原因，产量保持较高水平，库存受销售情况影响较大。

（2）本期产量。本期产量是指本期商品生产量。它是市场商品供给量的主体。从短期看，它主要受生产能力的制约，受资源和自然条件、生产成本的影响。细木工板产量远低于中密度纤维板，主要是受生产设备影响，细木工板的自动化程度低于中密度纤维板；同时由于成本原因，中密度纤维板需要维持一定的开工率来降低平均成本。此外，细木工板生产企业同时也生产其他类型胶合板，细木工板的产量可以根据销售情况随时灵活调整。在分析产量时，细木工板的企业分散，生产产品类型较多，数据获取难度较大；而中密度纤维板作为纤维板的最主要产品，其市场集中度较高，企业规模大，产量由国家统计局或林业局公布的数据来获得。

（3）本期进口量。本期进口量是对国内生产量的补充，通常会随着国内市场供求均衡状况的变化而变化。同时，进口量还会受国际国内市场价格差、汇率、国家进出口政策以及国际政治因素的影响。我国作为人造板的生产大国，相对于产量和出口量，胶合板与纤维板进口量极小，进口量对市场供应的影响较低。

2. 商品需求因素分析。商品市场的需求量是指在一定时间、一定市场上，消费者愿意并有能力购买某一商品的数量。决定一种商品需求的主要因素有：该商品的价格、消费者的收入、消费者的偏好、相关商品价格、消费者预期等等。

商品市场的需求量通常由国内消费量、出口量和期末商品库存量三部分构成。

（1）国内消费量。国内消费量主要受消费者的收入水平、消费偏好、互补品的消费、替代品的消费等因素的影响。通常，商品期货价格对这些因素的反映提前于现货价格的反映。我国胶合板与纤维板处于偏买方市场，价格受国内消费量的影响较大。期货合约标的物细木工板与中密度纤维板作为家庭装潢及家具制造的主要原材料，其受装修需求影响较大。目前，我国消费者已逐步接受板式家具，对细木工板及中密度纤维板的需求越来越高。但是，随着人造板技术的不断发展，更多类型的人造板材陆续出现，市场对于人造板产品类型的偏好持续改变，将对细木工板及中密度纤维板的消费量产生较大影响。

（2）出口量。出口量是本国生产和加工的商品销往国外市场的数量。分析其变化应综合考虑影响国际、国内市场供求状况、国内外价格比、本国出口政策和进口国进口政策变化、关税和汇率等因素。在分析我国细木工板及中密度纤维板的出口量时应考虑世界各国对我国设置的贸易壁垒。从2010 年至今，贸易壁垒对我国人造板的出口量产生较大影响。

（3）期末商品库存量。期末库存量具有双重的作用，一方面，它是商品需求的组成部分，构成本期的需求量；另一方面，它又在一定程度上起着平衡短期供求失衡的作用。当本期商品供不应求时，期末库存将会减少；反之就会增加。在分析期末库存量时应注意到其未来将成为期初库存量成为供应部分。一般来说，胶合板与纤维板企业在年终时都将尽力降低库存以获得资金，因为此时企业将面临较大的资金压力。

3. 经济周期波动。商品市场波动通常与经济波动周期紧密相关。由于商品期货市场与国际市场紧密相连，因此，期货市场价格不仅受国内经济周期的影响，而且还受世界经济周期的影响。

传统的经济周期一般由复苏、繁荣、衰退和萧条四个阶段构成。复苏阶段开始于前一周期的最低点，此时产出和价格均处于最低水平，大量生产资料闲置。厂商扩大生产，生产资料包括劳动者的价格不会上涨。丰厚的利润刺激使后来的资本不断加入。繁荣阶段是经济周期的高峰阶段，此时社会生产处于最大化水平，市场对经济前期过分乐观。资本不断涌入，但受制于生产规模没有扩大，生产资料和劳动力的议价能力提高，刺激价格迅速上涨，市场上出现通胀局面。衰退阶段出现在经济周期高峰过去后，经济开始滑坡，由于需求的萎缩，供给大大超过需求，价格迅速下跌。萧条阶段是经济周期的谷底，供给和需求均处于较低水平，价格停止下跌，处于低水平上。在整个经济周期演化过程中，价格波动略滞后于经济波动。

经济周期阶段可由一些主要经济指标值的高低来判断，如 GDP 增长率、失业率、价格指数等。

胶合板与纤维板的供求也受经济周期的影响。作为装修及家具的原材料，胶合板与纤维板的需求与经济发展及国民收入息息相关。2014 年房地产行业发展步伐减慢，胶合板与纤维板生产企业的销售情况受到一定影响。细木工板与中密度纤维板还会受到居民收入水平的影响，居民收入水平增长情况将影响细木工板与中密度纤维板的市场需求。

4. 货币因素分析。商品期货市场是基于商品现货市场的一个投机市场，来源于货币市场的投机资金是期货市场的参与主体。利率的高低、汇率的变动都直接影响投机资金的机会成本，从而对期货市场有着重要影响。

（1）利率。调整利率是政府紧缩或扩张经济的宏观调控手段。但由于其影响面巨大，而且对不同的市场主体一刀切，不利于国家对经济结构的调整。目前这一政策较少使用。与利率的行政化色彩较强而言，央行比较倾向于采用更加市场化的公开市场操作和窗口指导等措施影响货币市场。

（2）汇率。期货市场是一个全球联动的市场，期货价格与国际市场商品价格紧密相连。国际市场商品价格的联系必然涉及各国货币的交换比价——汇率。汇率是本国货币与外国货币交换的比率。当本币贬值时，即使外国商品价格不变，以本国货币表示的外国商品价格将上升，反之则下降。因此，汇率的高低变化必然影响相应的期货价格变化。汇率的变化除了对我国胶合板与纤维板出口产生影响外，也将影响我国大量进口原木及锯材的成本，从而影响胶合板与纤维板的生产成本。

5. 政治、政策因素。政治因素主要指国际国内政治局势、国际性政治事件的暴发及由此引起的国际关系格局的变化、政府对经济干预所采取的各种政策和措施等。这些因素将会引起期货市场价格的波动。期货市场与股票市场一样，对国内外的政治、政策因素非常敏感。

在国际上，某种上市品种期货价格往往受到其相关的国家政策影响，这些政策包括：农业政策、贸易政策、进出口补贴等，其中也包括国际经贸组织及其协定。在分析政治因素对期货价格影响时，应注意不同的商品所受影响程度是不同的。

受国际环境影响，目前针对我国的贸易壁垒越来越多，同时其他国家原材料出口也受到不同程度的限制，胶合板与纤维板的出口环境持续恶化，进口成本不断攀升。

6. 季节性因素。期货市场中的各个品种都会受到天气气候或多或少的影响。也就是我们通常所说的季节性因素。胶合板与纤维板存在一定的季节性影响，主要是由于其产量及销售情况受到天气及节假日影响，期货交易必须密切关注自然因素，提高对期货价格预测的准确性。

7. 投机和心理因素。在期货市场上，除了少量的套期保值者，大量的参与者均为投机者，他们参与交易的目的就是利用期货价格上下波动来获利。当价格看涨时，投机者会迅速买进合约，以期价格上升时抛出获利，而大量投机性的抢购，又会促进期货价格的进一步上升；反之，当价格看跌时，投机者会迅速卖空，当价格下降时再补进平仓获利，而大量投机性的抛售，又会促使期货价格进一步下跌。

与投机因素相关的是心理因素，即投机者对市场的信心。当人们对市场信心十足时，即使没有什么利好消息，价格也可能上涨；反之，当人们对市场缺乏信心时，即使没有什么利空因素，价格也会下跌。对于胶合板期货与纤维板期货来说，由于其相对于其他大宗商品市场规模较小，特别是胶合板期货盘面较轻，价格受资金及市场信息因素波动较大。投资者应密切关注胶合板期货和纤维板期货的期货市场情况。

（二）技术分析法

技术分析法是根据市场行为本身的分析来预测市场价格的变动方向，即主要是对期货市场的日常交易状态，包括价格变动、交易量与持仓量、时间及空间的变化等资料，按照时间顺序绘制成图形或图表，或形成一定的指标系统，然后针对这些图形、图表或指标系统进行分析研究，以预测期货价格趋势的方法。

1. 技术分析法的三大假设。技术分析的理论基础是基于三个合理的假设：市场行为反映一切；价格呈趋势变动；历史会重演。

市场行为反映一切是进行技术分析的基础。技术分析者认为，能够影响某种商品期货价格的任何因素实际上都反映在其价格之中。由此推论，我们必须做的事情就是研究价格变化。这个前提的实质含义其实就是价格变化必定反映供求关系。如果需求大于供给，价格必然上涨；如果供给大于需求，价格必然下跌。供求规律是所有经济预测方法的出发点。把它倒过来，那么，只要价格上涨，不论是因为什么具体的原因，需求一定超过供给，从经济基础上说必定看好；如果价格下跌，从经济基础上说必定看淡。归根结底，技术分析者不过是通过价格的变化间接地研究基本面。大多数技术派人士也会同意，正是某种商品的供求关系，即基本面决定了该商品的看涨或者看跌。图表本身并不能导致市场的升跌，只是简明地显示了市场上流行的乐观或悲观的心态。

价格呈趋势变动是进行技术分析最根本、最核心的因素。研究价格图表的全部意义，就是要在一个趋势发生发展的早期，及时准确地把它揭示出来，从而达到顺着趋势交易的目的。事实上，技术分析在本质上就是顺应趋势，即以判定和追随既成趋势为目的。

从“价格以趋势方式演变”可以自然而然地推断，对于一个既成的趋势来说，下一步常常是沿着现存趋势方向继续演变，而掉头反向的可能性要小得多。这当然也是牛顿惯性定律的应用。还可以换个说法：当前趋势将一直持续到掉头反向为止。虽然这句话差不多是同语反复，但这里要强调的是：坚定不移地顺应一个既成趋势，直至有反向的征兆为止。

历史会重演是因为技术分析和市场行为学与人类心理学有着千丝万缕的联系。比如价格形态，它们通过一些特定的价格图表形状表现出来，而这些图形表示了人们对某市场看好或看淡的心理。其实这些图形在过去的几百年里早已广为人知，并被分门别类了。既然它们在过去很管用，就不妨认为它们在未来同样有效，因为它们是以人类心理为根据的，而人类心理从来就是“江山易改本性难移”。“历史会重演”说得具体点就是，打开未来之门的钥匙隐藏在历史里，或者说将来是过去的翻版。

在三大假设之下，技术分析有了自己的理论基础。第一条肯定了研究市场行为就意味着全面考虑了影响价格的所有因素，第二条和第三条使得我们找到的规律能够应用于期货市场的实际操作中。

2. 技术分析的要素：价格、交易量与持仓量。期货价格技术分析的主要基础指标有开盘价、收盘价、最高价、最低价、成交量和持仓量。

成交量和持仓量的变化会对期货价格产生影响，期货价格变化也会引起成交量和持仓量的变化。因此，分析三者的变化，有利于正确预测期货价格走势。

成交量、持仓量增加，价格上升，表示新买方正在大量收购，近期内价格还可能继续上涨。成交量、持仓量减少，价格上升，表示卖空者大量补货平仓，价格短期内向上，但不久将可能回落。成交量增加，价格上升，但持仓量减少，说明卖空者和买空者都在大量平仓，价格马上会下跌。成交量、持仓量增加，价格下跌，表明卖空者大量出售合约，短期内价格还可能下跌，但如抛售过度，反而可能使价格上升。成交量、持仓量减少，价格下跌，表明大量买空者急于卖货平仓，短期内价格将继续下降。成交量增加、持仓量和价格下跌，表明卖空者利用买多者卖货平仓导致价格下跌之际陆续补货平仓获利，价格可能转为回升。

从上分析可见，在一般情况下，如果成交量、持仓量与价格同向，其价格趋势可继续维持一段时间；如两者与价格反向时，价格走势可能转向。当然，这还需结合不同的价格形态作进一步的具体分析。

3. 技术分析方法的运用。在价格、成交量和持仓量历史资料基础上进行的统计、数学计算、绘制图表方法是技术分析的主要手段。从这个意义上讲，技术分析方法可以有多种。不管技术分析方法是如何产生的，人们最关心的是它的实用性，因为我们的目的是用它来预测未来价格走势，从而为投资决策服务。

技术分析作为一种投资分析工具，在应用时应该注意以下问题：

（1）技术分析应该与基本面分析结合。在运用技术分析的同时，必须注意结合基本面分析。对于商品期货来讲，制约期货价格的根本因素是商品的供求关系，而基本面分析恰恰是从分析供求关系入手的。因此，技术分析应该与基本面分析结合起来使用。

（2）多种技术分析方法的综合研判。投资者应全面考虑各种技术分析方法对未来的预测，综合这些方法得到的结果，最终得出一个合理的多空双方力量对比的描述。实践证明，单独使用一种技术分析方法有相当大的局限性和盲目性。如果应用多种技术分析方法后得到同一结论，那么依据这一结论出错的机会就很小，而仅靠一种方法得到的结论出错的机会就大。为了减少自己的失误，应尽量多掌握一些技术分析方法。

（3）需要实践检验。由于期货市场能给人们带来巨大的收益，上百年来研究期货的人层出不穷，分析的方法各异，使用同一分析方法的风格也不同。前人和别人得到的结论是在一定的特殊条件和特定环境中得到的，随着市场环境的改变，前人和别人成功的方法自己使用时有可能失败。

六、短线与中长线投资需要注意哪些问题？

期货交易的活跃性和“T+0”的交易方式，使得短线交易者有了较大的活动空间和短线获利机会，尤其是在那些投机性较强、日内波动较大的品种上，短线机会更为丰富，一天跑几个来回的机会经常出现。短线交易者要的就是获利，只要交易，无论买或卖都想获利。

选择短线交易的主要理由有以下几点：第一，期货行情瞬息万变，经常会受到某种突发性的消息、政策、意外事件以及外盘商品期货走势的影响，做短线有助于规避此类风险。第二，有利即取，落袋为安；不利就逃，不冒大的风险。第三，积少成多，集腋成裘。短线交易通常每次只能赚取百分之几的利润，但多跑几个来回后，累积起来的利润就有可能很可观。第四，每日结算，不持仓过夜使得资金处于高度灵活状态，有助于应付日常生活工作中对资金不时之需。第五，每日的盈亏清清楚楚，有助于总结经验，轻装上阵。在因故不能到场参与交易时，不像有持仓的投资者那样一边在做其他事情，一边还在担心自己的持仓。

（一）短线交易的原则

短线交易应遵循顺应当日趋势而为，并严格止损的原则。日内短线操作时，我们操作的主要思路是顺应当日的技术走势，因此前一日的收盘价就具有重要的技术意义。

入市出场的时机主要参考短线技术指标，止损价的选择通常以前期的高低点以及短期均线指标为主。

短线交易比较适合盘整形态时的交易，在期价振荡区间的上沿卖空，在振荡区间的下沿做多。在极度利多和极度利空的走势中要避免逆大势的操作，因为此时技术指标可能会钝化，走势变化较快，应短线顺势单方向做单，以控制风险。

（二）短线交易的主要风险

短线交易的风险主要来自以下两个方面：一方面是在某种商品价格趋势形成后，期货价格会朝某个方向运动很大一段距离，短线交易者经常要将原本持仓不动即可轻松赚取的利润变成一小段一小段的盈利，从而大大降低了收益率，增加了交易风险；另一方面，某些时候在市场趋势一边倒的情况下，不能仅凭短线指标去逆势做单，以防止期价突然的大幅启动来不及止损所造成的大损失。短线交易有助于投资者培养对市场走势敏锐的感觉，使我们每天在面对市场的挑战时没有以往的负担，从而保持一种良好的心态。当然，短线交易也存在较明显的缺陷，也就是上面已经谈到的短线交易风险。如何发挥短线交易的优点，同时尽量克服其固有的缺陷，应成为一个优秀投资者要考虑的主要问题。通常情况下，投资者在趋势明确的时候单方向做单，并中长期持有；在趋势不明显的时候，短线做单有利就跑可能是一种较佳的操作方式。

（三）短线与中长线的选择

在当前的期货市场之中，日内交易往往是主流，而中长线的趋势投资则一般属于经验和研究的选择。实际上从趋势概念来说，不论短线，抑或中长线，都是存在趋势的，只是短线的效果更明显。相对于短线，中长线的周期往往在数日至数周间的交易，它本身也更适合商品周期的特点。

在日内短线交易中，我们所制定的交易计划往往周期较短，所需要的市场行情分析能力和成熟程度也不高，它的着眼点较小，但在中长线期货投资中，它运用到大量的期货知识与技能，还有各种成熟的分析方法和技巧。追随趋势变化，而不关注于一两单的成败，对于交易者的心理素质要求也较高。当然，成功后带来的回报也是大量的且连续的。

在中长线投资交易之前，我们需要做好下面的准备：明确好商品种类、开仓方向、时间周期，还有资金管理和风险策略。中长线的投资策略基本上是以追踪趋势为主。由此一来，判断趋势就成了入场交易的重中之重。一段行情中，高点与低点都在不断攀升，这就是明显的上涨趋势；反过来，高点与低点都在不断下降，这就是明显的下跌趋势。利用趋势进行中长线交易时，需要建立在趋势行情中赚大钱、而在震荡行情中亏小钱的交易思路。

在中长线投资中，交易者除了判断趋势方向外，还需判断趋势的变化和行情的结束。当行情走势突破高点或低点时，意味着之前趋势已经失效，新的趋势正在形成，当然也意味着需要调整投资计划。有时行情发展较久后，很可能出现深度复杂调整，此时就存在内部假反转情况。

自测题

一、填空题

1. 投资者在胶合板期货价格在130元/张位置买入或者卖出一手胶合板期货，其仅仅需要付出7%的货物保证金为（　　　　）。

2. 期货套利简单来说就是同时买进和卖出两张同种类期货合约，交易者买进自认“便宜”合约同时卖出些“高价”合约，从两合约价格间变动关系获利进行套利获得合约之间相互价格变化的收益。套利一般分三类：（　　　　）、（　　　　）和（　　　　）。

3. 基本面分析法是通过分析商品的（　　　　）及其（　　　　），来解释和预测期货价格变化趋势的方法。

4. 技术分析法是对（　　　　）本身的分析来预测市场价格的变动方向，即主要是对期货市场的日常交易状态，包括价格变动、交易量与持仓量的变化等资料。

5. 技术分析的理论基础是基于三个合理的假设：（　　　　）、（　　　　）、（　　　　）。

二、判断题

1. 期货投资的高风险与高收益，其主要原因就是保证金制度。（　　）

2. 作为商品期货市场的投资者，一定要有必要的风险意识，因为任何投资市场都是有风险的，都不可能稳赚不赔。（　　）

3. 止损是在市场中控制风险和扩大利润的有效手段，期货投资者无论在何时交易都应严格执行保护性止损措施。（　　）

4. 跨商品套利，是指在某个市场买入（或者卖出）某一交割月份的某种商品合约的同时，在另一个市场上卖出（或者买入）同种商品相应的合约，以期利用两个市场的价差变动来获利。（　　）

5. 在中长线投资中，交易者只需要判断趋势方向外，无需判断趋势的变化和行情的结束。（　　）

三、单选题

1. 期货高风险的首要原因是（　　）。

A. 价格波动剧烈　　B. 保证金制度

C. 交割制度　　D. 涨跌停板制度

2. 个人投资者参与胶合板期货与纤维板期货的风险控制手段不包括（　　）。

A. 保持风险意识　　B. 控制交易规模

C. 严格遵守套期保值原则　　D. 止损与止赢的设置

3. 基本面分析不包括（　　）。

A. 商品的产量　　B. 商品库存量

C. 商品消费量　　D. 期货成交量和持仓量

4. 进行技术分析的基础是（　　）。

A. 市场存在过度自信　　B. 历史会重演

C. 价格呈趋势变动　　D. 市场行为反映一切

5. 某投资者买入胶合板期货合约，同时按照一定比例数量卖出同一月份纤维板期货合约，之后跟踪两个期货合约价差，这样的交易属于（　　）交易。

A. 套期保值　　B. 跨商品套利

C. 跨期套利　　D. 跨市套利

四、多选题

1. 在进行基本面分析时，属于商品需求因素的有（　　）。

A. 国内消费量　　B. 出口量

C. 期初商品库存量　　D. 期末商品库存

2. 技术分析作为一种投资分析工具，在应用时应该注意（　　）。

A. 技术分析应该与基本面分析结合

B. 多种技术分析方法的综合研判

C. 需要实践检验

D. 以短线分析为主

3. 技术分析法是利用市场行为本身的分析来预测市场价格的变动方向，即主要是对期货市场的日常交易状态，包括（　　）的变化等资料，按照时间顺序绘制成图形或图表，或形成一定的指标系统，然后针对这些图形、图表或指标系统进行分析研究，以预测期货价格趋势的方法。

A. 价格变动　　B. 交易量与持仓量

C. 时间　　D. 空间

4. 下列说法中，正确的有（　　）。

A. 成交量、持仓量增加，价格上升，表示近期价格可能会继续上升

B. 成交量、持仓量增加，价格下降，表示近期价格可能会反弹回升

C. 成交量、持仓量减少，价格下降，表示短期内价格会上升，之后回落

D. 成交量、持仓量减少，价格上升，表示短期内价格会下降，之后回升

5. 基本分析法的特点有（　　）。

A. 主要分析影响供求的因素

B. 分析价格变动的根本原因

C. 分析价格变动的中长期趋势

D. 分析价格变动的短期趋势

6. 基本分析法是交易者根据商品的（　　）等因素来预测商品价格走势的分析方法。

A. 产量　　　　B. 消费量

C. 库存量　　　　D. 交易量

参考答案

一、填空题

1. 4 550 元
2. 跨期套利；跨市套利；跨商品套利
3. 供求状况；影响因素
4. 市场行为
5. 市场行为反映一切；价格呈趋势变动；历史会重演

二、判断题

1. √　2. √　3. √　4. ×　5. ×

三、单选题

1. B　2. C　3. D　4. D　5. B

四、多选题

1. ABD　2. ABC　3. ABCD　4. AB　5. ABC
6. ABCD

第九章

胶合板与纤维板期货交割*

本章要点

本章主要介绍胶合板和纤维板期货的交割流程、质检标准、交割费用、交割注意点（包括期限、升贴水、违约处罚、仓单）等，力求让读者能够对人造板交割的主要环节有清晰的了解。

一、人造板期货用什么交割方式?

尽管实物交割在期货合约总量中占的比例很小，然而正是实物交割这种

* 本章交割流程及相关规定等内容更新时间为 2014 年 11 月 20 日，大连商品交易所在未来可能会根据情况调整具体规定，实际规则请以大连商品交易所最新规定为准。

潜在可能性，使得期货价格变动与相关现货价格变动具有同向性，并随着合约到期日的临近而逐步趋近。实物交割就其性质来说是一种现货交易行为，但在期货交易中发生的实物交割则是期货交易的延续，它处于期货市场与现货市场的交接点，是期货市场和现货市场的桥梁和纽带。因此，期货交易中的实物交割是期货市场存在的基础，是期货市场两大经济功能发挥的根本前提。

我国商品期货交易，全部采用实物交割方式。实物交割方式包括一次性交割和滚动交割两种。大连商品交易所的胶合板与纤维板期货采用的是一次性交割的方式（见图9－1）。

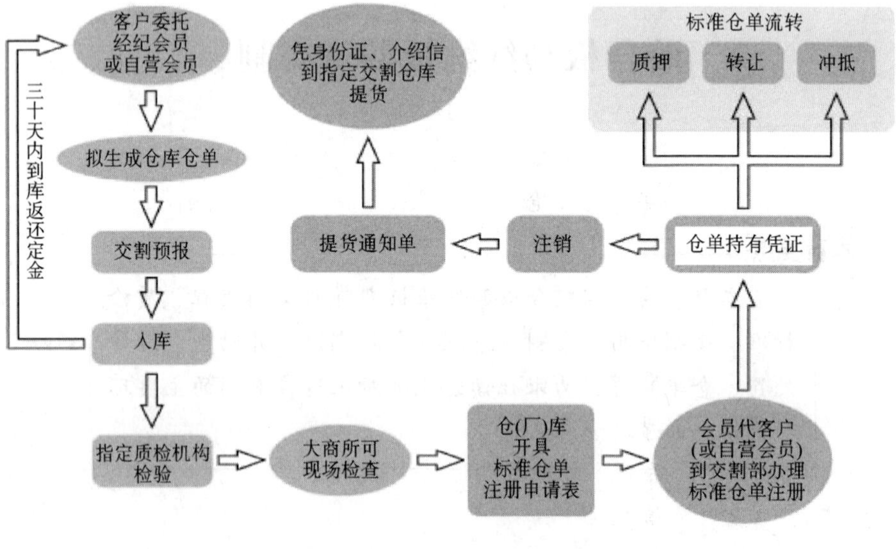

图9－1 大连商品交易所期货交割简要流程

（一）交割流程

期货交割的规定和流程较为复杂，不同品种都有其详细的交割规定。对于参与交割的双方来说，各自有相关的规定和流程。简单来说，作为期货交割的卖方，需要进行人造板的注册入库，并制作成标准仓单，到了交割期后再将已付清仓储费的有效标准仓单交给交易所。对于买方来说，其在支付完交割款项后获得卖方提供的标准仓单，然后再向期货交易所指定交割仓库提取相应数量货物。

延伸阅读

大连商品交易所施行“三步交割法”

2014 年 7 月 21 日，大连商品交易所下发了《关于调整交割流程相关合约规则的通知》（简称《通知》），修改了大连商品交易所的交割规则。此次修改中变动最大的就是一次性交割的流程，开始施行“三步交割法”，即将一次性交割中买卖双方“同时交货、交款”的模式改为“先交货、后选货、再付款”的三步交割法模式，以此在交割配对环节充分考虑买方意向、便利期货交割，进一步提升期货市场服务实体经济水平。

《通知》中规定交易所上市的所有商品期货合约适用一次性交割。在流程上，一次性交割将原来要求在最后交割日 1 日内完成的仓单及货款交收流程分在 3 个交易日内完成，分别为标准仓单提交日、配对日和交收日（最后交割日），给买方留出仓单选择机会。一次性交割的交割结算价采用该期货合约自交割月第一个交易日起至最后交易日所有成交价格的加权平均价。

“三步交割法”具体流程为：

第一步，卖方提交仓单，交易所公布仓单信息。本次调整后，卖方提交仓单时间统一调整到最后交易日后第 1 个交易日闭市前，闭市后交易所将通过电子仓单系统和会员服务系公布仓单信息，包括品种、各交割仓库的仓单数量等信息。

第二步，买方针对公布的仓单信息提交交割意向，交易所考虑买方意向进行交割配对。买方于最后交易日后第 2 个交易日闭市前，根据交易所公布的信息，选择意向仓库，可以提交两个交割意向。闭市后，对于买方提交意向数量少于仓库仓单数量的情况，所有买方意向均可满足；对于买方提交意向数量多于仓库仓单数量的情况，交易所将以“平均持仓时间长优先、平均持仓时间相同的拥有较早建仓时间的持仓优先”的原则确定买方。完成上述分配后，将其余仓库仓单与未提交割意向的买方持仓及提意向未被满足的买方持仓，按照“最少配对数”原则进行配对，确定买方对应的仓库仓单。

第三步，买方交付货款，交易所进行交割结算。买方应于最后交易日后第3个交易日（即最后交割日）闭市前，补齐与其交割月份持仓相对应的差额货款。闭市后，交易所将80%货款付给卖方会员（鸡蛋品种除外——鸡蛋在无质量争议时为最后交割日后第4个交易日闭市后清退卖方交割保证金，将货款的80%付给卖方会员），余款在卖方会员提交增值税专用发票后结清。

大连商品交易所相关部门负责人表示，本次规则调整的核心是在考虑参与企业意向的基础上分配仓单，尽量使参与企业能够接到理想地点的仓单，有效降低交割成本，方便实体企业避险操作。这位负责人介绍，作为交易所做精做细市场、做好老品种维护工作的重点，近年来交易所全面梳理了国内外期货交易所仓单分配模式，通过调研问卷等方式充分征求市场意见，并以历史交割数据进行新模式下的交割配对模拟，表明“三步交割法”符合市场实际，能够有效降低企业交割成本，便利交割。

市场分析人士认为，大连商品交易所此次创新性地推出“三步交割法”对交割流程进行优化，是对现行仓单分配方式的完善，在保障市场“三公”原则、不影响卖方交割的同时兼顾了参与企业意向需求，有效缓解了过去买方所接仓单地点不确定性问题，更加便利产业客户的避险操作，有利于期货市场更好地服务实体产业。同时，大家普遍认为，这一调整对市场正常运行没有实质影响，自1408及以后合约起生效实施，也体现了交易所对市场需求急切性的积极回应。

资料来源：大连商品交易所。

小贴士

一次性交割

在合约最后交易日后，所有未平仓合约的持有者须以交割履约，同一客户号买卖持仓相对应部分的持仓视为自动平仓，不予办理交割，平仓价按交割结算价计算。

滚动交割

滚动交割是指在期货交易进入交割月后，持有交割月合约及标准仓单的卖方可在交割月第一个交易日至交割月最后交易日前一交易日的交易时间提出交割申请，并按交易所规定程序完成交割的交割方式。

（二）实物交割过程中注意事项

1. 交割标准品。胶合板与纤维板均为15mm，甲醛排放量符合E1标准。其中，胶合板需为实心、胶拼、双面砂光、室内普通用途的五层细木工板。

2. 交割单位。纤维板、胶合板交割单位为500张，标准品每80张为一个包装单位，替代品每70张为一个包装单位，即一捆，外围覆盖防潮塑料层。同一客户同一批入库的纤维板要求为同一厂家同一规格。

3. 交割品质量。胶合板即细木工板需符合GB/T5849细木工板、GB18580室内装饰装修材料人造板及其制品中甲醛释放限量。纤维板即中密度纤维板需符合GB/T11718中密度纤维板、GB18580室内装饰装修材料人造板及其制品中甲醛释放限量。

4. 升贴水。细木工板：相对于标准品而言，18mm细木工板交割时有15元/张升水。E2品有30元/张贴水。浙江和江苏为基准交割地，天津贴水10元/张，河北、山东、江苏北部和广东贴水20元/张。

纤维板：相对于标准品而言，18mm纤维交割时有6元/张升水。E2品有30元/张贴水。广东为基准交割地，浙江、江苏和天津设置升水5元/张。

5. 生产时间。纤维板、胶合板申请注册标准仓单的，申请注册日期距商品生产日期不得超过60（含60）个自然日。

小贴士

升 贴 水

期货升贴水既可以指商品现货与交割月份间的价格关系，也可以用来表示实物交割中替代交割物与标准交割物间的价格关系，还可以指商品不同交割地之间的价格关系。升贴水反映某种商品在一定条件下与标准物的特定价格关系，所以升贴水的变化对期货价格的影响非常大，投资者对升贴水的变化也非常敏感。升贴水可分为四类：第一，现货价格与期货价格间的升贴水；第二，替代交割物与标准交割物间的升贴水；第三，跨年度交割的升贴水；第四，不同交割地间的升贴水。

案例 9－1

某一企业以 18mm 厚度、E2 等级细木工板在天津交割，期货交割结算价为 130 元每张，那么不考虑增值税情况买方则需要付出的购买费用＝130＋15－30－10＝105 元。那么一手期货为 500 张，所需的购买费用＝105×500＝52 500 元。同时，由于此交割品为替代品，以 70 张为一个包装单位。

二、人造板期货交割需要哪些费用？

人造板期货会产生一定的费用，这些费用将会影响套期保值以及套利的效果，下面我们就根据目前大连商品交易所的规定计算人造板期货交割过程中所涉及的费用。

交割成本分为卖方交割成本与买方交割成本。卖方客户的主要交割费用包括入库费、检验费、现货仓储费、期货仓储费、交割手续费。买方客户的主要交割费用包括交割手续费、期货仓储费、现货仓储费、出库费。

纤维板、胶合板必须按 0.2 元/张向交易所缴纳交割预报定金。纤维板、胶合板交割手续费为 5 元/手（合 0.01 元/张）；取样及检验收费实行最高限价，由交易所制定并公布。纤维板、胶合板标准仓单无损耗费。仓储费为 0.035 元/张·天。

从标准仓单仓储及损耗费付止日后次日起至标准仓单注销之日止，每月发生的仓储及损耗费由交易所于下月初 3 个交易日内向标准仓单所属会员收取；交易所收到仓储及损耗费发票后，向指定交割仓库支付仓储及损耗费。标准仓单仓储及损耗费付止日前和标准仓单注销日后次日起，发生的仓储及损耗费由交割仓库与货主结清。纤维板、胶合板标准仓单无损耗费。

交易成本。期货公司及交易所收取的交易手续费。

资金成本，指建立期货持仓后，缴纳保证金的资金利息成本。临近交割日，所需要的保证金会逐步增加。

案例 9－2

假设套期保值胶合板 9 000 张，那么就折合 16 手，在交割日前 30 天入库，那么所需费用如下表：

胶合板交割费用

费用类别	费用标准	备注
交易手续费	0.01%	
交割手续费	0.01 元/张	
运费	情况而定	
仓储费	0.035 元/张天	
入库费	0.3 元/张	
质检费	约 2.5 元/张	
质检损耗	0.1 元/张	取样损耗
每张交割成本	约为 3.96 元/张＋运输费	

小贴士

办理交割预报

加盖会员印章的“交割预报表预报表”（一式三份）。客户需委托会员办理交割预报。会员可以通过大连商品交易所网站（www.dce.com.cn）/业务指引/交割业务指引/业务资料栏目下载并填写“交割预报表”（一式三份），加盖会员印章后到交割部办理交割预报。

延伸阅读

交割增值税专用（普通）发票：交割增值税专用（普通）发票由交割的卖方客户向相对应的买方客户开具，客户开具的增值税专用（普通）发票由双方会员转交、领取并协助核实。配对日或最后交易日后一个工作日内，买方应将开具增值税发票的具体事项，如购货单位名称、地址、纳税人登记号、金额等信息通知卖方。

入库前客户准备工作：客户应提前将客户名称、车船号、数量、到货时间告知仓库，以保证仓库及时组织入库，安排检验。如果客户没有提前告知仓库，仓库可能无法及时安排相应的装卸人手，会影响客户的入库速度。

仓储费用承担的规定：仓单转让当天的期货仓储费由仓单转入方承担。交收日和最后交割日的期货仓储费由买方承担。仓单注销当天还需要缴纳期货仓储费。

三、人造板期货标准仓单如何生成及注销？

标准仓单是由交易所统一制定的，交易所指定交割仓单在完成入库商品验收、确认合格后签发给货物卖方的实物提货凭证。标准仓单经交易所注册后有效。标准仓单采用记名方式，标准仓单合法持有人应妥善保管标准仓单。标准仓单的生成通常需要经过入库预报、商品入库、验收、指定交割仓库签发和注册等环节。

标准仓单的表现形式为“标准仓单持有凭证”，交易所依据“货物存储证明”代为开具。标准仓单持有人可选择一个或多个交割仓库不同等级的交割商品提取货物。

（一）交割预报（见图9－2）

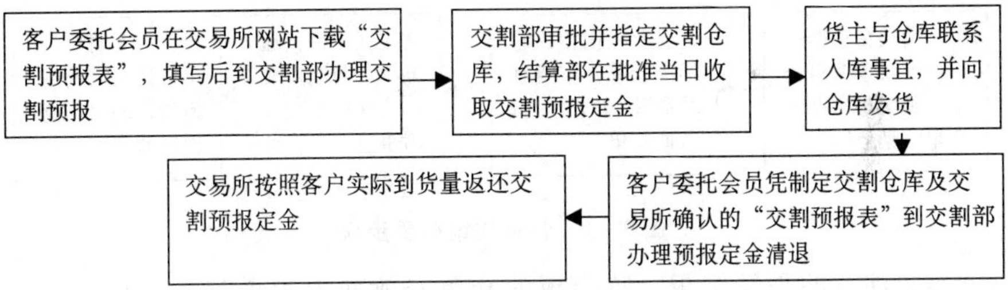

图9－2　交割预报简要步骤

办理交割预报时，必须按0.2元/张（100元/手）向交易所缴纳交割预报定金。交割预报自办理日起有效，有效期30天。

（二）仓单注册

开具“标准仓单注册申请表”前，客户与仓库结清相关费用，包括入库费、现货仓储费、杂费、地域升贴水等。仓库与客户结清费用后，在“标准仓单注册申请表”签字、盖章，然后交给会员，会员签字、盖章后到交易所进行注册。“标准仓单注册申请表”未到交易所注册的，可以作为现货提货单。在“标准仓单注册申请表”上注明的仓储费付止日的次日，才可以办理仓单注册（见图 9－3）。

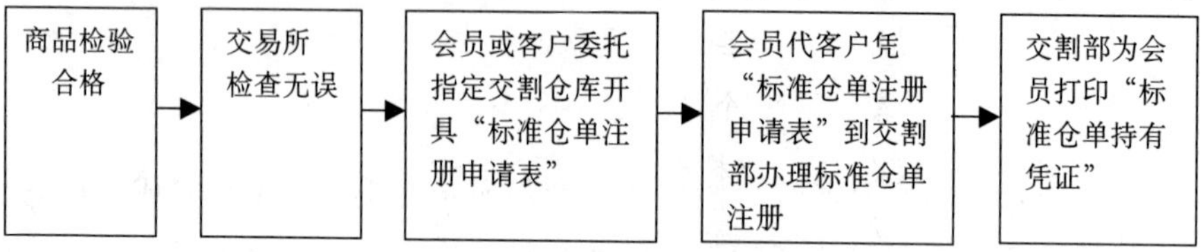

图 9－3　仓单注册简要步骤

（三）仓单注销

出库时，在实际提货日 3 天前，凭“提货通知单”与交割仓库联系出库事宜。货主必须在“提货通知单”开具后 10 个工作日内到制定交割仓库班里提货手续。逾期未办的，按现货提货单处理，凭现货提货单提取商品，指定交割仓库不保证全部商品质量符合期货标准。标准仓单相应的期货商品转为现货后，如需再次生成标准仓单，必须按期货合约标准重新检验（见图 9－4）。

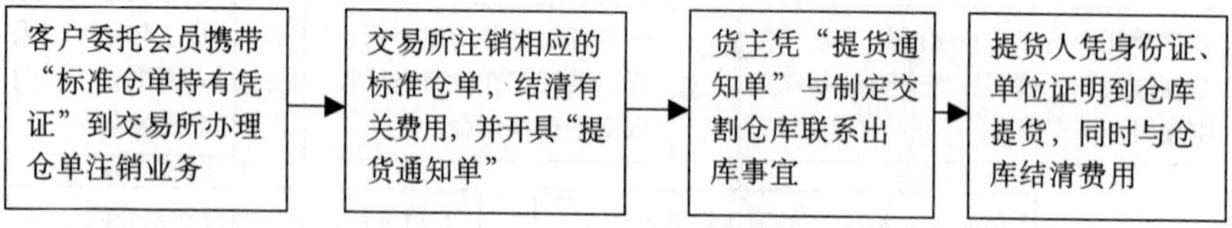

图 9－4　仓单注销简要步骤

需要注意的是纤维板、胶合板的仓单有效期为 4 个月，每年 3 月、7 月、11 月的最后一个工作日前必须进行标准仓单注销。

案例 9－2

假设某企业在 2014 年 6 月注册标准仓单，那么此仓单有效期为 4 个月，但是由于每年 3 月、7 月、11 月的最后一个工作日前必须进行标准仓单注销，7 月 31 日为这个月的最后交易日，所以这个企业必须在 7 月 31 日前进行标准仓单的注销，然后重新进行标准仓单注册的程序。

延伸阅读

1. 客户获取标准仓单的途径有哪些?

客户获取标准仓单的途径有三种：注册生成、交割买入、转让买入。一个会员下的一个客户在一个品种上只能持有一张标准仓单持有凭证。

2. 客户办理交仓单（冲抵）业务后，交易所何时清退交易保证金?

客户在闭市前办理交仓单业务，当天结算后清退交易保证金；闭市以后办理，在次日结算后清退保证金。

3. 这个月的合约最后交易日已经过了，可以办理下个合约的交仓单业务吗?

不可以，需要在最后交割日结算后才可以办理下个合约的交仓单业务。

4. 如何办理充抵保证金业务（质押）?

客户委托会员持“标准仓单充抵保证金协议书”（一式三份）和“标准仓单持有凭证”，先将标准仓单持有凭证交到交割部，再到结算部办理。

解除充抵时，持协议书先到结算部办理，再到交割部领取标准仓单持有凭证。

会员可以通过大连商品交易所网站（www.dce.com.cn）/业务指引/交割业务指引/业务资料栏目下载“标准仓单充抵保证金协议书”。

5. 充抵标准仓单的市值如何计算?

标准仓单市值＝充抵仓单数量（吨）×基准价（元/吨）

基准价为充抵日前一交易日该标准仓单对应品种最近交割月份期货合约的结算价。

6. 充抵比例是如何规定的?

充抵比例不超过有价证券市值的80%。

7. 实际可用充抵额度是如何确定的?

交易所按照会员在交易所专用结算账户中的实有货币资金的4倍确定会员的最大充抵金额（即配比充抵额度），即最大充抵金额＝4×实有货币资金；

当充抵金额≤最大充抵金额，实际可用充抵额度 = 充抵金额

当充抵金额 > 最大充抵金额，实际可用充抵额度 = 最大充抵金额

资料来源：大连商品交易所。

四、人造板期货的指定仓库和质检机构有哪些？

生产企业所生产的产品在进入期货市场前需要经过质检，并进入期货交割仓库才能在未来进行交割。交易所对期货交割仓库和质检机构都有明确的规定，将要生成标准仓单的产品必须经过指定质检机构质检通过并存入指定的仓库。

（一）指定交割仓库

交割仓库，也称为指定交割仓库，是指由期货交易所指定的、为期货合约履行实物交割的交割地点。期货的交割，由期货交易所同意组织进行。期货交易所不得限制实物交割总量，并应当与交割仓库签订协议，明确双方的权利和义务。

交割仓库是期货品种进入实物交割环节提供交割服务和生成标准仓单必经的期货服务机构。指定交割仓库的日常业务分为三个阶段：商品入库、商品保管和商品出库。指定交割出库应保证期货交割商品优先办理入库、出库。大连商品交易所指定的纤维板及胶合板交割仓库名单详见表 9 - 1 及表 9 - 2。

期货交割仓库的选择应当有利于套期保值者参与。套期保值是期货最基本的功能，这个功能不充分发挥作用期货市场就失去了存在的意义。其次，基于有利于降低社会成本的原则，交割库设立在产区，就可以避免因误配导致产品在某些路线上来回往复地运输，降低总的运输成本。最后，期货市场

表 9－1　　大连商品交易所纤维板期货指定交割仓库名录

序号	交割仓库名称	存货地点	地址	基准库/非基准库	与基准库升贴水（元/张）
1	广东国储物流股份有限公司		广州市萝岗区开发大道1330号	基准库	0
2	中国物资储运广州公司		广东省东莞市麻涌镇新基村新基工业区	基准库	0
3	广东广物木材产业有限公司	广州库	广州市黄埔大道东838号广东鱼珠国际木材市场	基准库	0
4		佛山库	广东省佛山市南海区九江镇325国道段大转湾鱼珠国际木材夹板市场	基准库	0
5	中储发展股份有限公司	新港库	天津市滨海新区塘沽新港四号路北	非基准库	5
6		南仓库	天津市北辰区南仓道	非基准库	5
7	天津全程物流配送有限公司		天津市东丽区华粮道2298号	非基准库	5
8	镇江惠龙长江港务有限公司		镇江市金桥大道88号	非基准库	5
9	江苏武进港务有限公司		江苏省常州市武进区奔牛镇奔牛港	非基准库	5
10	浙江省国际贸易集团物流有限公司	嘉兴库	浙江省嘉兴市塘汇镇铁路东站内	非基准库	5
11		钱江库	浙江省海宁市连杭经济开发区启潮路28号	非基准库	5

表 9－2　　大连商品交易所胶合板指定交割仓库名录

序号	交割仓库名称	存货地点	地址	基准库/非基准库	与基准库升贴水（元/张）
1	镇江惠龙长江港务有限公司		镇江市金桥大道 88 号	基准库	0
2	江苏武进港务有限公司		江苏省常州市武进区奔牛镇奔牛港	基准库	0
3	浙江省国际贸易集团物流有限公司	嘉兴库	浙江省嘉兴市塘汇镇铁路东站内	基准库	0
4		钱江库	浙江省海宁市连杭经济开发区启潮路 28 号	基准库	0
5	天津全程物流配送有限公司		天津市东丽区华粮道 2298 号	非基准库	－10
6	中储发展股份有限公司	南仓库	天津市北辰区南仓道	非基准库	－10
7		新港库	天津市滨海新区塘沽新港四号路北	非基准库	－10
8		廊坊库	廊坊市光明东道 25 号	非基准库	－20
9	立晨物流股份有限公司		临沂经济开发区杭州路 21 号	非基准库	－20
10	广东国储物流股份有限公司		广州市萝岗区开发大道 1330 号	非基准库	－20
11	中国物资储运广州公司		广东省东莞市麻涌镇新基村新基工业区	非基准库	－20
12	广东广物木材产业有限公司	广州库	广州市黄埔大道东 838 号广东鱼珠国际木材市场	非基准库	－20
13		佛山库	广东省佛山市南海区九江镇 325 国道段大转湾鱼珠国际木材夹板市场	非基准库	－20

的操纵是一个值得注意的问题，交割库的选择应当有利于抗操纵。交割库的设立，从库容到库址的选择，直接影响了期货市场的抗操纵能力。

人造板交割仓库主要设置在广东、江苏、浙江、山东和天津这几个地区。这几个地区是林业贸易及加工较为集中的地区，拥有大量的人造板生产企业以及较为丰富的林业资源，也拥有较大规模的现货交易市场。

小贴士

交割仓库

指定交割仓库是指经交易所审定注册的，为期货合约履行实物交割的指定交割地点。客户可以通过大连商品交易所网站（www. dce. com. cn）/业务指引/交割业务指引/交割仓库名录栏目查询各品种指定交割仓库的名单和联系方式等详细资料。

交割仓库的入库、出库费用最高限价。不同品种、不同仓库的入出库费用是不一样的，客户可通过大连商品交易所网站/业务指引/交割费用查询。

（二）制定交割厂库

2014年8月20日，大连商品交易所下发通知，对相关仓单管理办法进行修改，将自2015年8月份合约开始实施，增加胶合板品种厂库交割制度。大连商品交易所同时发布了《〈大连商品交易所豆粕、豆油、棕榈油、焦炭、焦煤、铁矿石、鸡蛋、胶合板标准仓单管理办法〉修正案》（简称“办法修正案”），要求胶合板厂库应当保证期货商品的质量符合交割标准，厂库在“提货通知单”开具后（不含开具日）的7日内开始发货。商品出库时，厂库应当在货主的监督下进行抽样，经双方确认后将样品封存。厂库应当将胶合板样品保留至发货日后的30个自然日作为发生质量争议时的处理依据。

货主应在“提货通知单”开具日后的7日内（含当日）到厂库提货。

在“提货通知单”开具日后的7～22日内（均含当日）到厂库提货的，货主应向厂库支付滞纳金。22日后（不含当日）厂库将“提货通知单”按现货提货单处理。

为便利交割企业接货后的现货使用需求，“办法修正案”要求，标准仓单注销后如果货主提出饰面要求，有饰面加工能力的厂库有义务提供符合要求的饰面胶合板，加工费用由厂库和货主协商确定。“办法修正案”还对出库商品质量争议处置进行了明确。

新增胶合板价格厂库如表9－5所示：

表9－5　　设立指定交割厂库业务联系表

序号	仓库名称	地址	标准最大仓单量（张）	日发货速度（张）	基准/非基准交割厂库	与基准库的升贴水（元/张）
1	南星家居科技（湖州）有限公司	浙江省湖州市南浔开发区强华路2111号	225 000	15 000	基准库	0
2	山东千山木业有限公司	山东临沂市兰山区义堂镇堰西工业园	90 000	6 000	非基准库	－20

（三）指定质检机构

目前，人造板期货未设定推荐品牌，所有产品在生产标准仓单前都需要通过质检。

纤维板、胶合板的质量检验应以同一厂家、同一批号、同一规格进行组批，每批3 000张，超过3 000张的应分若干批检验，不足3 000张的按一批检验。同时，质检需要抽取3张作为质检样本。所以如果卖方如需要以3 000张入库，则需要实际拿出3 003张。

纤维板、胶合板品种实行指定质检机构一次性检验（见图9－5），买方出库时对交割商品自行检验，若对质量有异议，可以向交易所提出争议复检。

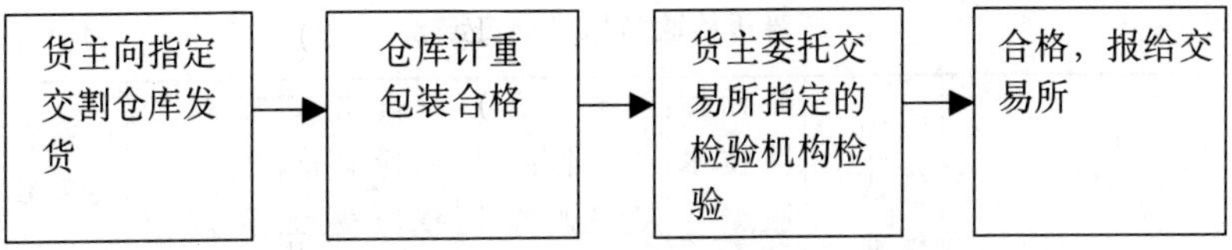

图 9－5 期货质检简要步骤

货主可以自行选择任意一家指定检验机构完成货物的检验。不区分生产批次与厂家，每批入库纤维板和胶合板视作相同样本来源进行抽样和检验，外观质量、幅面尺寸及偏差抽样检验按照一般检验水平Ⅰ、Ⅱ（细木工板幅面尺寸及偏差抽检检验为Ⅰ级），接收质量限（AQL）4.0 要求，检验批组单位 3 000 张。

表 9－3 是大连商品交易所指定的纤维板及胶合板质检机构名单。

表 9－3　质检机构名录

质检机构名称	检验品种	地址
中国检验认证集团检验有限公司	纤维板、胶合板	北京朝阳区西坝河东里 18 号三元大厦 18 层
通标标准技术服务有限公司	纤维板、胶合板	青岛市珠洲路 143 号通标中心
国家人造板与木竹制品质量监督检验中心	纤维板、胶合板	北京市海淀区香山路中国林业科学研究院木材工业研究所
临沂出入境检验检疫局检验检疫技术中心	胶合板	临沂市河东区凤凰大街 801 号
常州市产品质量监督检验所	纤维板、胶合板	常州市武进高新技术产业开发区西湖东路 18 号
广东省木材及木制品质量监督检验站	纤维板、胶合板	广州市天河区五山华南农业大学林学院
上海木材工业研究所	胶合板	上海市中山西路 669 号 2 号楼 108 室

纤维板、胶合板指定质检机构的收费采用规定最高限价的方式，费用包括两项：检验费和取样费。表 9－4、表 9－5、表 9－6 分别为纤维板和胶合板检验与取样最高限价。

表 9－4　　纤维板检验与取样最高限价　　（单位：元）

<table>
<tr><th></th><th>中国检验认证集团</th><th>通标标准技术服务公司</th><th>国家人造板与木竹制品质量监督检验中心</th><th>临沂出入境检验检疫局技术中心</th><th>常州市产品质量监督检验所</th><th>广东省木材及木制品质检站</th></tr>
<tr><td>外观质量</td><td rowspan="10">打包价</td><td rowspan="10">打包价</td><td rowspan="2">1 400</td><td>—</td><td>300</td><td>200</td></tr>
<tr><td>尺寸及偏差</td><td>—</td><td>300</td><td>300</td></tr>
<tr><td>密度及偏差</td><td>200</td><td>—</td><td>300</td><td>400</td></tr>
<tr><td>含水率</td><td>100</td><td>—</td><td>200</td><td>200</td></tr>
<tr><td>静曲强度</td><td>150</td><td>—</td><td>300</td><td>200</td></tr>
<tr><td>弹性模量</td><td>100</td><td>—</td><td>300</td><td>200</td></tr>
<tr><td>内结合强度</td><td>250</td><td>—</td><td>300</td><td>200</td></tr>
<tr><td>吸水厚度膨胀率</td><td>100</td><td>—</td><td>200</td><td>200</td></tr>
<tr><td>表面结合强度</td><td>250</td><td>—</td><td>300</td><td>200</td></tr>
<tr><td>甲醛释放量</td><td>600</td><td>—</td><td>800</td><td>600</td></tr>
<tr><td>取样费用（含交通费）</td><td colspan="6">客户与质检机构协商</td></tr>
<tr><td>合计</td><td>4 000</td><td>4 200</td><td>3150</td><td>—</td><td>3 300</td><td>2 700</td></tr>
</table>

表 9－5　　细木工板检验与取样最高限价　　（单位：元）

<table>
<tr><th></th><th>中国检验认证集团</th><th>通标标准技术服务公司</th><th>国家人造板与木竹制品质量监督检验中心</th><th>临沂出入境检验检疫局技术中心</th><th>常州市产品质量监督检验所</th><th>广东省木材及木制品质检站</th></tr>
<tr><td>外观质量</td><td rowspan="8">打包价</td><td rowspan="8">打包价</td><td>300</td><td>120</td><td>300</td><td>200</td></tr>
<tr><td>尺寸及偏差（含翘曲度）</td><td>500</td><td rowspan="2">360</td><td>600</td><td>300</td></tr>
<tr><td>板芯质量</td><td>300</td><td>200</td><td>200</td></tr>
<tr><td>横向静曲强度（平均值、最小值）</td><td>200</td><td>360</td><td>300</td><td>200</td></tr>
<tr><td>含水率</td><td>200</td><td>240</td><td>200</td><td>300</td></tr>
<tr><td>浸渍剥离性能</td><td>200</td><td>360</td><td>200</td><td>300</td></tr>
<tr><td>表面胶合强度</td><td>300</td><td>360</td><td>300</td><td>300</td></tr>
<tr><td>甲醛释放限量</td><td>600</td><td>600</td><td>600</td><td>600</td></tr>
<tr><td>取样费用（含交通费）</td><td colspan="6">客户与质检机构协商</td></tr>
<tr><td>合计</td><td>3 000</td><td>2 800</td><td>2 600</td><td>2 400</td><td>2 700</td><td>2 400</td></tr>
</table>

表 9－6　　细木工板检验与取样最高限价　　（单位：元）

外观质量	300
尺寸及偏差（含翘曲度）	400
板芯质量	200
横向静曲强度（平均值、最小值）	300
含水率	200
浸渍剥离性能	300
表面胶合强度	300
甲醛释放限量	700
合计	2 700

五、企业想在交割日前交割怎么办？

人造板期货采用集中交割，那么如果想提前进行交割，就需要申请期货转现货业务。期货转现货（简称“期转现”）是指持有同一交割月份合约的交易双方通过协商达成现货买卖协议，并按照协议价格了结各自持有的期货持仓，同时进行数量相当的货款和实物交换。期转现分为标准仓单期转现和非标准仓单期转现。

（一）期转现申请

提出期转现申请的客户必须是单位客户，期转现的期限为该合约上市之日起至交割月份前一个月倒数第三个交易日（含当日）。

交易双方达成现货买卖协议后，应向交易所提交下述材料：期转现申请、现货买卖协议、相关的货款证明以及相关的标准仓单、入库单、存货单等货物持有证明。

（二）期转现提出时间

采用标准仓单进行期转现时，会员应在交易日 11：30 前向交易所提出申请，交易所在申请的当日内予以审批。

批准日 11：30 前，卖方会员应将相应数量的标准仓单交到交易所，买方会员应将按协议价格计算的全额货款划入交易所账户。

采用非标准仓单进行期转现时，交易所在收到申请后的 3 个交易日内予以审批。

（三）期转现货款确定

标准仓单期转现的仓单交收和货款支付由交易所负责办理，非标准仓单期转现的货物交收和货款支付由交易双方自行协商确定，交易所对此不承担保证责任，手续费按交易手续费标准收取。

采用非标准仓单进行期转现时，交易双方应在现货交易结束后向交易所提交货物交收和货款支付证明。交易所有权对交易双方的现货行为进行监督和核查。

期转现批准日结算时，交易所将交易双方的期转现持仓按协议价格进行结算处理，产生的盈亏计入当日平仓盈亏。

小贴士

期转现提交材料

双方客户应向交易所提交下属材料：期转现申请、现货买卖协议、相关货款证明、相关的标准仓单（或入库单或存货单）等货物持有证明。会员可以通过大连商品交易所网站（www.dce.com.cn）/业务指引/交割业务指引/业务资料栏目下载“期转现申请表”。

六、如果交割时对方违约了怎么办?

一般来说，交割过程中出现违约的概率较低，但其中难免会发生意外，从而损害了另一方的利益。那么如果在实物交割中出现了违约行为，作为交割的另一方的利益如何得到保障呢?

（一）违约的认定

大连商品交易所对于交割违约作出了较为详细的规定，具有下列行为之一的，构成交割违约：（1）在规定期限内，卖方未能如数交付标准仓单的；（2）在规定期限内，买方未能如数解付货款的。

（二）守约方可以选择交割意向

交易所对于违约的触发也较为严格，其规定违约部分应预留合约价值20%的违约金和赔偿金。发生交割违约后，交易所于违约发生当日结算后通知违约方和相对应的守约方。违约通知通过会员服务系统随当日结算数据发送，守约方须在下一交易日11：00以前将终止交割或继续交割的选择意向书面递交交易所。逾期未递交选择意向的，交易所按终止交割处理。终止交割后，交易所交割担保责任了结。

（三）违约金的计算

交易所规定由违约方支付违约部分合约价值5%的违约金，同时按以下办法处理：

1. 卖方违约的，买方可作如下的一项选择：

（1）终止交割：交易所退还买方货款。

（2）继续交割：交易所在最后交割日后的3个交易日内发布标准仓单征购公告，并在最后交割日后的第7个交易日组织征购。征购成功，交易所支付给买方标准仓单；征购失败，卖方支付给买方违约部分合约价值15%的赔偿金，交易所退还买方交割货款后终止交割。卖方承担因征购产生的一切经济损失和费用。

2. 买方违约的，卖方可作如下的一项选择：

（1）终止交割：交易所退还卖方标准仓单。

（2）继续交割：交易所在最后交割日后的3个交易日内发布标准仓单竞卖公告，并在最后交割日后的第7个交易日组织竞卖。竞卖成功，交易所支付给卖方交割货款；竞卖失败，买方支付给卖方违约部分合约价值15%的赔偿金，交易所退还卖方标准仓单后终止交割。买方承担因竞卖产生的一切经济损失和费用。

小贴士

交割结算价

一次性交割结算价是自交割月第一个交易日起至最后交易日所有成交价格的加权平均价。交割的买卖双方分别按交割结算价支付货款和开具增值税发票，交割结算价为含税价。

案例9-3

某企业作为卖方在交割时出现违约，总计应交割5手胶合板，而企业只能提供3手胶合板的标准仓单，买方选择继续交割，那么交易所在最后交割日后的3个交易日内发布标准仓单征购公告，并在最后交割日后的第7个交易日组织征购。但是由于种种原因征购失败，如果交割结算价为130元/张，此时企业应支付给买方违约部分合约价值15%的赔偿金，即 $(5-3)\times130\times500\times15\%=19\ 500$（元），交易所退还买方交割货款后终止交割。卖方承担因征购产生的一切经济损失和费用。同时，企业在前期违约部分应预留合约价值20%的违约金和赔偿金便会失去。

自测题

一、选择题

1. 大连商品交易所上市的胶合板、纤维板交割单位是（　　）。

A. 200 张　　B. 300 张

C. 400 张　　D. 500 张

2. 交割预报自办理日起有效，有效期是为（　　）。

A. 15 天　　B. 30 天

C. 45 天　　D. 60 天

3. 期转现的期限是（　　）。

A. 该合约上市之日起至交割月份前一个月倒数第三个交易日（含当日）

B. 该合约上市之日起至交割月份前一个月倒数第五个交易日（含当日）

C. 该合约上市之日起至交割月份前一个月倒数第三个交易日

D. 该合约上市之日起至交割月份前一个月倒数第五个交易日

二、判断题

1. 大连商品交易所的胶合板与纤维板期货采用的是集中交割的方式。（　　）

2. 纤维板和胶合板不能参与非标准仓单期转现。（　　）

3. 胶合板交割结算价是该期货合约最后交易日的结算价。（　　）

4. 大连商品交易所上市胶合板、纤维板交割方式分为集中交割和滚动交割两种。（　　）

参考答案

一、选择题

1. D　　2. B　　3. A

二、判断题

1. √　　2. ×　　3. ×　　4. ×

附录

附录1　中国细木工板知名品牌

兔宝宝板材	德华兔宝宝装饰新材股份有限公司
莫干山	浙江升华云峰新材股份有限公司
香港雪宝	香港雪宝国际集团有限公司
千年舟	杭州华海木业有限公司
福湘板材	湖南福湘集团有限公司
鹏鸿板材	大连鹏鸿木业集团有限公司
福汉板材	湖北福汉木业有限公司
大王椰	杭州大王椰控股集团有限公司
黄猫板材	济南黄猫木业有限公司
金秋板材	河北金秋木业有限公司

附录2　中国纤维板知名品牌

吉象	国际吉象人造林制品集团
大亚	大亚人造板集团有限公司
福人	福人集团有限责任公司
威利邦	广东威华股份有限公司
贺友	山东贺友集团有限公司
永林蓝豹	福建省永安林业（集团）股份有限公司
三威	广西三威林产工业有限公司
丰林	广西丰林木业集团股份有限公司
丽人	浙江丽人木业集团有限公司
东盾	江苏东盾木业集团有限公司

后　记

本书作为介绍我国胶合板期货和纤维板期货品种的投资者教育普及读物，以普通投资者为主要服务对象，兼顾期货从业人员和企业决策者对期货品种知识的需求。

本书通过介绍胶合板和纤维板产业链各环节的具体情况，并结合行业特点，从供求关系、期货与现货市场异同方面入手，着重分析期货价格影响的因素，使广大投资者对胶合板和纤维板期货品种有全面和深刻的认识。同时，本书采用大量实际案例，使用通俗易懂的语言介绍实体企业和普通投资者如何运用期货工具来规避价格风险、开拓创新模式及投资获益。

与目前已上市的各商品期货品种相比，胶合板期货和纤维板期货对应的市场规模较小，期货与现货产品存在差异，定价存在较大分歧，这在客观上要求投资者具备良好的品种知识。通过阅读本书，投资者可以较为全面地掌握胶合板期货与纤维板期货的特点，了解投资这两个期货品种所需要进行调研、数据收集和价格分析的基本方面。

由于篇幅限制，本书无法详尽描述投资者及相关实体企业在期货市场上可能面临的所有情况。此外，由于我国人造板行业正处在快速发展的阶段，市场情况变化频繁，本书只对行业大致发展方向进行介绍。投资者务必结合自身情况和行业的发展，制定合理的交易策略，熟悉并掌握期货品种的特点及操作技巧，并严格控制风险，避免产生不必要的损失。

作为《期货投资者教育系列丛书》之一，本书由中国期货业协会投资者教育部负责编写组织工作，余晓丽、刘保宁承担统筹任务。本书编写人员通过公开遴选，并经专家评审最终确定。大地期货有限公司黄浩和黄婷同志承担了本书具体编写任务。同时，大地期货投资咨询部姜曰磊、大地期货济南营业部提供了宝贵的行业企业情况；大连商品交易所李坤坤对本书书稿进行审阅并提出了宝贵建议。本书在编写过程中还得到了福建省人造板及林化工产品技术标准委员会杨越飞博士对产品技术的指导、西安交通大学曹斌斌博士对林业资料收集的帮助。在此表示衷心感谢！书中的错误之处，敬请批评指正。

中国期货业协会

《期货投资者教育系列丛书》编委会

2014 年 11 月